Respekt

Helmut Ebert · Sven Pastoors

Respekt

Wie wir durch Empathie und wertschätzende Kommunikation im Leben gewinnen

Helmut Ebert
Prof. Ebert Kommunikationsstrategie
und Coaching GmbH
Bochum, Deutschland

Sven Pastoors
IdeenPaten – Netzwerk für
Kommunikation und Innovation
Neuss-Holzheim, Deutschland

ISBN 978-3-658-17236-7   ISBN 978-3-658-17237-4 (eBook)
DOI 10.1007/978-3-658-17237-4

Die Deutsche Nationalbibliothek verzeichnet diese Publikation in der Deutschen Nationalbibliografie; detaillierte bibliografische Daten sind im Internet über http://dnb.d-nb.de abrufbar.

© Springer Fachmedien Wiesbaden GmbH 2018
Das Werk einschließlich aller seiner Teile ist urheberrechtlich geschützt. Jede Verwertung, die nicht ausdrücklich vom Urheberrechtsgesetz zugelassen ist, bedarf der vorherigen Zustimmung des Verlags. Das gilt insbesondere für Vervielfältigungen, Bearbeitungen, Übersetzungen, Mikroverfilmungen und die Einspeicherung und Verarbeitung in elektronischen Systemen.
Die Wiedergabe von Gebrauchsnamen, Handelsnamen, Warenbezeichnungen usw. in diesem Werk berechtigt auch ohne besondere Kennzeichnung nicht zu der Annahme, dass solche Namen im Sinne der Warenzeichen- und Markenschutz-Gesetzgebung als frei zu betrachten wären und daher von jedermann benutzt werden dürften.
Der Verlag, die Autoren und die Herausgeber gehen davon aus, dass die Angaben und Informationen in diesem Werk zum Zeitpunkt der Veröffentlichung vollständig und korrekt sind. Weder der Verlag noch die Autoren oder die Herausgeber übernehmen, ausdrücklich oder implizit, Gewähr für den Inhalt des Werkes, etwaige Fehler oder Äußerungen. Der Verlag bleibt im Hinblick auf geografische Zuordnungen und Gebietsbezeichnungen in veröffentlichten Karten und Institutionsadressen neutral.

Umschlaggestaltung: deblik

Gedruckt auf säurefreiem und chlorfrei gebleichtem Papier

Springer ist Teil von Springer Nature
Die eingetragene Gesellschaft ist Springer Fachmedien Wiesbaden GmbH
Die Anschrift der Gesellschaft ist: Abraham-Lincoln-Str. 46, 65189 Wiesbaden, Germany

Vorwort: Warum wir dieses Buch geschrieben haben

Liebe Leserinnen und Leser,

es gibt viele Bücher, die zum Gebrauch der Ellenbogen und zum Einsatz von Macht raten, wenn es darum geht, die eigenen Interessen durchzusetzen. Dies ist der Grund, warum wir beschlossen haben, dieses Buch zu schreiben. In zahlreichen Gesprächen hörten wir das Argument, dass man heute keine andere Wahl hätte, wenn man im Kampf um den guten Job oder um den geschäftlichen Vorteil die Nase vorn haben wolle. Schließlich würden wir in einer Wettbewerbsgesellschaft leben, in der sich der Stärkere durchsetzt. Gleichzeitig räumten viele unserer Gesprächspartner ein, dass sie einfach nicht wüssten, wie sie ihre Ziele fair und ohne den Einsatz ihrer Ellenbogen erreichen können – weder im Beruf noch im Privatleben.

Ziel dieses Buches ist es deshalb, Ihnen dabei zu helfen, ihre Ziele auf eine faire, respektvolle Art zu erreichen.

Hierzu stellen wir Ihnen die Grundlagen wertschätzender und gleichzeitig zielorientierter Kommunikation vor. Fast jeder wünscht sich ein Umfeld beziehungsweise ein Betriebsklima, das von Vertrauen und Offenheit geprägt ist. Egal ob beruflich oder privat, die meisten von uns wären gerne gemeinsam mit anderen in einem eingeschworenen Team erfolgreich. Doch in vielen Organisationen, Unternehmen und öffentlichen Einrichtungen bestimmen Eigeninteressen, Revierdenken und Machtspielchen den Alltag. Oder das Klima ist geprägt von Misstrauen und Schuldzuweisungen.

Wenn wir ein Klima des Vertrauens schaffen wollen, müssen wir bei uns selbst beginnen. Dafür kommen wir nicht umhin, unser eigenes Verhalten zu ändern. Wir müssen auf all jene kleinen Schachzüge verzichten, die uns kurzfristig minimale Vorteile bringen, aber das Vertrauen und somit das Verhältnis zu unseren Freunden, Kollegen oder Kooperationspartnern dauerhaft belasten:

- Wenn wir uns zulasten anderer profilieren, um vor dem Chef, dem Partner oder vor Freunden gut auszusehen.
- Wenn wir Kollegen, Partner oder Freunde bei einer Entscheidung übergehen, weil sie Einwände erheben könnten.
- Wenn wir Fakten schaffen, statt den Konsens mit anderen zu suchen.
- Wenn wir unrealistische Vorgaben einfach an andere weitergeben.
- Wenn wir den möglichen Aufwand herunterspielen, um jemanden zu einer Zusatzaufgabe zu überreden.

Diese Liste ließe sich noch lange fortführen…

Vertrauen ist eine Investition in die Zukunft und hat somit auch seinen Preis: den Verzicht auf kurzfristige Vorteile, die wir uns zulasten unserer Mitmenschen erschleichen. Entscheidend ist also nicht, wie viele Menschen sich Vertrauen wünschen, sondern wie viele bereit sind, diesen Preis zu bezahlen. Sie können Ihre Mitmenschen nur von einem respektvollen Miteinander überzeugen, wenn Sie selbst mit gutem Beispiel vorangehen.

Was bietet Ihnen unser Buch?

In diesem Buch stellen wir Ihnen 36 Strategeme für eine zielorientierte, respektvolle Kommunikation vor. Diese sollen Ihnen dabei helfen, nicht nur Ihre kurz-, sondern auch Ihre langfristigen Ziele zu erreichen und nachhaltig erfolgreiche (Geschäfts-)Beziehungen aufzubauen. Um Ihnen die Arbeit mit unserem Buch so einfach wie möglich zu machen, haben wir es in zwei Teile unterteilt:

Im ersten Teil erklären wir Ihnen in kompakter Form die theoretischen Grundlagen erfolgreicher Zusammenarbeit und wertschätzender Beziehungen. Viele kluge Menschen haben sich bereits vor uns mit diesem Thema beschäftigt und es erforscht.

Wenn sie möchten, können Sie aber auch direkt mit dem praktischen Teil, beginnen. Zusammen mit den 36 Strategemen erhalten Sie **im zweiten Teil** Handlungsempfehlungen, die Ihnen dabei helfen, sowohl in beruflich und privat schwierigen, angespannten oder missverständlichen als auch in ganz alltäglichen Situationen respektvoll und wertschätzend zu kommunizieren. Das Buch enthält viele Beispiele und Geschichten, mit deren Hilfe wir Ihnen zeigen, wie Sie Situationen richtig einschätzen und passend reagieren können.

Dieses Buch richtet sich dabei an alle, die ihre Potenziale mithilfe wertschätzender Kommunikation optimal ausschöpfen wollen, um dauerhaft im Beruf und im Leben zu gewinnen.

Unser Dank
So wie alle anderen Buchautoren haben auch uns viele Menschen mit ihren Ideen und Anregungen unterstützt. Unser besonderer Dank gilt dabei zum einen Antonia Ebert, die mit ihren Hintergrundrecherchen die Grundlagen für den praktischen Teil des Buches geliefert hat. Zum anderen danken wir an dieser Stelle Iryna Fisiak, die vor allem in der Schlussphase viel zum Gelingen dieses Buches beigetragen hat. Darüber hinaus haben in diesem Buch viele Korrekturleser ihre Spuren hinterlassen, die uns mit unendlicher Geduld unterstützt haben. Vielen Dank.

Wir wünschen allen Lesern viel Spaß bei der Lektüre.

Bochum, Deutschland	Professor Dr. Helmut Ebert
Düsseldorf, Deutschland	Dr. Sven Pastoors
März 2017	

Inhaltsverzeichnis

Teil I Das theoretische Fundament

**Einleitung: Warum die Welt mehr Respekt
und gegenseitige Wertschätzung braucht** — 3
Literatur — 17

**Aufmerksamkeit, Respekt und
Vertrauen: theoretische Grundlagen** — 19
Aufmerksamkeit — 19
Respekt — 35
Vertrauen — 52
Zusammenhang zwischen Aufmerksamkeit,
Respekt und Vertrauen — 63
Literatur — 68

Strategien und Strategeme ... 73
Strategien ... 73
Strategeme ... 80
Strategeme respektvoller Kommunikation ... 84
   Andere führen – aktive Veränderung (Ebene 1) ... 85
   Miteinander kommunizieren – passive
   Veränderung (Ebene 2) ... 90
   Sich integrieren – aktive Anpassung (Ebene 3) ... 93
   Sich selbst treu bleiben – passive
   Anpassung (Ebene 4) ... 98
Konzentrieren Sie sich auf die
richtige strategische Ebene ... 102
Literatur ... 116

Teil II Die Strategeme: Wie Sie selber an sich arbeiten können

Andere Führen ... 121
Strategem 1: Seien Sie aufmerksam ... 121
   So können Sie das Strategem
   für Ihre Ziele nutzen ... 123
Strategem 2: Denken Sie positiv ... 127
   So können Sie das Strategem
   für Ihre Ziele nutzen ... 128
Strategem 3: Gehen Sie mit gutem
Beispiel voran ... 134
   So können Sie das Strategem
   für Ihre Ziele nutzen ... 136
Strategem 4: Behandeln Sie alle
mit dem gleichen Respekt ... 138

So können Sie das Strategem
für Ihre Ziele nutzen   140
Strategem 5: Üben Sie sich in Gelassenheit   141
   So können Sie das Strategem
   für Ihre Ziele nutzen   143
Strategem 6: Lassen Sie anderen
ihre Freiheit   151
   So können Sie das Strategem
   für Ihre Ziele nutzen   152
Strategem 7: Vertrauen Sie in die
Fähigkeiten Ihrer Mitmenschen   155
   So können Sie das Strategem
   für Ihre Ziele nutzen   157
Strategem 8: Erwarten Sie kein
falsches Lächeln   160
   So können Sie das Strategem
   für Ihre Ziele nutzen   163
Strategem 9: Übernehmen
Sie Verantwortung für Ihr Handeln   167
   So können Sie das Strategem
   für Ihre Ziele nutzen   168
Literatur   172

Miteinander kommunizieren   175
Strategem 10: Fassen Sie sich kurz   175
   So können Sie das Strategem
   für Ihre Ziele nutzen   176
Strategem 11: Kommunizieren
Sie offen und ehrlich   180
   So können Sie das Strategem
   für Ihre Ziele nutzen   181

Strategem 12: Alles, was Sie sagen, muss wahr sein,
aber nicht alles, was wahr ist, müssen Sie sagen 185
   So können Sie das Strategem
   für Ihre Ziele nutzen 186
Strategem 13: Fragen Sie nach,
wenn Sie Antworten suchen 192
   So können Sie das Strategem
   für Ihre Ziele nutzen 195
Strategem 14: Üben Sie
sich in Kritikfähigkeit 201
   So können Sie das Strategem
   für Ihre Ziele nutzen 202
Strategem 15: Achten Sie die Persönlichkeit
und Meinung anderer 207
   So können Sie das Strategem
   für Ihre Ziele nutzen 208
Strategem 16: Zeigen
Sie anderen Ihre Dankbarkeit 214
   So können Sie das Strategem
   für Ihre Ziele nutzen 216
Strategem 17: Spenden Sie Ihren
Mitmenschen Anerkennung 220
   So können Sie das Strategem
   für Ihre Ziele nutzen 222
Strategem 18: Geben Sie anderen
die Möglichkeit, ihr Gesicht zu wahren 225
   So können Sie das Strategem
   für Ihre Ziele nutzen 227
Literatur 231

Sich Integrieren — 235

Strategem 19: Beachten Sie die Codes
und Normen der anderen — 235
   So können Sie das Strategem
   für Ihre Ziele nutzen — 237

Strategem 20: Respektieren
Sie andere Kulturen — 240
   So können Sie das Strategem
   für Ihre Ziele nutzen — 241

Strategem 21: Respektieren Sie
Ihr Gegenüber — 245
   So können Sie das Strategem für
   Ihre Ziele nutzen — 247

Strategem 22: Schließen Sie nicht
von sich selbst auf andere — 250
   So können Sie das Strategem
   für Ihre Ziele nutzen — 251

Strategem 23: Vermeiden
Sie es, zu verallgemeinern — 254
   So können Sie das Strategem
   für Ihre Ziele nutzen — 256

Strategem 24: Beachten Sie die Privatsphäre
der anderen — 258
   So können Sie das Strategem
   für Ihre Ziele nutzen — 259

Strategem 25: Gehen Sie freundlich
auf andere zu — 262
   So können Sie das Strategem
   für Ihre Ziele nutzen — 264

Strategem 26: Wahren Sie das
rechte Maß 267
   So können Sie das Strategem
   für Ihre Ziele nutzen 268
Strategem 27: Nutzen Sie den rechten
Moment, um Ihr Können und Ihr
Talent zu zeigen 271
   So können Sie das Strategem
   für Ihre Ziele nutzen 273
Literatur 276

Sich selbst treu bleiben 279
Strategem 28: Seien Sie, wer Sie sind 279
   So können Sie das Strategem
   für Ihre Ziele nutzen 280
Strategem 29: Achten Sie sich selbst 284
   So können Sie das Strategem
   für Ihre Ziele nutzen 286
Strategem 30: Verschaffen Sie sich
Klarheit über Ihre Ziele 290
   So können Sie das Strategem
   für Ihre Ziele nutzen 291
Strategem 31: Sagen Sie nein,
wenn Sie nein meinen 294
   So können Sie das Strategem
   für Ihre Ziele nutzen 295
Strategem 32: Stehen Sie zu Ihrem Wort 301
   So können Sie das Strategem
   für Ihre Ziele nutzen 302

Strategem 33: Schmücken
Sie sich nicht mit fremden Federn 304
   So können Sie das Strategem
   für Ihre Ziele nutzen 307
Strategem 34: Bewahren Sie den Überblick 312
   So können Sie das Strategem
   für Ihre Ziele nutzen 314
Strategem 35: Wahren Sie den Respekt
vor Ihren Freunden 319
   So können Sie das Strategem
   für Ihre Ziele nutzen 320
Strategem 36: Begegnen Sie
Herausforderungen mit einem Lächeln 323
   So können Sie das Strategem
   für Ihre Ziele nutzen 324
Literatur 328

Schlusswort 331
Literatur 336

Abdruckgenehmigungen 337

Teil I

Das theoretische Fundament

Einleitung: Warum die Welt mehr Respekt und gegenseitige Wertschätzung braucht

> „[…] this year Donald Trump has decimated the codes of basic decency without paying a price. With his constant, flagrant and unapologetic lying, he has shredded the standards of intellectual virtue – the normal respect for facts and truth that makes conversation possible" (Quelle: David Brooks 2016, in der New York Times am Morgen des 08.11.2016, kurz vor Beginn der Präsidentschaftswahl).

Die Art und Weise, wie Trump im Präsidentschaftswahlkampf 2016 und in den ersten Tagen seiner Amtszeit seine Gegner diffamiert hat (vgl. Brooks 2016) oder wie in Großbritannien die Debatte über den Austritt aus der Europäischen Union geführt wurde, zeigt, dass viele Menschen vor nichts zurückschrecken, um ihre Ziele zu erreichen. In dieser Zeit, die von aggressiv geführten Wahlkämpfen und Debatten über Managergehälter, Rettungspakete, Flüchtlingsbewegungen und nationale Alleingänge geprägt ist, hält dieses Buch ein Plädoyer für ein respektvolles und aufmerksames Miteinander. Dies bedeutet jedoch nicht, dass Sie künftig immer den Kürzeren ziehen, weil Sie sich im Gegensatz zu anderen an die Grundregeln des respektvollen Miteinanders halten. Ganz im Gegenteil – wir zeigen Ihnen Möglichkeiten, wie Sie Ihre Ziele respektvoll erreichen und dadurch langfristigen Erfolg erzielen können. Hierzu möchten wir Sie ermuntern, einige Grundannahmen, die unser Denken seit einem halben Jahrhundert prägen, zu hinterfragen und mit ihnen zu brechen.

Viele von uns übertragen Konzepte aus der Wirtschaftswissenschaft unbesehen auf alle anderen Lebensbereiche. Folgende Annahmen gelten deshalb immer noch als selbstverständlich:

1. Konkurrenz ist das wichtigste (Über-)Lebensprinzip („Survival of the fittest").
2. Der Mensch ist ein Nutzenmaximierer („Homo oeconomicus").

3. Der moderne Mensch ist ein Individualist und findet seine Erfüllung ausschließlich in seiner Selbstverwirklichung.
4. Sprache, Ausdrucksvermögen und respektvoller Umgang spielen bei wirtschaftlichen Transaktionen nur eine untergeordnete Rolle.

Auf dem Markt existiert eine Vielzahl Bücher, deren Autoren uns weismachen wollen, dass wir nur dann im Leben Erfolg haben und Karriere machen können, wenn wir unsere eigenen Ziele über alles andere stellen[1] – frei nach dem Motto „Du musst ein Schwein sein in dieser Welt". Wie kurz das gedacht ist, lässt sich anhand folgender Einwände zeigen:

1. Beim Thema „Konkurrenz als Lebensprinzip", gibt es mindestens zwei Gründe, die eben daran Zweifel aufkommen lassen. Zum einen haben wir es mit einer falsch verstandenen Auslegung des Darwin'schen Prinzips „Survival of the fittest" zu tun. Die Steigerungsform „fittest" meint in Bezug auf die Artenvielfalt nicht die Stärksten, sondern die am besten an ihre Umwelt angepasste Art. Zum anderen hat die moderne Ökonomie bewiesen, dass auf Dauer nur Kooperationsgewinne wirklich nachhaltig sind (vgl. Rolke 2005, S. 5.).

---

[1] Siehe z. B. Brunken, Ingmar P. (2005), Greene, Robert (2001), von Senger und Harro (2004).

> **Homo oeconomicus vs. cooperativus**
>
> „Als anschauliches Beispiel für die Überlegenheit kooperativen Handelns und Empathie kann eine Horde von homo oeconomicus angesehen werden, bei der sich die stärksten und schnellsten Mitglieder der steinzeitlichen Horde bei einem Angriff eines Säbelzahntigers erfolgreich auf die Bäume retteten, während die Schwangeren, Mütter und Kinder gefressen wurden. Der homo cooperativus war in dieser gleichen Situation bereit, gemeinsam den Säbelzahntiger zu töten, wenn sich ausreichend viele Gleichgesinnte daran beteiligten. Offensichtlich war die Horde der homo cooperativi überlebensfähiger als die der homo oeconomici" (Quelle: Rogall 2012, S. 214).

2. Den Begriff des „Homo oeconomicus" hat die ökonomische Theorie erfunden. Sie versteht darunter einen geschäftlich tätigen Menschen, der auf der Basis möglichst vollständiger Informationen rationale Entscheidungen trifft. Diese Vorstellung geht am Kern der Sache vorbei. Die Weltsicht der Entscheidungsträger beruht weniger auf Informationen und Analysen, sondern vielmehr auf gemeinsam entwickelten Einschätzungen dessen, was passiert und was zu tun ist (vgl. Oltmanns et al. 2009, S. VII f.). Nicht Informationen leiten uns, sondern Konstruktionen und Perzeptionen, sprich Wirklichkeitsdeutungen.

Mehrere Studien aus der Neuroökonomie[2], der Verhaltensökonomie[3] und der Spieltheorie belegen, dass Menschen ihre Entscheidungen in der Regel nicht rational fällen (vgl. Rogall 2012, S. 207). Holger Rogall macht hierfür unter anderem folgende Faktoren verantwortlich:

- Interne und externe Faktoren wie zum Beispiel gesellschaftliche Normen, grundlegende Überzeugungen, persönliche Erwartungen oder das Image von Gütern oder Personen
- Eine Art Mindestfairness, die in bestimmten Situationen dazu führt, dass wir uns fair verhalten, auch wenn wir dadurch auf möglichen Nutzen verzichten müssen
- Den eigenen Erfahrungshorizont, der uns Entscheidungen auf der Basis einmaliger persönlicher Erfahrungen treffen lässt, obwohl wir eventuell wissen, dass wir uns in dieser Situation anders verhalten sollten (vgl. Rogall 2012, S. 207 f.).

3. Der neue Individualismus ist zum „Leitbild der modernen europäisch geprägten Zivilisation geworden" (Buss 2009, S. 293). Mit der Hinwendung zum Ich gewinnt persönliche Unabhängigkeit an Bedeutung. Unabhängigkeit umschreibt in diesem Kontext die „bewusste Dosierung von Verpflichtungen" (Buss 2009, S. 294). Diese Haltung wendet sich gegen „Normen, die den

---

[2]Siehe z. B. B. Priddat und Kabalak (2008), A. Falk (2003).
[3]Siehe z. B. R. Selten (1993).

Zusammenhalt einer Gruppe oder den Respekt vor einer Bindung prinzipiell über das Interesse des Einzelnen stellen. Was sich im Verhältnis zu Ehe, Familie, Freunden, Kollegen, aber auch zu Institutionen, Unternehmen und Marken exemplarisch ausdrückt, ist […] eine neue Art von ‚*dosierter Bindungshaltung*'" (Buss 2009, S. 295).

Die Vorstellung, wir könnten unser Glück ausschließlich in der Selbstverwirklichung finden, übersieht, dass wir erst durch die Hingabe an eine andere Person (zum Beispiel Verantwortung für unsere Mitarbeiter oder die Liebe zum Partner) oder an eine Sache (zum Beispiel eine Aufgabe oder ein Projekt) ganz zum Menschen werden („Selbsttranszendenz") (vgl. Frankl 1985, S. 133). Je mehr wir uns um andere kümmern, desto menschlicher werden wir und desto stärker verwirklichen wir uns selbst: „Was Selbstverwirklichung genannt wird, ist überhaupt kein Ziel, das man anstreben kann. Denn je mehr man sich um Selbstverwirklichung bemüht, umso mehr wird man sie verfehlen. Mit anderen Worten, Selbstverwirklichung ist nur als Nebeneffekt der Selbsttranszendenz möglich" (Frankl 1985, S. 133). Echte Selbstverwirklichung kommt durch Hingabe an eine Aufgabe und an andere zustande. Sie darf nicht mit der rücksichtslosen Verwirklichung eigener Interessen verwechselt werden, die uns selbst und unserer Umwelt nur Schaden zufügt.

Der Wirtschaftsjournalist Thomas Ramge bezeichnet Selbsttranszendenz in Anlehnung an Wilhelm Schmid als „klugen Egoismus" (vgl. Ramge 2008):

Die Triebfeder des Kapitalismus ist der Eigensinn. Wettbewerb und Leistung, das hat die Geschichte des 20. Jahrhunderts eindeutig entschieden, bilden die zurzeit einzig praktikable Basis für ein ökonomisch funktionierendes Gemeinwesen. Doch Eigensinn und Gemeinsinn sind keine sich widersprechenden Prinzipien. Im Gegenteil: Der Gemeinsinn kann sich den Eigensinn zunutze machen. Der Berliner Autor und Philosoph Wilhelm Schmid unterscheidet zwischen ‚dummem und klugem Egoismus' – und er warnt die Eigensinnigen vor der eigenen Kurzsichtigkeit: ‚Wer ausschließlich sich selbst betrachtet, hat keine Freunde, findet keinen Partner, macht keine Karriere. Kluge Egoisten hingegen begreifen, dass sie andere Menschen brauchen. Wirklich reich im Leben werden wir nie durch uns selber, nur durch andere. Deshalb ist es kluger Egoismus, sich an andere Menschen, das heißt aber auch an andere Werte zu binden' (vgl. Ramge 2008).

4. Wer die eingangs beschriebenen Fehlannahmen zur Richtschnur seines Lebens macht, isoliert sich selbst dreifach:

- Er sieht im anderen nur den Konkurrenten.
- Er vertraut noch auf Informationen, während andere schon die Spielregeln ändern.
- Und er sieht weniger Möglichkeiten, weil er die Welt nur aus seiner eigenen, eng begrenzten Perspektive wahrnimmt und sich nicht vorstellen kann, dass es zwischen Gesagtem und Verstandenem gewaltige Unterschiede gibt.

Wer den Wert von respektvollen Beziehungen und Kooperationsstrategien einzuschätzen und zu nutzen weiß, erweitert nicht nur seine Wahrnehmung, sondern trifft bessere Entscheidungen und erzielt nachhaltig mehr Erfolg. Es kommt darauf an, wie gut es uns gelingt, Wirklichkeit zu deuten. Kommunikation ermöglicht es uns, gemeinsame Wirklichkeitsvorstellungen aufzubauen: Gemeinsame Interessen werden sichtbar gemacht, indem wir unsere Vorstellungen von der Wirklichkeit mit anderen teilen (vgl. Rolke 2005, S. 6 f.). Ohne Kommunikation mit der Umwelt können wir keine Persönlichkeit entwickeln: „Das ist nicht nur objektiv zu verstehen; dass sie für andere da ist und auf sie wirkt. Es ist subjektiv zu verstehen: dass sie sich überhaupt erst entwickelt aus mitmenschlichen Zusammenhängen. Sie braucht das Gespräch; deshalb ist es persönlichkeitswidrig, wenn heute Gespräche selten geworden sind" (Lützeler 1978, S. 131).

Problemstellung
Die steigende Verschuldung öffentlicher Haushalte, überzogene Managergehälter und Boni, Sexskandale und Korruptionsfälle, Patentverletzungen und Zinsmanipulationen zeugen nicht nur von Maßlosigkeit, sondern gehören heute zu den häufigsten Reputationsrisiken für Organisationen und Personen. Sie zerstören auf diese Weise das Vertrauen der Bürger beziehungsweise der Mitarbeiter in Institutionen oder Eliten und gefährden so langfristig die Grundlagen für ein friedliches Miteinander. In allen Fällen äußert sich eine Mentalität, die das gegenseitige Misstrauen fördert. Ein solches Verhalten führt zu Misstrauen und schafft auf diese Weise ein Klima, in dem alle nur verlieren können. Auf der anderen Seite führt der Wunsch,

alles in Zahlen ausdrücken und erfassen zu können, dazu, dass externe positive Effekte sowie das Wissen und die Persönlichkeit eines Mitarbeiters bei strategischen Entscheidungen kaum noch eine Rolle spielen. Die Folge ist eine immer kürzere Halbwertzeit unternehmerischer Entscheidungen.

Strategie des gegenseitigen Vertrauens
Der Mangel an Respekt, Aufmerksamkeit und Vertrauen führt zu immer kurzfristigeren Erfolgen. Je mehr wir versuchen, uns auf Kosten anderer zu verwirklichen, desto weniger wird es uns gelingen. Mithilfe der Spieltheorie haben Wissenschaftler bewiesen, dass langfristiger Erfolg nur möglich ist, wenn wir bei der Kooperation[4] mit anderen Menschen auf kurzfristige Gewinnmaximierung verzichten und stattdessen darauf achten, dass alle Beteiligten von der Zusammenarbeit profitieren (vgl. Rogall 2012, S. 214).

Wer seine Interessen rücksichtslos durchsetzt, verprellt seine Mitmenschen. Er verbaut sich so die Chance, in Zukunft mit denselben Partnern zusammenzuarbeiten. Kurzfristig kann er seine Mitmenschen möglicherweise übervorteilen, doch auf dieser Basis kann sich keine

---

[4] Helen Milner definiert Kooperation als „[…] zielgerichtetes Verhalten, dass eine wechselseitige Anpassung der politischen Interessen nach sich zieht, sodass am Ende alle Seiten davon profitieren." Vgl. Helen Milner (1992): International Theories of Co-operation among Nations. Strengths and Weaknesses, in: World Politics, 44/1992, S. 468. „[…] goal-directed behavior that entails mutual policy adjustments so that all sides end up better off than they would otherwise be."

langfristige Zusammenarbeit entwickeln. Wer dermaßen kurzsichtig und egoistisch handelt, muss sich ständig neue Partner suchen und verliert auf diese Weise Zeit. Deshalb erzielt er am Ende ein schlechteres Ergebnis als jemand, der mit seinen Mitmenschen im Rahmen einer Kooperation vertrauensvolle Beziehungen zum beiderseitigen Vorteil (Win-win-Situation) aufbaut.

Im Rahmen einer Kooperation entsteht der wechselseitige Vorteil einer vertrauensvollen Beziehung allerdings nur unter den folgenden Bedingungen:

- **Die Kooperation wird langfristig von gemeinsamen Interessen getragen:** Kooperation setzt eine Schnittmenge gemeinsamer Interessen der beteiligten Akteure voraus. Ziele einer längerfristigen Zusammenarbeit sind dabei die dauerhafte Schaffung eines gemeinsamen Nutzens, Lösung gemeinsamer Probleme und/oder Steigerung des gemeinsamen Akteurspotenzials (vgl. Meyers 2000, S. 449).
- **Es steht nicht außergewöhnlich viel auf dem Spiel:** Wenn außergewöhnlich viel auf dem Spiel steht, bringt uns oder unserem Gegenüber das einmalige Übervorteilen der anderen Seite unter Umständen einen größeren Gewinn als eine langfristige faire Zusammenarbeit. Es ist daher rational, wenn sich Menschen in solchen Sondersituationen deutlich misstrauischer verhalten als sonst.
- **Es besteht Interesse an einer langfristigen Zusammenarbeit:** Wenn wir mit einer Person nur einmalig zusammenarbeiten, ist es wirtschaftlich betrachtet rational, wenn beide Seiten versuchen, zulasten des anderen

so viel wie möglich für sich selbst herauszuholen (vgl. Trivers 1971, S. 35 f.). Ein Beispiel dafür sind große öffentliche Bauvorhaben. Vor allem wenn es sich um einmalige Projekte handelt, ist die Verlockung für das Bauunternehmen groß, seine Kunden zu übervorteilen. Ein Folgegeschäft wird höchstwahrscheinlich nicht zustande kommen. Im normalen Wirtschaftsleben ist das anders. Ein Bäcker hat das Interesse, uns am nächsten Tag weitere Brötchen zu verkaufen. Er geht daher im eigenen Interesse respektvoll mit unseren Interessen um.

Wir kooperieren mit anderen jedoch nicht aus reinem Altruismus, sondern aus rational kalkuliertem Eigeninteresse. Kooperation kann dabei sowohl auf freiwilligen Vereinbarungen zwischen den beteiligten Akteuren als auch auf dem Prinzip der Erwartungsverlässlichkeit künftigen Handelns beruhen (vgl. Pastoors 2005, S. 22). Die Bereitschaft miteinander zu kooperieren, wird von unseren Zukunftserwartungen beeinflusst. Je größer die Wahrscheinlichkeit kooperativen Verhaltens der Gegenseite in der Zukunft ist, desto größer ist die eigene Bereitschaft, in der Gegenwart mit ihr zu kooperieren (vgl. Pastoors 2005, S. 474 f.).

Gemäß Holger Rogall hat der Mensch „…gelernt, dass seinen Nutzen auf Kosten anderer kurzfristig zu maximieren, zu einer suboptimalen Bedürfnisbefriedigung und Überlebenschance führt. Da er erkennt, dass er auf die Bestätigung und die Hilfe anderer angewiesen ist, wird er versuchen, dafür zu sorgen, dass es (in Maßen) auch seinen Mitmenschen gut geht, weil sie dann zu größeren materiellen und immateriellen Gegenleistungen und der

Erzeugung von Synergieeffekten bereit sind" (Rogall 2012, S. 214). Um das optimale Ergebnis zu erzielen, empfiehlt es sich, bei einer langfristig angelegten Zusammenarbeit auf gegenseitiges Vertrauen zu setzen. Dies setzt jedoch „aufmerksames" Vertrauen voraus. Wer sich unabhängig vom Verhalten seiner Mitmenschen immer kooperativ verhält, ermutigt sie dazu, ihn auszunutzen und ihre eigenen Interessen in den Vordergrund zu stellen. Wenn wir eine Strategie gegenseitigen Vertrauens verfolgen, verzichten wir nicht auf Kontrolle und Sanktionen, sondern verhalten uns in jeder Hinsicht berechenbar.

Reziproker Altruismus
Der Anthropologe Robert Trivers erklärt die aktive Bereitschaft zu einer konstruktiven Zusammenarbeit anhand der Theorie des „Reziproken Altruismus" (Trivers 1971, S. 35–37). Nach Trivers sind Menschen dazu bereit, offen mit anderen zusammenzuarbeiten und ihnen zu helfen, wenn sie erwarten können, dass sie in Zukunft selber mit Hilfe rechnen können beziehungsweise dass ihnen ihr Verhalten in Zukunft auf eine gewisse Art vergütet wird (vgl. Trivers 1971, S. 35–37).

Eine konstruktive Zusammenarbeit beginnt damit, die Initiative zu ergreifen und dem Partner unsere Hilfe beziehungsweise eine Kooperation zum beiderseitigen Nutzen anzubieten. Solange sich unser Gegenüber kooperativ verhält, arbeiten wir ebenfalls kooperativ mit ihm zusammen. Falls unser Gegenüber jedoch versucht, sich einseitige Vorteile zu verschaffen, reagieren wir darauf sofort, aber auf angemessene Art und Weise mit Sanktionen. Auf jede Sanktion sollte ein Angebot zur konstruktiven

Zusammenarbeit erfolgen. Unser Gegenüber lernt auf diese Weise schnell, dass ihm unfaires Verhalten keine Vorteile bringt. Er wird deshalb künftig ebenfalls auf eine konstruktive Zusammenarbeit setzen.

Bedeutung kommunikativer Kompetenz
Doch nicht nur unser Verhalten, sondern auch die Art und Weise wie wir kommunizieren, entscheidet über unseren persönlichen Erfolg. Der Kommunikationswissenschaftler Bernd LeMar beschreibt in seinem Buch „Kommunikative Kompetenz" die Bedeutung einer gelungenen Kommunikation für das gegenseitige Vertrauen und somit für den langfristigen Erfolg. Er unterscheidet dabei vier Konfliktstufen der Kommunikation (vgl. LeMar 1997, S. 178–181):

Stufe 1: Fließende Kommunikation – Vertrauen:
Die Beteiligten vertrauen einander und sind bereit, Verantwortung für die eigene Kommunikation zu übernehmen. Das schließt die Fähigkeit, angemessen nein sagen zu können, ein. Das Klima ist geprägt von Offenheit und gegenseitiger Wertschätzung

Stufe 2: Stockende Kommunikation – Skepsis
In der Sacharbeit kommt es immer wieder zu Beziehungsspitzen. Bestehende Standpunkte verhärten sich. Wir hören dem anderen zwar noch zu, aber wir nehmen nicht mehr wahr, was der andere sagt. Aussagen werden vorsichtiger, die Emotionen gedrosselt. Die Angst, Fehler zu machen oder etwas Falsches zu sagen, lähmt den Alltag und die Kreativität. Es kommt immer wieder zu Phasen des betretenen Schweigens. Floskelhafte Aussagen ersetzen persönliche und ehrliche Mitteilungen. Auf dieser Stufe

besteht noch die Möglichkeit, mithilfe klärender Gespräche die Dinge ins Lot zu bringen. Bleibt der Impuls aus, so besteht die Gefahr, dass der Konflikt weiter eskaliert.

Stufe 3: Erstarrte Kommunikation – Ablehnung
Die Konfliktparteien bestehen auf ihrem jeweiligen Standpunkt. Sie schädigen sich selbst, indem sie sich zunehmend den eigenen Handlungsspielraum einschränken. Aus dieser Position heraus wird dem anderen unterstellt, dass er taktiert. Die gegenseitige Abwertung nimmt zu. Auf dieser Stufe findet kein echter Dialog mehr statt. Es gibt zwei Sender, die monologisieren. Das gegenseitige Verstehen ist schon lange nicht mehr das primäre Ziel. Bei einem Konfliktfall auf dieser Stufe ist es fast unmöglich, dass die Beteiligten über ihre eigenen Gefühle, Rollen, Erwartungen etc. sprechen können. Die Gefahr ist groß, dass sich der Konflikt verschärft, wenn es nicht gelingt, den Konflikt metakommunikativ auf der Beziehungsebene anzusprechen.

Stufe 4: Abgebrochene Kommunikation – Resignation
Resignation und Rückzug kennzeichnen diese Phase. Die Konfliktparteien gehen sich aus dem Weg. Das Schaffen vollendeter Tatsachen ersetzt den sprachlichen Austausch. Es herrscht Sprachlosigkeit. Nonverbale Druckmittel erzeugen Panik, Angst und Gegendruck (vgl. LeMar 1997, S. 178–181).

Literatur

Brooks, D. (08. November 2016). Let's not do this again. *New York Times.* http://www.nytimes.com/2016/11/08/opinion/lets-not-do-this-again.html?action=click&pgtype=Homepage&clickSource=story-heading&module=span-abc-region&region=span-abc-region&WT.nav=span-abc-region&_r=0. Zugegriffen: 03. Dez. 2016.

Brunken, I. P. (2005). *Die 6 Meister der Strategie – und wie Sie beruflich und privat von ihnen profitieren können.* Berlin: Econ.

Buss, E. (2009). *Managementsoziologie* (2. Aufl.). München: Oldenbourg.

Falk, A. (2003). Homo Oeconomicus versus Homo Reciprocans: Ansätze für ein neues Wirtschaftspolitisches Leitbild? *Perspektiven der Wirtschaftspolitik, 4*(1), 141–172.

Frankl, V. (1985). *Man's search for meaning.* New York: Pocket.

Greene, R. (2001). *Power: Die 48 Gesetze der Macht* (5. Aufl.). München: Hanser.

LeMar, B. (1997). *Kommunikative Kompetenz. Der Weg zum innovativen Unternehmen.* Berlin: Springer.

Lützeler, H. (1978). *Persönlichkeiten.* Freiburg: Herder.

Meyers, R. (2000). Theorien internationaler Kooperation und Verflechtung. In W. Woyke (Hrsg.), *Handwörterbuch internationale Politik* (8. Aufl., S. 448–489). Opladen: Westdeutscher Verlag.

Milner, H. (1992). International theories of co-operation among nations. Strengths and weaknesses. *World Politics, 44,* 466–496.

Oltmanns, T., Kleinaltenkamp, M., & Ehret, M. (Hrsg.). (2009). *Kommunikation und Krise. Wie Entscheider die Wirklichkeit definieren.* Wiesbaden: Gabler.

Pastoors, S. (2005). *Anpassung um jeden Preis: Die europapolitischen Strategien der Niederlande in den Neunziger Jahren.* Münster: Waxmann.

Priddat, B., & Kabalak, A. (2008). Wozu Neuroökonomie? *Wirtschaftsdienst: Zeitschrift für Wirtschaftspolitik, 88*(2), 138–144.

Ramge, T. (2008). Evolution der Fairness – Warum die Hilfsbereitschaft in unserer Natur liegt. In Notizen Impulse, Ausgabe 03/0, S. 8–23. http://www.brandeins.de/wissen/siemens-notizen/impulse/evolution-der-fairness-warum-die-hilfsbereitschaft-in-unserer-natur-liegt. Zugegriffen: 03. Dez. 2016.

Rogall, H. (2012). *Nachhaltige Ökonomie*. Marburg: Metropolis.

Rolke, L. (2005). Wertschöpfende Unternehmenskommunikation nach dem Stakeholder-Kompass. In G. Bentele, M. Piwinger, & G. Schönborn (Hrsg.), *Kommunikationsmanagement*. Neuwied: Luchterhand (Losbl. 2001 ff., Art. 4.16, S. 1–28).

Selten, R. (1993). In search of a better understanding of economic behavior. In A. Heertje (Hrsg.), *Makers of modern economics* (S. 115–139). New York.

Trivers, R. (1971). The evolution of reciprocal altruism. *The Quarterly Review of Biology, 46*(1), 35–57.

Aufmerksamkeit, Respekt und Vertrauen: theoretische Grundlagen

Aufmerksamkeit

Aufmerksamkeit und Präsenz sind wichtige Grundlagen für das Gelingen von Kommunikation. Der Psychologe Jochen Müsseler definiert Aufmerksamkeit als die Fähigkeit, „aus dem vielfältigen Reizangebot der Umwelt einzelne Reize oder Reizaspekte auszuwählen und bevorzugt zu betrachten, andere dagegen zu übergehen und zu unterdrücken" (Müsseler 2000). Wer in Gedanken noch beim gestrigen Abend weilt oder schon überlegt, wie er gleich am besten die Bahn erreichen kann, ist nur halb bei der Sache. Er richtet seine Aufmerksamkeit nicht auf das, was um ihn herum geschieht. Wer sich während eines Gespräches zusätzlich mit seinem Mobiltelefon oder seinem Terminkalender beschäftigt, signalisiert außerdem, dass ihn sein

Gegenüber und das Gesagte nicht wirklich interessieren. Wenn uns nicht die gewünschte Aufmerksamkeit gewidmet wird, kann das auch in relativ unwichtigen Alltagssituationen zu Verstimmungen führen. Unterhält sich ein Verkäufer zum Beispiel mit Bekannten und lässt andere Kunden in der Schlange warten, empfinden wir das als unhöflich. Wenn Sie anderen die ihnen gebührende Aufmerksamkeit zukommen lassen wollen, müssen Sie in der Situation vollkommen anwesend sein.

Aufmerksamkeit ist nicht nur eine Veränderung oder Verbesserung der Wahrnehmung durch mehr Intensität oder Klarheit. Sie ist auch eine „grundlegende präferenzielle Struktur, die das Wesen jeder subjektiven Erfahrung ausmacht" (Wehrle 2013, S. 116). Aufmerksamkeit prägt somit unsere Wahrnehmung im Lichte unserer Interessen und Vorlieben. Dadurch, dass lebensweltliche Horizonte bereits die „Inhalte der untersten Stufe der Wahrnehmung mitbestimmen", ergibt sich eine wichtige Einsicht: „Noch vor dem Wirkungsbereich einer sprachlich-diskursiven Macht […] entpuppt sich bereits die Wahrnehmung als Ort normativer und kultureller Einflüsse" (Wehrle 2013, S. 354).

Wir müssen uns selbst kennenlernen und unsere Bewusstseinsinhalte (Vordergrund- und Hintergrundbewusstsein), reflektieren, damit wir nicht zum Objekt dessen werden, was unsere Aufmerksamkeit erregt. Aufmerksamkeit muss zu einer ausdrücklichen Haltung werden, um Offenheit für andere Menschen und andere Lebenswelten zu gewährleisten (vgl. Wehrle 2013, S. 354).

Wir schulden anderen und uns selbst Aufmerksamkeit[1]. Waldenfels nennt dies das „Ethos der Aufmerksamkeit" (Waldenfels 2004, S. 275): „Wir leben immer schon auf Kredit, und zwar bevor wir Verträge schließen, die uns Aufmerksamkeitspflichten auferlegen" (Waldenfels 2004, S. 276). Doch der Ethos der Aufmerksamkeit bezieht sich in zweifacher Hinsicht auf uns selbst: Zum einen, wenn es darum geht, die eigenen Wünsche, Triebe und andere Kräfte der Aufmerksamkeitslenkung zu kontrollieren. Zum anderen, wenn es darum geht, neue Erfahrungen zuzulassen und der Erstarrung durch Routineverhalten (-fühlen, -denken), sprich der Sedimentierung von Erfahrung zu Verhaltensmustern, im Umgang mit dem anderen zuvorzukommen.

Das Potenzial der Aufmerksamkeit
Beim Nachdenken über Strategien und Strategeme des Respekts liegt der Fokus dieses Buches nicht auf Standardsituationen, sondern auf den Chancen und Risiken, die im Verlauf spezifischer Interaktionskonstellationen auftauchen. Solange sich Aufmerksamkeit auf einem vorgefundenen Gelände bewegt, behält sie einen sekundären Charakter. Der unauflösbare Rest, das Machtgeschehen, hat zwei Gesichter: Macht als Subjektion (passive Macht) und Aufmerksamkeitsmacht (aktive Macht):

---

[1]Siehe hierzu: Waldenfels (2004), Kabat-Zinn (1988), Perls et al. (1951), Romhardt (2004).

- Unter **Subjektion** versteht der Kommunikationswissenschaftler Gerold Ungeheuer die Notwendigkeit des Hörers, sich der Steuerung seiner Gedanken durch den Sprecher zu unterwerfen, will er das Gesagte verstehen (vgl. Ungeheuer 1972; Waldenfels 2004, S. 235).
- Unter **Aufmerksamkeitsmacht** verstehen wir nicht eine Fähigkeit, die jemand hat oder erwirbt, sondern Machtausübung in *actu*, das heißt als ein Machtgeschehen. Die Machteinwirkung ist keine kausale Einwirkung, sondern sie besteht „vielmehr in einem *Sich durchsetzen gegen andere* oder gegen mich *als anderen*" (Waldenfels 2004, S. 235).

Im Kontext von Respektstrategien wird das Machtgeschehen in den Dienst des Strebens nach einem gemeinsamen Ziel gestellt. Dadurch fällt der Gegensatz zwischen Überzeugen und Überreden in sich zusammen: Es geht uns um „genau jene soziale Einwirkung, die sich nicht der Alternative von Vernunft oder Macht unterwirft" (Waldenfels 2004, S. 245), wobei Macht in diesem Zusammenhang Machteinwirkung bedeutet, aber nicht Machtausübung.

Notwendigkeit und Funktionen der Aufmerksamkeit
Robert Nideffer (1976) unterscheidet verschiedene Formen der Aufmerksamkeit, welche sich zu vier Ausrichtungen der Aufmerksamkeit kombinieren lassen (vgl. Nideffer 1976). Dabei differenziert er Aufmerksamkeit über zwei Dimensionen:

- Nach innen gerichtete (internale) ⇔ nach außen gerichtete (externale) Aufmerksamkeit

- Umfassende (weite) ⇔ fokussierte (enge) Ausrichtung der Aufmerksamkeit (vgl. u. a. Nideffer 1976 sowie Eberspächer 2007).

Nach außen gerichtete, fokussierte Aufmerksamkeit (external-eng)
Die external-enge Aufmerksamkeitsform wird benötigt, um bestimmte Sachverhalte genau zu betrachten (vgl. Eberspächer 2007). Die Aufmerksamkeit wird dabei auf Dinge oder Personen außerhalb der eigenen Person gerichtet (external). Während eines Gespräches ist es zum Beispiel notwendig, sich external-eng auf sein Gegenüber und dessen Aktionen zu konzentrieren, um auf eine situative Bedingung entsprechend agieren oder reagieren zu können.

Kontextgebundenheit der Sinnbildung
Aufmerksamkeit hilft uns dabei, der Kontextgebundenheit von Sinnkonstruktionen in der jeweiligen Situation Rechnung zu tragen. Damit ist viel gewonnen. Um wirklich zu verstehen, was in einem Gespräch geschieht, bedarf es einer uneingeschränkten Aufmerksamkeit, sowohl für die Inhalte, als auch für die kommunikativen Funktionen der einzelnen Redebeiträge und für Veränderungen der Gestik, Mimik und Körperhaltung. Nicht nur sprachliche Flexibilität – rezeptiv wie produktiv – ist wichtig, sondern auch die Fähigkeit, zwischen unterschiedlichen mentalen Räumen oder Perspektiven hin- und herwandern zu können (vgl. Schmidt-Tanger 2010, S. 97 f.).

Empathie

Oft wird Empathie mit Mitleid oder Mitleiden übersetzt. Das erweckt den Eindruck, es ginge bei Empathie allein um eine emotionale Regung oder die Fähigkeit, am Glück oder Unglück anderer teilzuhaben. Empathie hat jedoch auch eine kognitive Komponente. Wer empathisch ist, ist in der Lage, die Dinge mit den Augen seines Gegenübers zu sehen. Er kann seinen Standort und seine Perspektive wechseln. Dies ermöglicht es uns, andere Wahrheiten anzuerkennen und die Wirkungen wahrzunehmen, welche die eigene Kommunikation auf unser Gegenüber hat. Erst Empathie versetzt uns in die Lage, strategisch zu kommunizieren. Daniel Goleman, bringt dieses Phänomen auf den Punkt: „Der Mangel an Empathie kann sich darin äußern, dass man auf andere Menschen reagiert, als wären sie Stereotypen und nicht die einzigartigen Individuen, die sie nun einmal sind" (Goleman 1999, S. 165).

Die Tatsache, dass wir uns im anderen spiegeln beziehungsweise ein Stück weit wiederfinden, wird durch die Logik der Konkurrenz und des Profits verdeckt. Letztlich konkurrieren wir somit gegen einen Teil von uns selbst.

Vermeidung von Stereotypen

Eine aufmerksame Wahrnehmung hilft uns dabei, uns auf die Persönlichkeit unseres Gegenübers zu konzentrieren und auf diese Weise Stereotype zu vermeiden. Durch die Reduzierung auf ein bestimmtes Merkmal wird die Person nur noch als Mitglied einer Gruppe wahrgenommen, und nicht mehr als eigenständiges Individuum mit allen Schwächen, Stärken, Fähigkeiten, Träumen und Ängsten, die das Mensch-Sein ausmachen. Der Hinweis auf die

Gruppenzugehörigkeit ruft bei den Zuhörern Stereotype wach, die sie über solche Menschen kennen. Je negativer und tiefer verwurzelt die Stereotype über eine Gruppe sind, desto nachteiliger sind die Konsequenzen für die Opfer (vgl. Goleman 1999, S. 190). So eine Erfahrung ist für jede Person verletzend. Besonders dramatisch fallen die Konsequenzen aus, wenn diese Stereotypisierung historisch unterdrückte oder benachteiligte Gruppen betrifft. In diesem Fall können die Vorurteile einen nachhaltigen, negativen Effekt auf das Leben der Betroffenen haben.

Stereotype können unter anderem dazu führen, dass die Betroffenen bei Tests schlechter abschneiden oder schlechtere Arbeitsleistungen erbringen:

> Studenten und Studentinnen, die gut in Mathematik waren, sollten Aufgaben lösen, die zur Zulassungsprüfung für die höheren Semester gehörten. Einer von den zwei Testgruppen wurde gesagt, dass bei den Tests gewöhnlich unterschiedliche Befähigungen von Männern und Frauen deutlich werden, während der anderen nichts gesagt wurde. Die Frauen schnitten bei dem Test erheblich schlechter ab, als die Männer, aber nur, wenn ihnen vorher gesagt wurde, der Test offenbare Geschlechtsunterschiede. Wurden Geschlechterfragen überhaupt nicht angesprochen, schnitten Frauen genauso gut ab wie Männer! (Goleman 1999, S. 191)

Die schlechtere Leistung hat also nichts mit den eigentlichen Fähigkeiten zu tun, aber die Stereotypisierung schafft eine feindliche Atmosphäre, in der die Betroffenen ihre optimale Leistung nicht mehr erbringen können. Um wirklich gut arbeiten zu können, müssen wir von unseren Fähigkeiten überzeugt sein. Dieses Vertrauen in die eigene

Kompetenz wird durch Vorurteile systematisch untergraben. Wer stereotypisiert wird, beginnt an den eigenen Fähigkeiten zu zweifeln und das eigene Wissen und Können infrage zu stellen. Die Ängste, die so ausgelöst werden, schränken die kognitive Leistungsfähigkeit ein. Außerdem bedrohen sie das Gefühl der Zugehörigkeit, was sich wiederum negativ auf das Lebensgefühl und die Leistungsfähigkeit auswirkt: Nur wer sich akzeptiert fühlt, fühlt sich in seiner Haut wohl und kann optimal arbeiten (vgl. Goleman 1999, S. 190 ff.).

Wenn sich die Personen in einer Prüfungssituation befinden oder eine schwierige Aufgabe lösen müssen, sind Versagensängste bis zu einem gewissen Grad durchaus normal (und nicht schädlich, weil es einen dazu anspornen kann, sich gut vorzubereiten), aber wenn solche Befürchtungen durch Stereotypisierung verstärkt werden, werden sie zu großen Hindernissen. Besonders betroffen sind Pioniere, zum Beispiel die ersten Jetpilotinnen, da sie sich in einem besonders feindlichen Umfeld bewegen, indem sie als Eindringlinge betrachtet werden (vgl. Goleman 1999, S. 191).

Von der Beachtung zur Achtung
Jemand, der seinem Gegenüber im Gespräch nicht die ungeteilte Aufmerksamkeit zukommen lässt, zeigt einen Mangel an Respekt. Aufmerksamkeit hat somit eine untergründige ethische Note: Was uns auffällt, lässt uns nicht gleichgültig (vgl. Waldenfels 2004, S. 261). Dabei schwingt die Frage mit, ob Aufmerksamkeit „über sich selbst hinausweist" und ob neben der Aufmerksamkeitsbereitschaft eine Haltung im Spiel ist, die „sich auf etwas bezieht, was von uns Achtung erheischt" (Waldenfels

2004, S. 261), die wir anderen gewähren oder verweigern. Das Gegenteil einer solchen Haltung bestände darin, den anderen nachlässig zu behandeln. In der deutschen Sprache fällt die soziale Nebenbedeutung der Aufmerksamkeit im Sinne von Zuwendung oder Geschenk sofort ins Auge. Die Beachtung, die wir schenken, nähert sich der Achtsamkeit an, die wir gegenüber belebten wie unbelebten Größen an den Tag legen. Der Begriff Respekt selbst meint wörtlich übersetzt Rücksicht, was sich sowohl auf das Zurückschauen als auch das Rücksicht nehmen bezieht. Waldenfels deutet an, dass es sich hierbei um einen Vorgang handelt, der verhindert, dass Erfahrungen verstellt und unterdrückt werden, „wenn sich eine vorbehaltlose Moral ihrer bemächtigt" (Waldenfels 2004, S. 269).

Nach außen gerichtete, umfassende Aufmerksamkeit (external-weit)
Die external-weite Aufmerksamkeitsform ermöglicht es uns, uns ein umfassendes, relativ undifferenziertes Bild von der Umgebung zu machen. Diese Aufmerksamkeitsausrichtung erlaubt es, viele Informationen im Umfeld der Person aufzunehmen (vgl. Eberspächer 2007).

Die external-weite Form nutzen wir zum Beispiel bei der Vorbereitung auf einen Vortrag. Wir konzentrieren uns bei dieser Aufmerksamkeitsausrichtung auf unser Publikum oder unsere Umgebung, um uns einen Überblick über die Rahmenbedingungen für unseren Vortrag zu verschaffen.

Situationen erschließen und Eindrücke merken
Aufmerksamkeit sorgt dafür, dass wir Situationen qualitativ besser einschätzen können. Hierzu gehört eine bessere Einschätzung der subjektiven Welt, in welcher der

andere lebt. Auch wenn Menschen demselben Ereignis beiwohnen oder in derselben Organisation arbeiten, sehen sie doch alle etwas Anderes, weil sich ihre Perzeption des Geschehenen und ihre Aufmerksamkeitshorizonte unterscheiden (vgl. Wehrle 2013, S. 353). Aufmerksamkeit ist eine Form der erfahrungsorientierten Situationserschließung durch Neugierde, Offenheit, Akzeptanz (vgl. Bishop und Lau 2004, S. 230–241) und „Aufgeschlossenheit […] für das gesamte Spektrum menschlicher Erfahrung" (Kabat-Zinn 1988). Die auf das Gegenüber und die Situation gerichtete Aufmerksamkeit ist ferner notwendig, damit wir die gewonnenen Eindrücke langfristig im Gedächtnis speichern können. Lange galt Aufmerksamkeit als eine Form der Innenschau, in der wir uns unmittelbar erlebten Bewusstseinsinhalten zuwenden (vgl. Waldenfels 2004, S. 25). Aufmerksamkeit ist mehr eine Art „schöpferische Transformation des perzeptiven oder mentalen Feldes als ein […] immer wieder neu zu erwirkende[r] ‚Übergang vom Unbestimmten zum Bestimmten', der Neues hervorbringt" (Waldenfels 2004, S. 26 f.).

Situationen „sozial" sehen lernen

Bei der Betrachtung des Menschenbildes des „Homo oeconomicus" haben wir eingewandt, dass nicht Informationen, sondern Konstruktionen und Perzeptionen für unsere Entscheidungen relevant sind. Informationen müssen erst gedeutet werden, bevor wir auf sie reagieren. Nicht die Fakten sind für uns entscheidend, sondern die Deutung der Fakten. Somit ist nicht die objektive Umwelt beziehungsweise eine wie auch immer beschaffene objektive Situation relevant für unser Handeln, sondern die Art und Weise, wie ein Mensch seine Umwelt kognitiv repräsentiert beziehungsweise deutet. Für das Individuum kommt es darauf an, der Situation Merkmale zuzuschreiben, die für es selbst und andere Personen Sinn machen und gemeinsames Handeln ermöglichen. Es kommt also darauf an, Situationen „sozial" zu sehen und zu deuten: Diese Form der Aufmerksamkeit entsteht durch Hineinfühlen und Verstehen-Wollen dessen, was der andere fühlt und denkt. Es ist wichtig, eine Metaposition einnehmen zu können. Lösen Sie sich mental von der aktuellen Situation und fragen Sie sich:

- Was passiert da zwischen den beteiligten Personen?
- Was nehme ich konkret wahr?
- Wer reagiert auf wen in welcher Weise?
- Wie verstehen die Personen die Situation – als eine gemeinsame oder als eine verschiedene?

Sich dem Neuen nicht ausliefern

Aufmerksamkeit ist für uns so wichtig, weil sich unsere Wahrnehmung abnutzt und wir – wenn wir nicht aufpassen – uns mehr und mehr im „blässlich Vertrauten" (Lützeler 1978, S. 28) bewegen. Aufmerksamkeit sorgt für Offenheit gegenüber neuen und ungewohnten Eindrücken, ja in seltenen Fällen gelingen uns sogar originäre Wahrnehmungen. Immer wenn wir mit etwas Neuem, mit einer veränderten Situation konfrontiert werden, sollten wir uns dessen bewusst sein: „Wir konzentrieren uns dann auf die anstehende Situation oder das anstehende Problem, und je mehr wir uns konzentrieren, desto höher wird die Intensität der bewussten Wahrnehmung des entsprechenden Vorgangs" (Roth 2007, S. 77).

Nach innen gerichtete, fokussierte Aufmerksamkeit (internal-eng)

Die internal-enge Aufmerksamkeitsform wird benötigt, um sich auf einen bestimmten Punkt oder Vorgang der eigenen körperlichen und psychischen Prozesse konzentrieren zu können (vgl. Eberspächer 2007). Diese Aufmerksamkeitsausrichtung können wir zum Beispiel in Gesprächen gezielt einsetzen. Durch die Konzentration auf bestimmte psychische und somatische Prozesse können wir in uns hinein hören, uns zentrieren und gegebenfalls anforderungsspezifisch regulieren. Auch für die mentale Vorbereitung (Visualisierung) kann diese Form der Aufmerksamkeit verwendet werden. So können wir kurz vor wichtigen Terminen (zum Beispiel Vorstellungsgespräch, mündliche Prüfung) bestimmte Situationen noch einmal gedanklich durchgehen (vgl. Nideffer 1976).

Selbstaufmerksamkeit

Selbstaufmerksamkeit bedeutet, sich auf unsere innere Wahrnehmungsfähigkeit zu konzentrieren, Ideen zu generieren und zu den eigenen Gefühlen auf Distanz gehen zu können. Dazu gehört die Fähigkeit, in Verbindung mit einem ganzen Netz von Assoziationen, die Gedanken der anderen zu einem Teil der eigenen „geistigen Welt" (Roth 2007, S. 124) zu machen. Im Alltag gebrauchen wir deshalb häufiger Sätze wie „Ich bin auf etwas aufmerksam geworden" als „Ich habe meine Aufmerksamkeit auf etwas gerichtet." Aufmerksamkeit geschieht, und „was geschieht, ist weder schlicht gegeben noch schlicht gesetzt" (Waldenfels 2004, S. 144). Dasjenige, was Aufmerksamkeit erregt, kann unreflektierten Wünschen, Interessen oder Trieben entspringen. Je mehr wir uns strategisch verhalten, desto mehr finden wir die (für uns relevanten) Dinge, und umso weniger finden die (für unsere Ziele irrelevanten) Dinge uns. Der Einzelne bleibt sich selbst treu und verliert sich nicht an Belanglosigkeiten, die Macht über ihn haben. Indem wir uns zu einer Persönlichkeit entwickeln, verhindern wir, dass wir unser Selbst an ein Leitbild oder Image („Der Staatsmann", „Der Macher") verlieren. Selbstaufmerksamkeit ist notwendig, damit wir uns zur Persönlichkeit entwickeln können (vgl. Lützeler 1978, S. 11–19). Wir rechnen auch die identitätsbezogene Aufmerksamkeit zur Selbstaufmerksamkeit. Identität ist die wichtigste Voraussetzung für Interaktion, da wir mit Unbekannten nicht gerne interagieren. Die Identität, beziehungsweise das die Identität zum Ausdruck bringende Verhalten, ist Grundlage der Imagebildung auf der Seite des Gegenübers. Entsprechend muss die Aufmerksamkeit des Sprechers der eigenen Identität und den damit verbundenen Werten gelten, sowie den Wertansprüchen und Wahrnehmungseindrücken des Gegenübers. Damit ein konsistenter Wahrnehmungseindruck zustande kommt, muss der Sprecher darauf achten, in Übereinstimmung mit sich selbst zu handeln. Das setzt ein Bewusstsein des eigenen Ichs und der personalen Identität voraus (vgl. Waldenfels 2004, S. 145). Die personale Identität kann aus drei unterschiedlichen Perspektiven gesehen werden, die vom Einzelnen strategisch reflektiert werden müssen:

- Die **Gestalt** bezieht sich auf äußere Merkmale der Person: Wer war ich? Wer bin ich heute?
- Die **Identität** im engeren Sinn betrifft den personalen Kern: Was macht(e) mich aus? Wofür stand/stehe ich?

- Die **Berufung** umfasst die persönlichen Ziele: Wo wollte/will ich hin?

Selbstreflexion
Die Informationen, die wir zu deuten versuchen, betreffen die inneren Gedanken unseres Gegenübers, die Gesamtsituation und alle Details. Die Qualität der ermittelten Information entscheidet darüber, ob und wenn ja, welche Perspektiven des anderen beim Verfolgen der eigenen Ziele zu berücksichtigen sind. Es geht hierbei um das „Ineinander und Auseinander von fremdem Anspruch und eigener Antwort" (Waldenfels 2004, S. 271). Das *Dass* des fremden Anspruchs steht in der Regel nicht zur Wahl, aber das *Wie* unserer Antwort (vgl. Waldenfels 2004, S. 271). In Verbindung mit der Art und Weise, wie ein Sprecher ein bestimmtes Ziel verfolgt, ermöglicht uns Aufmerksamkeit, dass wir uns bewusst werden, wie wir andere wahrnehmen und selbst wahrgenommen werden. Wir erkennen besser, welche Respektansprüche unser Gegenüber hat. In Situationen, in denen wir nicht davon ausgehen können, dass bereits eine dialog-basierte Partnerschaft besteht, kommt es darauf an, „den Anderen so anzusprechen, dass er sich angesprochen fühlt" (Waldenfels 2004, S. 243). Aufmerksamkeit bewahrt uns vor den Fallen der Wahrnehmungsverzerrung und der Stereotypisierung unseres Gegenübers. Stereotypisierung von Menschen ist eine Form der Depersonalisierung. Aufmerksamer Respekt ermöglicht es uns, am Gegenüber und an der Situation das Besondere zu sehen. Aufmerksamkeit trägt also dazu bei, dass die anderen in ihrer Unterschiedlichkeit und Ausdrücklichkeit sichtbar bleiben und dass unser eigenes Ich nicht in der

Durchschnittlichkeit ‚des Man' verschwindet (vgl. Lützeler 1978, S. 18 f.). Aufmerksamkeit im Sinne der Selbstaufmerksamkeit bewahrt uns vor vorschnellen Reaktionen. Da wir als geistige Wesen die Fähigkeit der Selbstdistanzierung besitzen, können wir zu uns selbst in eine nützliche Distanz treten und zum Beispiel „eine aufkommende Wut konstruktiv in eine produktive Energie [...] verwandeln oder Begierden [...] kontrollieren. Man kann aber auch die eigene Angst betrachten und trotz der Angst mutig sein. Frankl hat dies in dem Satz zusammengefasst: ‚Man muss sich von sich selbst nicht alles gefallen lassen'" (Berschneider 2003, S. 37).

Nach innen gerichtete, umfassende Aufmerksamkeit (internal-weit)
Um sich ein umfassendes Bild von unserem momentanen, allgemeinen Wohlbefinden zu machen, wird die internal-weite Aufmerksamkeitsform gewählt (vgl. Eberspächer 2007). So können wir unsere Gemütslage und unseren Eigenzustand analysieren und diesen gegebenenfalls regulativ an die entsprechende Anforderungssituation anpassen.

Aufmerksamkeit für Werte
Mit Werten ist es wie mit Fremdsprachen: Wir müssen sie üben, um uns ihrer sicher sein zu können. Schöpferische Werte betreffen das, was wir tun und hervorbringen. Erlebniswerte betreffen zum Beispiel die faire, menschliche Begegnung oder die humane Betreuung der Patienten. Einstellungswerte entscheiden zum Beispiel darüber, ob wir der Versuchung erliegen, einen Gewinn auf Kosten Dritter zu realisieren, indem wir zum Beispiel minderwertige Rohstoffe verarbeiten.

Aufmerksamkeit als Haltung

Aufmerksamkeit stellt sicher, dass uns keine wichtigen Informationen entgehen und wir ganz bei der Sache sind. Das bedeutet auch, dass wir soweit möglich versuchen, unsere eigene Aufmerksamkeitssteuerung durch Vorlieben, Bestrebungen und Interessen zu reflektieren und zu kontrollieren (vgl. Waldenfels 2004, S. 14). Wenn wir Menschen mit anderen Aufmerksamkeitshorizonten (und Lebenswelten) überzeugen wollen, müssen wir die normative und kulturelle Vorprägung unserer eigenen Wahrnehmung und Aufmerksamkeitshorizonte reflektieren. Um Offenheit für andere Lebenswelten zu gewährleisten, muss Aufmerksamkeit die „Gestalt einer ausdrücklichen Haltung annehmen […] Aufmerksamkeit in einem ethischen Sinne muss insofern selbst zu einer habituellen Geltung werden. Um dies zu erreichen, müssen jedoch zuvor die eigenen Horizonte der Aufmerksamkeit hinterfragt werden. Durch einen solchen explizit durchgeführten Aufmerksamkeitswechsel werden die habituellen Scheuklappen der subjektiven Wahrnehmung sichtbar. Nur so kann eine Offenheit für neue, horizonterweiternde Erfahrungen geschaffen werden" (Wehrle 2013, S. 354 f.), die Toleranz und Verständnis für unterschiedliche Sichtweisen und Lebensumstände ermöglicht. Auf diese Weise schafft sie erst die Voraussetzung dafür, eigene Ziele nicht gegen den anderen, sondern mit und durch den anderen zu erreichen.

In Paarbeziehungen oder familiären Beziehungen kommt es vor, dass ein Partner oder ein Kind jahrelang auf die ihm zustehende Aufmerksamkeit wartet und sich infolgedessen zu einer Schablone der anderen entwickelt, ohne das eigene Selbst entfalten zu können.

Aber auch Argwohn erschwert die Verständigung untereinander und den Blick für das Wesentliche. Jean Monnet berichtet in seinen Memoiren über unterschiedliche Situationseinschätzungen der Mitglieder des französischen „Komitee[s] zur nationalen Befreiung": „So einfach waren die Dinge nicht, aber man konnte nun einmal clevere Politiker nicht daran hindern, überall Machtverhältnisse und mögliche Gegnerschaft zu wittern. Sie sahen nur den Charakter der Männer, und nicht die Art der Probleme" (Monnet 1978, S. 260). Wenn eine Verständigung mit Politikern, Managern oder anderen ausgeprägten Machtmenschen notwendig ist, kommt es entschieden darauf an, die Aufmerksamkeit der Betreffenden auf die Art der Probleme zu richten und von zwischenmenschlichen Befindlichkeiten abzulenken.

Respekt

Der Begriff Respekt stammt von dem lateinischen Wort *respectus* und bedeutet übersetzt *Rücksicht*. Als Bedeutungen finden sich in der Literatur außerdem Begriffe wie Achtung, Achtsamkeit, Anerkennung oder Toleranz[2].

In der Literatur existiert keine allgemeingültige, allseits anerkannte Definition des Begriffs Respekt. Als Definition wird jedoch häufig die zweite Version von Immanuel Kants Kategorischem Imperativ herangezogen: „Handle so, dass du die Menschheit sowohl in deiner Person, als in

---

[2]siehe hierzu zum Beispiel Borbonus, René (2014), Schreiner Karin (2013), Siep Ludwig (1979).

der Person eines jeden andern jederzeit zugleich als Zweck, niemals bloß als Mittel brauchst" (Kant 1785, S. 429).

Der amerikanische Philosoph Stephen Darwall unterschied 1977 in seinem Aufsatz „Die Zwei Arten von Respekt" zwischen *Recognition Respect* und *Appraisal Respect*, also *anerkennendem* und *wertschätzendem Respekt:* Nach Darwall besteht *Recognition Respect* „in giving appropriate consideration or recognition to some feature of its object in deliberating about what to do" (Darwall 1977, S. 38). *Recognition Respect* gebührt Menschen, weil sie Menschen sind. Entsprechend kann diese Art von Respekt nicht abgestuft werden (vgl. Darwall 1977, S. 46). Der anerkennende Respekt schließt Verpflichtungen gegenüber anderen Menschen mit ein. Diese Verpflichtungen können von deren Respektierung als Personen, über die Anerkennung ihrer Wünsche bis hin zur Würdigung ihrer Leistungen reichen (vgl. Darwall 1977, S. 38 f.).

Dem anerkennenden Respekt stellt Darwall *Appraisal Respect* entgegen. Hier steht für ihn die Wertschätzung im Vordergrund. Der wertschätzende Respekt „consists in the appraisal itself (…). One may have appraisal respect for someone without having any particular conception of just what behaviour from oneself would be required or made appropriate" (Darwall 1977, S. 39). Der wertschätzende Respekt beschreibt somit eine positive Haltung gegenüber dem anderen. Er gilt einem Menschen als Ganzes unabhängig von seinen Taten oder Leistungen, auch wenn diese unsere Einschätzung über eine Person und damit den Respekt beeinflussen.

Appraisal Respect kann stärker oder schwächer empfunden werden, also abgestuft. Er darf aber nicht an Bedingungen geknüpft sein. Wertschätzt jemand eine

Eigenschaft eines anderen, weil diese ihm einen Vorteil verschafft, ist dies für Darwall kein Respekt. Wertschätzender Respekt „(...) must be a categorical attitude, one which is unconditional" (Darwall 1977, S. 44).

Im Gegensatz zu Darwall unterscheidet Ruth Higgins in ihrem Buch *The Moral Limits of Law – Obedience, Respect, and Legitimacy* drei Aspekte von *Respect:* „Respect for capacities, respect qua tolerance, respect qua estimation" (Higgins 2004, S. 50):

- Achtung der persönlichen Eigenschaften (respect for capacities) bezieht sich auf „die intrinsische Würde", die allen Menschen eigen ist. Hier findet sich die Achtung im Kant'schen Sinn wieder.
- Respekt im Rahmen der Toleranz (Respect qua tolerance) bewegt sich auf der Ebene von Werten und Rechten, zum Beispiel, wenn das Recht auf Meinungsfreiheit respektiert wird, auch wenn die Meinung der anderen der eigenen Meinung zuwiderläuft. Dieser Respekt ist also extrinsisch motiviert.
- Respekt im Rahmen der Wertschätzung (Respect qua estimation) kann abgestuft gewährt werden und bezieht sich auf die Wertschätzung einzelner Eigenschaften (vgl. Higgins 2004, S. 50).

Higgins grenzt diese drei Aspekte des Respekts von respektvollem Verhalten oder dem bloßen Zeigen von Respekt ab. Ihr geht es somit um die tatsächliche Beziehung zwischen einem respektierenden Subjekt und dem respektierten Objekt: *„X (capacity) respects Y as having human* *dignity, and (tolerance) respects Y's right to freedom of religious belief, but X does not (estimation) respect Y's chosen creed and the life this entails"* (Higgins 2004, S. 51).

In Anlehnung an Darwalls *Recognition Respect* spielen für die Forschungsgruppe Respekt der Universität Hamburg die berufliche und soziale Stellung nur eine untergeordnete Rolle. Sie definiert Respekt als die „Einstellung eines Menschen einem anderen gegenüber, bei welcher er in diesem einen Grund erkennt, der es aus sich heraus rechtfertigt, ihn zu beachten und auf solche Weise zu agieren, dass bei ihm über Resonanz das Gefühl entsteht, in seiner Bedeutung und seinem Wert (an)erkannt zu sein" (RespectResearchGroup 2014). Der deutsche Philosoph Max Scheler bekräftigt, dass sich Respekt auf die ganze Person mit ihren Werten, Zielen, Beziehungen und ihren Lebensentwürfen bezieht: „Wer Personen vergegenständlicht, verfehlt sie" (Scheler, zitiert nach: Lützeler 1978, S. 87). Bewusstes Führen, Beherrschen oder gegenständliches Abschätzen verfehlen die Person als Mensch. Die Person sei, so Scheler, als solche zu bejahen, wie immer sie sei (vgl. Scheler, zitiert nach: Lützeler 1978, S. 87).

Die vier Ebenen des Respekts
Respekt beschreibt immer die Beziehung zwischen zwei Individuen (einem Subjekt und einem Objekt). Basierend auf Higgins und Darwall umfasst der Respektbegriff in diesem Buch folgende vier Aspekte:

1. Achtung vor einer anderen Person
Person A (das Subjekt) ist ein vernunftbegabtes Wesen, das in der Lage ist, die Denkweise und die Sinnhaftigkeit der

Existenz von Person B (des Objektes) zu erfassen. Beispiel: „Wir behandeln alle Menschen mit Respekt."

Achtung zollen wir stets ungeteilt und auf den ganzen Menschen bezogen, nicht auf einen bestimmten, sondern auf Menschen an sich. Avishai Margalit nennt vier Bedingungen, die erfüllt sein müssen, um von Achtung sprechen zu können:

1. Sie darf nicht abgestuft werden, weil allen Menschen gleichermaßen Achtung gebührt.
2. Sie darf nicht zu schlechten Zwecken missbraucht werden und einen Grund für Abscheu oder Verachtung liefern können.
3. Sie muss moralisch relevant für die Achtung vor dem Menschen sein.
4. Sie muss eine menschliche Rechtfertigung von Achtung sein, das heißt, sie darf nur auf menschlichen Gründen aufbauen und muss ohne Rückgriff auf ein göttliches Wesen formuliert werden können (vgl. Margalit 1999, S. 83).

2. Wertschätzung einer anderen Person

Person A (das Subjekt) schätzt Person B (das Objekt) als Ganzes, unabhängig von dessen Taten und Leistungen. Dabei kann Person A zwei Personen gleicher Art (Objekte) unterschiedlich großen Respekt entgegenbringen. Beispiel: „Wir haben Respekt vor unseren Eltern, Lehrern etc."

Wertschätzung ist immer auf ein konkretes Objekt gerichtet, das Teil eines größeren Ganzen sein kann: „Die Ansicht, dass der Mensch allein aufgrund seines

Menschseins Achtung verdient, wird von Moraltheorien der unterschiedlichsten Provenienz vertreten; es gibt jedoch keine einzige Moralphilosophie, welche die Wertschätzung von Menschen nur deshalb einklagen würde, weil sie Menschen sind" (Margalit 1999, S. 64). Eben diese Wertschätzung ist Teil des Respekts. Respekt muss verdient werden und kann dementsprechend auch verloren werden. Eine von Respekt geprägte Beziehung bedarf so stets der Aktualisierung, einer kontinuierlichen Überprüfung und Infragestellung.

3. Anerkennung (Akzeptanz) der Leistungen oder Wünsche einer anderen Person

Person A (das Subjekt) schätzt Person B (das Objekt) und bezieht sie in seine Handlungen ein. Person A gewährt Person B auf diese Weise Einfluss auf ihr Verhalten. Beispiel: „Wir haben Respekt vor Menschen, die offen zu ihren Fehlern stehen."

Die Anerkennung anderer Menschen, Dinge oder Sätze schränkt unsere Handlungsfreiheit ein. Sie schließt ihnen gegenüber Verpflichtungen ein, die von ihrer Respektierung als Personen, über die Zustimmung zu ihren Wünschen, bis hin zur Würdigung ihrer Leistungen reicht (Vgl. Amengual 1999, S. 66 ff.). Einen ersten Versuch der Systematisierung des Anerkennungsbegriffes leistete Johann Gottlieb Fichte in seiner Grundlage des Naturrechts (1796): „Im wechselseitigen Auffordern zu freiem Handeln und im Begrenzen der eigenen Handlungssphäre zugunsten des Anderen bildet sich sowohl individuelles wie gemeinsames Bewusstsein – eines ist nicht ohne das andere" (Fichte 1796, zitiert nach: Siep 1979, S. 22).

4. Toleranz gegenüber einer anderen Person

Person A (das Subjekt) erkennt die Position von Person B (dem Objekt) an, die sie ihm gegenüber innehat, und erachtet diese als legitim. Beispiel: „Ich respektiere es, wenn jemand religiöse Symbole trägt."

Der Begriff Toleranz umfasst das Dulden beziehungsweise das Gewähren fremder Überzeugungen, Handlungsweisen und Sitten. Entsprechend der Geschichte der Toleranzidee wird der Begriff häufig mit religiöser Toleranz verknüpft. Zur Öffnung des Toleranzbegriffs auf sämtliche Bereiche des Lebens hat vor allem der englische Ökonom John Stuart Mill beigetragen. Seine Betonung individueller Freiheiten gilt als wegweisend für die Toleranzidee und die Ausdehnung des Bedeutungsrahmens. Seit Mill wird von Toleranz nicht nur in Bezug auf das Verhältnis zwischen Gruppen, sondern auch das Verhältnis von Gruppen zu Individuen oder zwischen zwei Individuen gesprochen (vgl. Teichert 1996).

Weitere Deutungsebenen von Respekt sind die Begriffe Angst und Ehrfurcht. Ehrfurcht ist sowohl ein Aspekt des Respekts als auch der Aufmerksamkeit. Ehrfurcht ist „diejenige Haltung, in welcher der Mensch noch etwas hinzu wahrnimmt, was der Ehrfurchtslose nicht sieht und wofür gerade er blind ist: das Geheimnis der Dinge und die Werttiefe ihrer Existenz" (Lützeler 1978, S. 91). Sowohl Angst als auch Ehrfurcht stellen eine Überhöhung des Respekts beziehungsweise des Gegenübers (Objekt) dar. Da Subjekt und Objekt nicht mehr auf Augenhöhe agieren, wird eine langfristige Kooperation durch diese beiden Aspekte erschwert beziehungsweise nahezu unmöglich. Diese beiden Bedeutungsebenen des Respekts spielen deshalb für die weiteren Betrachtungen keine Rolle.

Weshalb Respekt ein knappes Gut geworden ist

Immer mehr Menschen ergeben sich den *Zwängen der modernen Arbeitswelt* und haben sich eine geschäftsmäßige Sachlichkeit angewöhnt. Wer sich jedoch von der Arbeit so einspannen lässt, dass er glaubt, für Freundlichkeiten keine Zeit zu haben, übersieht, dass Menschen nur „funktionieren", wenn andere sie respektieren und wenn sie ihre Arbeit sinnvoll finden. Wer Respektverhalten für Zeitverschwendung hält, übersieht zudem, dass in einer arbeitsteiligen Organisation, einem Verein oder einer Familie alle in einem Boot sitzen. Wer anderen Respekt und Freundlichkeit versagt, verhält sich wie jemand, der aus einem Boot aussteigt, weil er glaubt, über das Wasser laufen zu können.

Der deutsche Soziologe Ralf Dahrendorf beklagt, dass in Folge der Globalisierung eine *Mentalitätskrise* sichtbar werde, die sich in einer Verrohung der guten Sitten durch eine „Wertschöpfung ohne Wert" äußere und sich in vielen Gesellschaften ausgebreitet habe. Dabei handele es sich um den Wechsel vom „Spar-Kapitalismus" zum „Pump- oder Kasino-Kapitalismus" (vgl. Dahrendorf 2009). Wir befinden uns, so Dahrendorf, mitten in einer Mentalitäts- und Sinnkrise, die sichtbare Spuren in Wirtschaft, Politik und Gesellschaft hinterlassen hat: Abkehr von gemeinsamen Werten und Verfall des sozialen Zusammenhaltes. Neben dem Egoismus sei es vor allem der Mangel an Verantwortung, der unsere Zeit charakterisiert. Verantwortung habe etwas mit der Zeit zu tun, die wir für Denken und Handeln investieren. Wenn die Perspektive des Handelns immer kurzfristiger werde, sei dies ein Zeichen für Resignation (vgl. Dahrendorf 2009).

Die drängenden Probleme im privaten und beruflichen Alltag, in unseren Organisationen und Nationen lassen sich nur durch eine Rückbesinnung auf Werte wie Rücksicht und Verantwortung lösen, kurz durch eine neue Form der Gemeinschaftsbildung.

Ein Mangel an Respekt ist vielleicht weniger aggressiv als eine direkte Beleidigung, kann aber ebenso verletzend sein. Wer nicht respektiert wird, fühlt sich nicht als Mensch, dessen Anwesenheit etwas zählt. „Wenn die Gesellschaft die Mehrzahl der Menschen so behandelt und nur wenigen besondere Beachtung schenkt, macht sie Respekt zu einem knappen Gut, als gäbe es nicht genug von diesem kostbaren Stoff" (Sennett 2002, S. 15). Wird die künstliche Verknappung des Respekts beispielsweise durch die *Verengung dessen, was Respekt verdient,* auf mehr oder weniger zufällige und für die Gemeinschaft beliebige Leistungen wie Fußballspielen oder eine Talkshow moderieren fokussiert, ist eine Gesellschaft dabei, sich von einer Kultur der Gleichheit zu verwandeln in eine Kultur der Ungleichheit.

Wertschätzung am Arbeitsplatz
Gerade in Führungssituationen spielt Respekt deshalb eine wichtige Rolle. Humane Führung sieht im Mitarbeiter verantwortliche Menschen. Das schließt Führungstechniken aus, die mehr manipulativ als motivierend sind: „Den Menschen als geistiges Wesen verstehen, heißt, ihm mit Respekt und Wertschätzung zu begegnen, ihn als Partner zu sehen und damit eine tragfähige Beziehung herstellen" (Berschneider 2003, S. 41).

„Führungskräfte, die sich der eigenen Würde bewusst sind, die sich selbst in erster Linie als geistige und humane Wesen betrachten, werden im Regelfalle auch ihre Kollegen und Mitarbeiter als geistige Personen ansehen und ihnen daher auch mit Anstand und Wertschätzung begegnen" (Berschneider 2003, S. 141). Ein solcher Umgang ist das Gegenteil zu einem funktionalen Stil: „Bestürzt berichtete mir eine Chefsekretärin, dass zwei Vorstandsmitglieder – ohne mit ihr darüber zu sprechen – übereingekommen sind, *sie zu teilen*". Die Information hat sie in folgender Form von ihrem bisherigen „Alleinherrscher" erhalten: „Ab sofort stehen Sie Herrn E. und mir zu je 50 Prozent zur Verfügung" (Berschneider 2003, S. 142).

Oft setzt die Bereitschaft, einen anderen Menschen zu respektieren, also einen Wechsel der Wahrnehmung (Aufmerksamkeitsverhalten) voraus. Wer im anderen lediglich ein Mittel zum Erreichen der eigenen Ziele sieht, neigt eher dazu, die Person im anderen zu übersehen. So tragen nicht wenige Mitarbeiter überzogene Ansprüche an Kollegen heran und reagieren mit einem arroganten „Sie sind doch hier der Dienstleister", wenn zum Beispiel einer Anfrage oder Anforderung wegen mangelnder Klarheit oder Strukturiertheit nicht entsprochen werden kann.

Für den anderen besteht die Herausforderung darin, zu erkennen, wann mit ihm auf der Basis verzerrter Wahrnehmung kommuniziert wird. Führung setzt Wertschätzung der zu Führenden voraus. Das ist aber nur möglich, wenn eine Führungskraft mit sich selbst respektvoll und wertschätzend umgeht. Dies wiederum erfordert Selbsterkenntnis („Wie sehe ich mich selbst?", „Wie werde ich gesehen?", „Von welchem Selbstbild lasse ich mich leiten?"). Neben der Selbsterkenntnis ist die Selbstdistanzierung wichtig: Selbstdistanzierung ist die Fähigkeit, „zu sich selbst in eine fruchtbare Distanz zu treten und zum Beispiel als geistige Person zu den eigenen Emotionen Stellung zu beziehen. So kann eine Führungskraft in einer Konfliktsituation oder im Falle einer größeren Enttäuschung dennoch den Anstand wahren und einen Kollegen oder Mitarbeiter nicht anbrüllen, obwohl ihr danach zumute ist. Die Emotionen sind da, sie stellen sich ein, das gilt es zu akzeptieren – entscheidend ist, wie ein Mensch damit umgeht" (Berschneider 2003, S. 138).

Respekt als Mechanismus zur Steuerung von Interaktion
Dem Erfolg auf der Sachebene geht der Erfolg auf der Beziehungsebene voraus. Beziehungen sind keine feste Größe, sondern kommunikativ beziehungsweise handelnd zu leistende Prozesse, die von den Gesprächspartnern gemeinsam und Schritt für Schritt vollzogen werden. Sprachliche und nichtsprachliche Verhaltensformen des Respektes dienen entsprechend dazu, den Sprecher-Hörer-Kontakt zu etablieren und aufrecht zu halten, wobei die Sprecher-Hörer-Beziehung und ihr Bezug zum Sprechereignis ständig kommunikativ mitlaufen müssen, um die Sache voranzutreiben. Dabei kommt es darauf an, dritte Personen – sofern über sie gesprochen wird – in das richtige Verhältnis zur Sprecher-Hörer-Beziehung zu setzen. Gespräche, aus denen Menschen als Sieger oder Besiegte hervorgehen, sind nicht von Respekt getragen, was die Beziehung nachträglich zu einer rein instrumentellen abwertet. Deshalb ist es notwendig, ein Vorgehen zu finden, bei dem es weder Sieger noch Besiegte gibt.

Auf der Ebene der Interaktion erfüllt Respekt somit folgende Funktionen:

- Reduzierung der wechselseitigen Unberechenbarkeit (Kontingenz)
- Sicherung der Reziprozität (Balance zwischen Geben und Nehmen)
- Koordinierung des kommunikativen Handelns (zum Beispiel Gesprächssteuerung)
- Anerkennung der jeweiligen Identitäten (Selbstwert).

Ob die Kommunikation höflich und respektvoll ist, das entscheidet sich auf drei Ebenen:

a. die Ebene der Formulierung von Äußerungen,
b. die Ebene der Auswahl einer Sprachhandlung (Erklären, Rechtfertigen, Bitten, Bedauern etc.) und
c. die Ebene der Verknüpfung der Sprachhandlungen zu Sequenzen: Wie muss ich einen Text, eine Rede, ein Gespräch planen und aufbauen, um die gewünschte Hörerreaktion wahrscheinlich zu machen und um meine Identität und Vertrauenswürdigkeit zu unterstreichen?

Die Gesprächsbeiträge sollten zudem (ziel-)klar, prägnant und stimmig sein, um als souveräner Partner wahrgenommen zu werden. Zugleich ist eine konstruktive Vagheit notwendig, welche die eigenen Redebeiträge anschlussfähig für die Vorstellungen des anderen macht und die gemeinsame Konstruktion von Sinn ermöglicht. Respektvoll sind hierbei sowohl Beiträge, die das Adressatenbild und seine Bedürfnisse berücksichtigen, als auch Beiträge, die zur Absicherung der Verständigung dienen wie zum Beispiel gemeinsame Klärung wichtiger Begriffe.

Soziale Grundprinzipien des Respektes: Selbstwert, Gesicht und Machtbeziehungen

Respekt ist mehr als eine Tugend oder eine Etikette. Respektvolles Verhalten beinhaltet auch zweckorientiertes soziales Verhalten. Hierzu gehört es auch, sich selbst zu schützen und seine Ziele zu erreichen. Es liegt in der Regel „im Interesse des Sprechers, eine soziale und emotionale Harmonie zu schaffen beziehungsweise zu bewahren, und zu einer solchen Harmonie gehört, dass auf das Selbstwertgefühl des Hörers Rücksicht genommen wird" (Schwarz-Friesel 2007, S. 26). Im Kontext sozialer Interaktion, bei der es um zweckrationale Kooperation geht, sind Schutzmechanismen und Formen, den Selbstwert zu pflegen, allgegenwärtig. Starre Hierarchien befreien Vorgesetzte dagegen von dem Bestreben, geachtet zu werden. Das ermöglicht unpopuläre Entscheidungen, begünstigt aber auch das Verdrängen der Gegenseitigkeitsregel des Respekts.

Mit der Kategorie des *face* wird die abstrakte Kategorie des Selbstwertes als Bedürfnisstruktur konkretisiert. Menschen streben danach, ihr Gesicht zu wahren. Brown und Levinson unterscheiden in diesem Zusammenhang zwischen einem positiven Gesicht (Bedürfnis nach Wertschätzung) und einem negativen Gesicht (Bedürfnis nach Freiraum):

- Das positive Gesicht entspricht dem Bedürfnis des Menschen, anerkannt, respektiert und unterstützt zu werden.

- Das negative Gesicht entspricht dem Bedürfnis des Menschen, sich den persönlichen Handlungsspielraum so wenig wie möglich einschränken zu lassen (vgl. Brown und Levinson 1987, S. 70).

Positives und negatives Gesicht des Sprechers und des Hörers gehen nicht als feststehende Größen in die Interaktion ein, sondern werden erst im gemeinsamen Handeln aufgebaut. Das eigene wie das fremde Gesicht sind prinzipiell in jeder Interaktion gefährdet und bedürfen deshalb zu ihrer Wahrung entsprechender Aufmerksamkeit:

- Gefährdungen des positiven Gesichts des Sprechers ergeben sich aus Selbstkritik, Entschuldigungen oder Schuldeingeständnissen.
- Gefährdungen des negativen Gesichts des Sprechers ergeben sich aus Versprechen und anderen Selbstverpflichtungen, wenn der Sprecher nicht zu seinen Worten steht.
- Gefährdungen des positiven Gesichts des Hörers ergeben sich aus Kritik, Zurückweisungen oder Beleidigungen.
- Gefährdungen des negativen Gesichts des Hörers ergeben sich aus Einschränkungen des Handlungsspielraums durch Verbote oder Aufforderungen (vgl. Lüger 2001, S. 6 f.).

Andererseits gibt es gesichtswahrende und gesichtsstärkende sprachliche Handlungen wie Komplimente, Schmeicheleien, Ehrungen und andere Sympathiebekundungen.

Höflichkeits- und Respektverhalten hängen stark mit *gesellschaftlichen Werten* und *Herrschaftsordnungen* zusammen. Für Gesellschaften, die vom westlichen Individualismus und Gleichheitsgedanken geprägt sind, ist es in der Interaktion wichtig, das Image (s. o. *face*) des Sprechers und des Hörers zu wahren. Hierbei spielt zwar der Respekt vor Autorität und Macht eine Rolle, jedoch nicht so stark wie in Gesellschaften, die kollektivistischen Werten und der sozialen Harmonie eine größere Bedeutung zuweisen wie z. B. in der japanischen oder chinesischen Gesellschaft. Die angestrebte Harmonie wird in der Regel durch eine spirituelle oder kosmische Ordnung motiviert und spielt eine Rolle für die konfliktregulierende und machtstabilisierende Kommunikation zwischen einer Herrschaftsschicht und den Untertanen.

Ausdrucksformen sprachlichen Respektverhaltens
Direktheit – Indirektheit

Bei dem Versuch, andere nicht zu verletzen, schießen wir häufig über das Ziel hinaus. Höflichkeit durch *konventionalisierte Indirektheit* entspricht im Wesentlichen der von Brown und Levinson beschriebenen Globalstrategie „off record": Wir formulieren unser Anliegen bewusst allgemein, oder wir sagen etwas, das auf den ersten Blick keinen Zusammenhang mit unserem Anliegen zu haben scheint (vgl. Brown und Levinson 1987).

Diese Art, Dinge zu verklausulieren, wird im Englischen als „hedging" bezeichnet, was übersetzt „sich absichern" bedeutet. Wenn wir unser Anliegen also bewusst vage formulieren, versuchen wir, uns vor den möglichen Folgen unserer Aussage abzusichern. Der Hörer muss erst erschließen, worauf der Sprecher aus ist. Sinn dieses Vorgehens ist es, eine Imagebedrohung des Hörers zu vermeiden. Vor allem Aufforderungen werden in der Kommunikation indirekt formuliert, weil wir uns am *Face*-Prinzip der Höflichkeit orientieren. Wir wollen den Hörer kommunikativ nicht in die Enge treiben, sondern ihm Optionen lassen, sein Gesicht zu wahren. Außerdem nutzen wir indirekte Sprechakte als Vorsichtsmaßnahme, um uns nicht direkt angreifbar zu machen. Dies gilt auch für den Fall, dass wir andere kritisieren, beleidigen oder diffamieren wollen. Indirektheit geht jedoch „weit über die schonende Rücksicht der traditionellen Umgangslehre hinaus" (Held 1995, S. 83). Sie kann kommunikationstheoretisch mit dem Verweis auf die interaktiven Eigenschaften des Kontextualisierens, Aushandelns und der Erzeugung von Kontinuität begründet werden. So gesehen ist Distanzierung die Voraussetzung für jede dialogartige Auseinandersetzung (vgl. Held 1995, S. 83).

Nähe – Distanz
Neben den Formen der Indirektheit gibt es eine weitere elementare Form der Höflichkeit, die auf der Balance von *Nähe und Distanz* beruht (s. o. negatives *Face*) und einen besonderen sprachlichen Ausdruck im Gebrauch der Pronomina (Du, Sie, Wir) gefunden hat. Signale der Familiarität dienen dazu, Fremdheit zu überwinden und den Gesprächspartner in seinem Denken und Handeln zu beeinflussen und ihn dem Sprecher und seinen Wünschen geneigt zu machen.

Ritualisierung – Informalisierung

Höflichkeit hat mit einem „sprachspezifischen Formen- und Formelinventar zu tun" (Held 1995, S. 91), das über Routineformeln (*danke, bitte, Guten Tag* etc.) und idiomatische Formeln (*„Darf es sonst noch etwas sein?"*) bis hin zu Höflichkeitsritualen reicht. Psychologisch stellen Rituale eine Regelungsform für Herrschafts-, Macht- und Territorialkonflikte dar (vgl. Held 1995, S. 92). Sie dienen dazu, Situationen symbolisch zu bewältigen und können aufgrund ihres „zeremoniösen Repräsentationscharakters" (Held 1995) erstarren. In diesem Fall haben sie nur noch „expressiv-pragmatische Funktion" (Held 1995, S. 93). Der Wert der Rituale liegt in der „Regelung sozialer Begegnungen, in der Anpassungs- und Angleichungsfunktion des Individuums an die Bezugsgemeinschaft und in der Bewältigung der Komplexität realer Sachverhalte durch die Reduktion auf habitualisierte Teilstrukturen" (Held 1995, S. 93). Held warnt davor, Höflichkeit und Respekt auf rituelle Höflichkeit zu verkürzen: „Im Gegensatz zum Ritual ist Höflichkeit vielmehr durch ständige subjektive Variation gekennzeichnet. Es besteht sogar vielfach die Möglichkeit zum Durchbrechen der präfigurierten Bahnen, ohne die Normen zu verletzen und den Sinn zu sprengen" (Held 1995, S. 93). Letzteres ist vor allem im Zusammenhang mit der sog. Change-Kommunikation bedeutsam, weil es hier zum einen darum geht, mit alten Denk- und Verhaltensgewohnheiten zu brechen, und zum anderen erstarrte Rituale entweder mit neuem Sinn zu füllen oder durch innovative Rituale zu ersetzen. Das Feld der Rituale in der Unternehmenskommunikation ist so relevant wie in soziolinguistischer und pragmatischer Sicht unerforscht.

Selbstverkleinerung – Adressatenerhöhung
Soziologische Höflichkeitskonzepte betonen den Zusammenhang zwischen Höflichkeit und Macht, Autorität und Status. Entsprechend wird zum Beispiel das Phänomen der sprachlichen Selbstverkleinerung als Strategie gedeutet, mit der ein Sprecher die Macht des Hörers bestätigen will. Das Einbeziehen des Hörers dient entsprechend als Signal des Sprechers an den Hörer, dass er dessen Kontrolle nicht untergraben will. Welche sprachlichen Mittel konkret zum Einsatz kommen, hängt unter anderem vom Grad der jeweiligen Machtdistanz ab, was in kulturellen Überschneidungssituationen relevant ist.

Vertrauen

Vertrauen ist ein wichtiger Faktor für das Gelingen einer Kommunikation und den Erfolg unseres Handelns. Gemäß dem Psychologen Martin Dießel bezieht sich Vertrauen „immer auf zukünftige Handlungen oder Entscheidungen und ist gekennzeichnet durch die Erwartung, dass das Gegenüber sich wohlwollend verhalten wird, einen Aspekt der Ungewissheit beziehungsweise das Vorhandensein eines Risikos und den Verzicht auf Kontrolle" (Dießel 2012, S. 12). Ohne ein solches Grundvertrauen wären zwischenmenschliche Beziehungen gar nicht möglich. Die moderne Gesellschaft würde nicht funktionieren, wenn wir jedem Menschen, den wir neu kennenlernen oder der uns auf der Straße begegnet, unterstellen würden, dass er uns möglicherweise ausrauben oder ermorden möchte (vgl. Dießel 2012, S. 12). Jeder einzelne wägt genauestens ab, wem er in welcher Situation wie viel Vorschuss gewährt. Wenn uns nachts auf einer dunklen Straße eine zwielichtige Gestalt entgegenkommt, gewähren wir dieser Person einen geringeren Vertrauensvorschuss als tagsüber in der Fußgängerzone. Unser gesamtes Zusammenleben basiert auf der Erwartung, dass sich unsere Mitmenschen friedvoll und gesittet verhalten.

Je länger wir jemanden kennen, ohne schlechte Erfahrungen mit ihm zu machen, desto größer wird das Vertrauen zu ihm (vgl. Dießel 2012). So lässt sich erklären, wieso jemand seinen Sitznachbarn im Café bittet, auf sein Gepäck aufzupassen, obwohl er diesem vor einer Stunde zum ersten Mal begegnet ist. Die Wahrscheinlichkeit, dass es sich hierbei um einen Dieb handelt, ist genauso groß wie bei jedem anderen, der gerade vor dem Café vorbeigeht. Auch freundliche Kommunikation wirkt vertrauensbildend. So sind Eltern oft schon nach einem kurzen, freundlichen Gespräch bereit, ihre Kinder kurz in die Obhut fremder Menschen geben.

Dieses Vertrauen ist jedoch nicht grenzenlos. Jemandem, dem wir für fünf Minuten unser Gepäck oder unsere Kinder anvertrauen, würden wir nicht zwangsläufig unser Portemonnaie überlassen. Das bedeutet nicht, dass uns unser Geld wichtiger ist als unsere Kinder. Allerdings gehen wir unbewusst davon aus, dass die Versuchung, unser Vertrauen zu missbrauchen, bei Geld größer und der Missbrauch leichter zu realisieren ist als bei Kindern oder unserem Gepäck.

Vertrauen ist mehr als die Abwesenheit von Misstrauen

Abgesehen von diesem Grundvertrauen basiert Vertrauen auf der Erwartung, sich in kritischen Situationen auf den anderen verlassen zu können. Viele Vorgesetzte pflegen einen lockeren, kollegialen Umgang mit ihren Mitarbeitern. Sie hoffen, auf diese Weise eine vertrauensvolle und offene Beziehung zu ihren Mitarbeitern aufzubauen. Doch in kritischen Situationen erweist sich das vermeintlich vertrauensvolle Verhältnis oftmals als wenig belastbar: Unter dem Druck drohender Entlassungen oder finanzieller Einschnitte reagieren viele Mitarbeiter misstrauisch. Sie behalten ihre Gedanken für sich und treffen ihre Entscheidungen ohne vorherige Rücksprache mit dem Vorgesetzten. Der Vorgesetzte ist für die Mitarbeiter in erster Linie ein Repräsentant des Unternehmens. Angesichts eines offenkundigen Interessenkonflikts zwischen Unternehmens-, Mitarbeiter- und Eigeninteressen sind diese erst einmal vorsichtig, was sie ihm mitteilen. In dieser Situation zählt für den Mitarbeiter nicht die offene Art des Vorgesetzten, sondern ausschließlich wie zuverlässig sich dieser in der Vergangenheit verhalten hat. Nur weil wir über einen längeren Zeitraum freundlich miteinander umgegangen sind, bildet sich kein Vertrauen, sondern nur Vertrautheit. Im Gegensatz zur Vertrautheit gibt Vertrauen uns die Gewissheit, sich auf einen Menschen auch dann verlassen zu können, wenn dieser in Versuchung kommt, lieber seine eigenen Interessen zu verfolgen.

Vertrauen als Garant für den Erfolg

Vertrauen gilt nicht nur Privatpersonen, sondern auch Unternehmen als Garant für den Erfolg. So wird Vertrauen zum Beispiel in der PR als zentrale Zielgröße neben

Akzeptanz, Commitment, Reputation, Image und Identität angesehen (vgl. Röttger et al. 2011, S. 149; Stahl und Menz 2014, S. 65–80). Auch der „Authentizität, verstanden als (eingelöste) Kontinuitätserwartung, kommt [...] eine Schlüsselrolle für die Pflege organisationaler Beziehungen zu" (Raaz 2014), so wie Szyszka sie in seinem „Modell organisationalen Beziehungskapitals" (Szyszka 2012, S. 282) reflektiert hat und wie sie im Zusammenhang mit Vertrauen diskutiert wird (vgl. Huck-Sandhu 2012, S. 163–186; Pleil und Rehn 2012, S. 217–235; Hoffjan 2012, S. 138–162). Vertrauen und Kommunikation bilden in mehrfacher Hinsicht die Grundlage für alle Management- und Organisationsprozesse in einem Unternehmen. Hinzu kommt, dass sich der Wettbewerb von der Produkt- auf die Kommunikationsebene und damit Reputationsebene verlagert (vgl. Buss 2009, S. 248) und dass die Neuen Medien die Spielregeln der PR oder Stakeholder-Kommunikation verändern.

Der Vertrauensbegriff

„Kann ich ihm in dieser Sache vertrauen?" Diese Frage enthält die wesentlichen Komponenten des personalen Vertrauensbegriffs. „Zum einen gibt es [...] etwas, das die Vertrauensfrage aufgeworfen hat beziehungsweise auf das sich die Vertrauensfrage bezieht" (Hubig 2014, S. 354). Ferner gibt es einen Vertrauensgeber und einen Vertrauensnehmer, die in gewissem Umfang frei und zum wechselseitigen Vor- oder Nachteil handeln können.

Wir haben uns an Luhmanns Perspektive der Systemtheorie gewöhnt, wonach Vertrauen Komplexität reduziert und koordiniertes Handeln berechenbarer macht.

Vertrauen ist jedoch – aus Sicht der interpersonellen Kommunikation und Interaktion – selbst ein komplexer Zustand (vgl. Hartmann 2011). Daraus folgt, dass wir mehr darüber wissen müssen, was Menschen bewusst beziehungsweise planvoll tun, um vertrauensvolle Beziehungen aufzubauen und zu pflegen. Vertrauen ist ein höchst fragiles Produkt soziokultureller Interaktionsprozesse. Die Vertrauensfrage wird immer dann aufgeworfen, wenn sich die Beteiligten nicht sicher sind, wie der jeweils andere handeln wird.

Personales Vertrauen
Es gibt viele Arten des Vertrauens: personales Vertrauen (als Grundlage für die Zusammenarbeit zwischen zwei Menschen), das Vertrauen in Institutionen (zum Beispiel als Vertrauen in deren Wertintegrität), das Vertrauen in Organisationen (zum Beispiel als das Vertrauen der Kunden auf die Kompetenz und Leistung im konkreten Fall) oder Systemvertrauen als Grundlage systemischer Sicherheit in Bereichen wie Recht (zum Beispiel als Recht auf eine Gegendarstellung), Versicherungen (zum Beispiel als Schadenersatz) oder Geldwesen (zum Beispiel in Form von Wertbeständigkeit). Für den Erfolg in der Kommunikation kommt es vor allem auf das personale Vertrauen an, das sowohl Selbstvertrauen als auch Kooperations- und Koordinations-Vertrauen umfasst. Nach Hubig wird Vertrauen durch folgende Merkmale gekennzeichnet:

- Vertrauen beruht auf einer riskanten Vorentscheidung zugunsten eines erwarteten Nutzens beziehungsweise Kooperationsgewinns.

- Diese Vorentscheidung ist deshalb riskant, weil wir im Fall einer Enttäuschung einen Schaden in Kauf nehmen müssen.
- Die Vorentscheidung ist nicht kalkulierbar. Gerade weil die Kalkulationsbasis fehlt, erübrigt die Vorentscheidung die Risikokalkulation (vgl. Hubig 2014, S. 351–370).

Vertrauenswürdigkeit zeichnet sich dagegen durch folgende Charakteristika aus:

- Vertrauenswürdigkeit ist eine Haltung, einseitige Vorteile, die zum Beispiel aus einem Mangel an Information, Kompetenz oder Macht des Vertrauensgebers resultieren, nicht zu nutzen.
- Vertrauenswürdigkeit stabilisiert sich, wenn sich das Vertrauen als gerechtfertigt erwiesen hat. Sie führt außerdem zur Zuschreibung von Reputation, die dann selber zur Kalkulationsbasis wird und die Vorentscheidungen der Vertrauenszuweisung durch kalkulierbare Erwartungen ersetzt.
- Vertrauenswürdigkeit wird Vertrauensnehmern durch Vertrauensgeber zugeschrieben, wenn es um Informations-, Konsultations- oder Kooperationsprozesse geht.
- Es ist rational, Vertrauensbeziehungen im Fall einer Enttäuschung sofort zu kündigen. Vertrauenswürdigkeit ist ein hohes Gut. Sie vermindert den Aufwand und die Transaktionskosten für die Zusammenarbeit, weshalb sie nicht leichtfertig aufs Spiel gesetzt werden darf (vgl. Hubig 2014, S. 351–370).

Luhmann weist darauf hin, dass bestehendes Vertrauen einen Schwellencharakter hat (vgl. Luhmann 2014): „Nicht jede Unstimmigkeit weckt Zweifel an den vertrauten Zügen der Umwelt, nicht jede Enttäuschung zerstört Vertrauen. Eben deshalb muss es aber eine Grenze geben, wo diese Absorptionskraft endet, wo Vertrautheit oder Vertrauen abrupt in Misstrauen umschlagen" (Luhmann 2014, S. 96).

Vertrauen und Kommunikation
Vertrauen kann das Ergebnis einer längeren Kommunikationsgeschichte sein, in der die Partner eine Vertrauensbeziehung aufbauen beziehungsweise in der sich eine solche entwickelt. Aus der Handlungsperspektive ist es wichtig, dass Worte und Taten übereinstimmen. In komplexen Situationen werden bereits kleine Zeichen zum Anlass genommen, Vertrauen zu gewähren oder zu entziehen. Kommunikation dient uns einerseits dazu, Handlungen zu beeinflussen. Andererseits ermöglicht sie dem Vertrauensgeber, Rückschlüsse auf die innere Verfasstheit und Dynamik des anderen zu ziehen. Ohne Vertrauen ist keine Kommunikation möglich, ohne Kommunikation kein Vertrauen. Vertrauen ist damit nicht nur Voraussetzung persönlicher Interaktion, sondern zugleich Interaktionsprodukt: „Es entsteht erst im Kommunikationsprozess und bestimmt diesen zugleich maßgeblich, es ist Ergebnis einer gelungenen Interaktion und Basis für weitere gelingende Interaktionen" (Hubig 2014, S. 359).

Welche sozialen Normen Vertrauen erzeugen
Stahl und Menz identifizieren fünf soziale Normen, die über den Abgleich der Erfahrungen und Erwartungen und daraus resultierenden Schlussfolgerungen Vertrauen oder Misstrauen generieren (vgl. Stahl und Menz 2014):

- **Offenheit** als Bereitschaft, Einblick in die eigenen Ziele, Mittel und Strukturen zu gewähren.
- **Ehrlichkeit** in dem Sinne, dass Mitteilungen nicht verfälscht werden, um eigene Ziele durchzusetzen.
- **Toleranz** als eine über die bloße Duldung hinausgehende einfühlsame Akzeptanz des Andersseins.
- **Reziprozität** bedeutet, dass wir uns durch die Vorleistung des anderen zur eigenen, späteren Rückzahlung verpflichtet fühlen.
- **Fairness** bezieht sich vor allem auf die Art und Weise, wie Leistung und Gegenleistung zustande gekommen sind.

Für den Erfolg einer Kommunikation ist es deshalb wichtig, Offenheit und Ehrlichkeit zu praktizieren beziehungsweise mithilfe von Vorbildern zu erlernen. Dies beinhaltet unter anderem, dass wir Dinge nicht bewusst verschleiern, verkürzen, beschönigen, unterdrücken oder dramatisieren. Toleranz setzt voraus, dass wir uns unserer eigenen Ziele und unserer Selbst sicher sind. Reziprozität kann durch „Kommunikation unterstützt werden, wenn man sie mit Aufmerksamkeit gestaltet". Die Norm der Fairness wird im Rahmen der Kommunikation erfüllt, „wenn alle Beteiligten auf ihre Weise zu Wort kommen können" (vgl. Stahl und Menz 2014, S. 71).

Welche kommunikative Praxis Vertrauen fördert
Ob im Rahmen einer Kommunikation Vertrauen entsteht, hängt davon ab, wie der Sprecher das Gespräch gestaltet und wie ein Hörer dies wahrnimmt und deutet. Es genügt

nicht, Vertrauens- oder Glaubwürdigkeit zu proklamieren, sondern wir müssen uns der Tragweite einer damit verbundenen Wertorientierung für die Kommunikation und Interaktion bewusst sein. Nach Bergler und Hubig sind folgende Faktoren für die Zuschreibung von Vertrauens- oder Glaubwürdigkeit entscheidend (vgl. Bergler 1993, S. 20; Hubig 2014, S. 364):

- Verständlichkeit der Kommunikation. Unverständlichkeit führt zu Entfremdung, Distanzierung, Demotivation und Destruktion.
- Offenheit und Transparenz in Information und Kommunikation
- (Pro-)Aktives und konkretes Informationsverhalten. Konkrete Informationen sind überprüfbar
- Überschaubarkeit und Nachvollziehbarkeit des eigenen Denkens und Handelns
- Konstanz des Handelns
- Geschlossenheit (Stimmigkeit) des Handelns und Verhaltens (Stil)
- subjektiv nachprüfbare Leistungen
- eine die Maßnahmen begleitende Kommunikation
- wechselseitiger Austausch über Bedürfnisse und Erwartungen
- die Übermittlung von Sicherheitssignalen
- Reputation (guter Ruf, Leumund)
- Übernahme gesellschaftlicher Verantwortung.

Für den Erfolg der Kommunikation ist es von entscheidender Bedeutung, ob wir als zuverlässiger und berechenbarer Partner wahrgenommen werden. Indem wir zu unserem Wort stehen, beweisen wir unseren Mitmenschen, dass wir sie ernst nehmen. Wir können deshalb erwarten, dass andere uns ebenfalls korrekt behandeln. Wenn das nicht der Fall ist, werden andere Kontrollmechanismen notwendig. Diese wirken sich jedoch meistens negativ auf die Atmosphäre aus.

Welche sprachlichen Mittel das Vertrauen fördern
Nach Matějková lässt sich die Dynamik einer personalen Vertrauensbeziehung in vier Phasen beschreiben (vgl. Matějková 2009, S. 45–63):

1. Phase: Kontaktaufnahme und Beziehungsinitiierung
2. Phase: Aufbau einer Vertrauensbasis
3. Phase: Pflegen und Aufrechterhalten der Vertrauensbeziehung
4. Phase: Vertrauensbruch, Vertrauenskrise, Ende der Vertrauensbeziehung.

Die Sprache spielt in allen Phasen eine wichtige Rolle. Diese ist allerdings in jedem Stadium der Vertrauensbeziehung eine andere (vgl. Tab. 2.1).

Tab. 2.1 Sprache in den Phasen einer personalen Vertrauensbeziehung. (Quelle: Matějková 2009, S. 45-63)

Phase	Sprachliche Mittel zur Förderung von Vertrauen
1. Kontaktaufnahme und Initiieren einer Beziehung	• Verbale und nonverbale Mittel zur Förderung eines positiven ersten Eindrucks • Bedeutende Rolle der (richtigen) Ansprache (vor dem Körperkontakt zum Beispiel mittels Hände-Reichen, Umarmung) • Sprachliche Mittel, die die Selbstsicherheit unterstützen
2. **Aufbau einer Vertrauensbasis**	• Hinweise auf gemeinsam geteilte Werte und Erfahrungen • Positive verbale Selbstdarstellung • Aufmerksamkeit dem anderen gegenüber • Bitte um Feedback oder Hilfe • Wichtig: Risikoeindrücke vermeiden
3. **Pflegen und Aufrechterhalten der Vertrauensbeziehung**	• Funktionierendes Vertrauen ist innerhalb einer Vertrauensbeziehung nicht kommunizierbar • Sprachliche Kommunikation liefert vor allem Impulse für einen Gedankenaustausch, für gemeinsame Pläne etc

(Fortsetzung)

Tab. 2.1 (Fortsetzung)

Phase	Sprachliche Mittel zur Förderung von Vertrauen
Vertrauensbruch, Vertrauenskrise, Ende der Vertrauensbeziehung	• Handlungen, die Vertrauen gefährden, ziehen Entschuldigungen, Rechtfertigungen und Erklärungen nach sich • Sprache ist in dieser Phase als Mittel der Problemlösungskommunikation von großer Bedeutung • Beim Versuch, Vertrauen neu aufzubauen, helfen sprachliche Mittel, die die Kommunikation effektiv und angenehm machen
Phasenübergreifend	• Metakommunikation hilft, das Tempo und den Verlauf der Kommunikation zu steuern, wodurch sie für beide Seiten angenehmer wird • Aufmerksames Eingehen auf die (kommunikativen) Bedürfnisse des Kommunikationspartners wird geschätzt und als vertrauenswürdig empfunden

Zusammenhang zwischen Aufmerksamkeit, Respekt und Vertrauen

Kommunikation ist eine Gemeinschaftshandlung, die nicht in zwei Individualhandlungen des Sprechens und (Zu-)Hörens zerfällt. Indem Sprecher und Hörer in wechselnden

Rollen einander wechselseitig steuern, handeln sie gemeinsam. Wer Kommunikationsprozesse ausschließlich als Regelbefolgung erklärt, greift zu kurz. Selbstverständlich gibt es Regeln, die zu beachten sind, wenn wir jemanden auffordern, bitten, warnen oder uns entschuldigen. Dabei kommt es aber auch auf das Feingefühl für Situationen an. Strategeme helfen uns dabei, uns besser aufeinander oder auf bestimmte Situationen einzustellen. Dies ist eine wichtige Voraussetzung, um die eigenen Ziele zu erreichen. Die Art und Weise, wie Egoisten kommunizieren, ist keine Sozialhandlung, sondern bloßes Selbstgespräch. Sie machen sich deshalb beim Kommunikationspartner nicht nur unbeliebt, sondern begreifen auch nicht, weshalb dieser sie nicht versteht.

Aufmerksamkeit, Respekt und Vertrauen im Kommunikationsprozess
Aufmerksamkeit ist eine Haltung und eine Form der sozialen Selbst- und Fremdeinwirkung:

- Aufmerksamkeit wird zur kontrollierten Informationsverarbeitung benötigt, weil sich unsere Wahrnehmung sonst schnell erschöpft und wir Gefahr laufen, in Routinen, Automatismen und Stereotype (Wahrnehmungsklischees) abzugleiten.
- Aufmerksamkeit hilft uns, Eindrücke vom anderen im Gedächtnis zu verankern. Hierzu gehört die Kontrolle darüber, ob sich Geben und Nehmen im Gleichgewicht befinden (Reziprozität).
- Als sozialer Prozess ist Aufmerksamkeit „Macht in actu" (Waldenfels 2004, S. 235). Auf diese Weise hilft sie uns,

unser Gegenüber zu beeinflussen, ohne dass die Beziehung in Gegnerschaft oder Feindschaft umschlägt. Verbale wie nonverbale Zeichen tragen dazu bei, die Aufmerksamkeit des Kommunikationspartners zu fokussieren.

- Aufmerksamkeit bedarf in kommunikativer Sozialhandlung (Gemeinschaftshandeln) eines gemeinsamen Fokus (von Sprecher und Hörer). Der gemeinsame Fokus auf etwas Drittes (zum Beispiel eine gemeinsame Aufgabe) schafft eine Basis für die künftige Zusammenarbeit.
- Selbstaufmerksamkeit verhindert, dass der Einzelne sich an seine Umwelt oder an seine eigenen unkontrollierten Regungen verliert. Selbstaufmerksamkeit stabilisiert in diesem Sinne unsere Identität. Die Wahrnehmung (fremder) Identität ist Voraussetzung für Interaktion. Mit Unbekannten kommunizieren wir nicht.
- Aufmerksamkeit als Haltung gewährleistet Offenheit für andere Menschen und Sichtweisen. Sie sorgt für qualitativ bessere Situationseinschätzungen, weil zur Einschätzung einer Situation das Wissen darüber gehört, wie der andere die Situation einschätzt. Nur wer aufmerksam ist, ist bei der Sache.
- Jemand, der sein Gegenüber nicht beachtet, zeigt einen Mangel an Respekt.

Respekt ist Ausgabe (Effekt) und Eingabe (Input) von Kommunikation und hält diese am Laufen:

- Respekt entsteht im Kommunikationsprozess beziehungsweise wird im Rahmen der Kommunikation ausgehandelt. Darin unterscheidet sich Respekt von

Höflichkeitsstandards (Etikette), die vor jeder Interaktion feststehen. Mittels Respekt, der auf unterschiedliche Weise zum Ausdruck gebracht werden kann, bleibt die Kommunikation in Gang (zum Beispiel durch eine angemessene Vagheit oder Mehrdeutigkeit eigener Formulierungen).

- Respekt ist unverzichtbar, um andere für die eigenen Ziele zu gewinnen. Unser Handeln stößt immer auf eine Gegenmacht, den fremden Willen des anderen (vgl. Waldenfels 2004, S. 235). Ohne Respekt ist es nur schwer möglich, den fremden Willen zu beeinflussen, da ansonsten das Selbst des anderen bedroht ist. Respekt ist die Antwort auf das Bedürfnis der Menschen nach Wertschätzung und persönlicher Freiheit.
- Respekt entsteht als Ergebnis von Selbststeuerung, wenn ein Sprecher erkennt, dass seine Wahrnehmung und sein Verhalten durch vorbewusste Bewertungen gesteuert werden. Nicht selten geht der Bereitschaft, einen anderen Menschen zu respektieren, ein Wechsel der Wahrnehmung beziehungsweise des Verhaltens voraus, das neue Seiten am anderen entdecken lässt.
- Respekt fördert Vertrauen über die unmittelbare kommunikative Praxis (Schutz des Selbst) hinaus: Als bedingte Offenheit gewährt er Einblick in die eigenen Ziele und Mittel. Als Aufrichtigkeit gibt er die Gewähr, dass Mitteilungen nicht gefälscht werden, um eigene Ziele durchzusetzen. Als Toleranz signalisiert Respekt die emphatische Akzeptanz von Anderssein. Und als Fairness gibt Respekt Sicherheit darüber, wie Leistung und Gegenleistung zustande gekommen sind.

Vertrauen ist ein komplexer Prozess und ein fragiles Produkt der Interaktion:

- Vertrauen entsteht, wenn der Vertrauensgeber zugunsten eines erwarteten Nutzens einen Schaden oder Nachteil riskiert. Wer anderen vertraut, liefert sich dem Vertrauensnehmer, sprich dem fremden Willen, aus. Sowohl positive Erfahrungen als auch durch Respekt beförderte positive Erwartungen lassen ein Risiko als tragbar erscheinen.
- Vorhandenes Vertrauen egalisiert Störungen im Erlebnisbereich, welche die Beziehung zu unserem Gegenüber gefährden. Nicht jede Unstimmigkeit im Verhalten des anderen wird zum Anlass genommen, die Beziehung abzubrechen.
- Wer nicht gelernt hat, seine Aufmerksamkeit zu konzentrieren, verliert sich entweder an seine Umwelt (alles erscheint bedrohlich) oder an sich selbst (alles ist gleichermaßen wichtig, was einem gerade durch den Kopf geht). Zum Aufbau von personalem Vertrauen ist deshalb konzentrierte Aufmerksamkeit notwendig.

Das Zusammenspiel von Aufmerksamkeit, Vertrauen und Respekt bewirkt eine höhere Steuerungsleistung sprachlicher Symbole (Wörter, Sätze, Texte). Diese Steigerung betrifft die unmittelbare Verarbeitung von Informationen in der jeweiligen Situation. Und sie betrifft die Koordination der Kommunikationspartner im Rahmen gemeinsam oder einzeln verfolgter Handlungsziele. Das Feingefühl (beziehungsweise die Nuancenkompetenz beim Sprechen wie beim Zuhören) entscheidet über die angemessene

Auswahl sprachlicher Symbole. Es sind sprachliche Symbole, die über ihre situative Steuerungsleistung hinaus in bestimmten kognitiven Rahmen (zum Beispiel Geschäftsverhandlung) und zugehörigen Verwendungstraditionen (zum Beispiel ‚Leitbild des ehrbaren Kaufmanns') Kontexte (Verstehenshintergründe), Wahrnehmungs-, Bewertungs- und Aktionsprogramme koordinieren.

Literatur

Amengual, G. (1999). Anerkennung. In H. J. Sandkühler (Hrsg.), *Enzyklopädie Philosophie* (Bd. 1, S. 66–68). Hamburg: Meiner.

Bergler, R. (1993). *Unternehmenskultur als Führungsaufgabe*. Münster: Regensberg.

Berschneider, W. (2003). *Sinnzentrierte Unternehmensführung*. Lindau: Orthaus.

Bishop, S. R., & Lau, M. (2004). Mindfulness: A proposed operational definition. *Clinical Psychology: Science and Practice, 11*(3), 230–241.

Borbonus, R. (2014). *Respekt! Wie Sie Ansehen bei Freund und Feind gewinnen* (7. Aufl.). Berlin: Econ.

Brown, P., & Levinson, S. C. (1987). *Politeness. Some universals in language usage*. Cambridge: Cambridge University Press.

Buss, E. (2009). *Managementsoziologie* (2. Aufl.). München: Oldenbourg.

Dahrendorf, R. (2009). Die verlorene Ehre des Kaufmanns. Tagesspiegel (12. Juli 2009). http://www.tagesspiegel.de/wirtschaft/dahrendorf-essay-die-verlorene-ehre-des-kaufmanns/1555814.html. Zugegriffen: 03. Dez. 2016.

Darwall, S. L. (1977). Two kinds of respect. *Ethics, 88*(1), 36–49.
Dießel, M. (2012). *Die Wirkung von Vertrauen und Misstrauen auf Entscheidungen in sozialen Interaktionen. Eine kognitiv-neurowissenschaftliche Untersuchung* (Dissertation), Universität Bonn, Bonn.
Eberspächer, H. (2007). *Mentales Training. Das Handbuch für Trainer und Sportler.* München: Copress.
Goleman, D. (1999). *EQ2 – Der Erfolgsquotient.* München: dtv.
Hartmann, M. (2011). *Die Praxis des Vertrauens.* Frankfurt a. M.: Suhrkamp.
Held, G. (1995). *Verbale Höflichkeit. Studien zur linguistischen Theorienbildung und empirische Untersuchung zum Sprachverhalten französischer und italienischer Jugendlicher in Bitt- und Dankessituationen.* Tübingen: Niemeyer.
Higgins, R. C. A. (2004). *The moral limits of law – Obedience, respect and legitimacy.* New York: Oxford University Press.
Hoffjan, O. (2012). „Inszeniere und lüge – aber bitte authentisch!" Wirklichkeit, Funktionen und Möglichkeit authentischer PR. In P. Szyszka (Hrsg.), *Alles nur Theater* (S. 138–162). Köln: Halem.
Hubig, C. (2014). Vertrauen und Glaubwürdigkeit als konstituierende Elemente der Unternehmenskommunikation. In A. Zerfaß & M. Piwinger (Hrsg.), *Handbuch Unternehmenskommunikation* (2. Aufl., S. 351–370). Wiesbaden: Springer Gabler.
Huck-Sandhu, S. (2012). Vom Postulat des Authentischen. Empirische Hinweise auf Zuschreibungen im Rahmen der Organisationskommunikation. In P. Szyszka (Hrsg.), *Alles nur Theater* (S. 163–186). Köln: Halem.
Kabat-Zinn, J. (1988). *Im Alltag Ruhe finden.* Freiburg: Herder.
Kant, I. (1785). *Grundlegung zur Metaphysik der Sitten. Akademie-Ausgabe Kant Werke IV.* Berlin: beyJohann Friedrich Hartknoch. Nachdruck von 1968.

Lüger, H.-H. (2001). Höflichkeit und Höflichkeitsstile. In H.-H. Lüger (Hrsg.), *Höflichkeitsstile* (S. 3–23). Frankfurt a. M.: Lang.

Luhmann, N. (2014). *Vertrauen* (5. Aufl.). Konstanz: UTB.

Lützeler, H. (1978). *Persönlichkeiten*. Freiburg: Herder.

Margalit, A. (1999). *Politik der Würde – über Achtung und Verachtung*. Frankfurt a. M.: Suhrkamp.

Matějková, P. (2009). Kann sich Linguistik an der Vertrauensforschung beteiligen? *Brünner Beiträge zur Germanistik und Nordistik, 14*(1–2), 45–63.

Monnet, J. (1978). *Erinnerungen eines Europäers*. München: dtv.

Müsseler, J. (2000). Aufmerksamkeit. *Lexikon der Psychologie*. http://www.spektrum.de/lexikon/psychologie/aufmerksamkeit/1655. Zugegriffen: 3. Dez. 2016.

Nideffer, R. (1976). *The Inner Athlete: Mind plus muscle for winning*. New York: Ty Crowell.

Perls, F. S., Hefferlin, R., & Goodman, G. (1951). *Gestalttherapie*. Stuttgart.

Pleil, T., & Rehn, D. (2012). Der Einzelne im Mittelpunkt. In P. Szyszka (Hrsg.), *Alles nur Theater* (S. 217–235). Köln: Halem.

Raaz, O. (2014). Rezension zu. Peter Szyska (Hrsg.), Alles nur Theater. *rezensionen: kommunikation: medien*. http://www.rkm-journal.de/archives/14967. Zugegriffen: 3. Dez. 2016.

RespectResearchGroup Hamburg. (2014). Zentrale Facetten des Respektbegriffs. http://wp.respectresearchgroup.org/respekt/definition/. Zugegriffen: 3. Dez. 2016.

Romhardt, K. (2004). *Slow down your life*. Berlin.

Roth, G. (2007). *Persönlichkeit, Entscheidung und Verhalten. Warum es so schwierig ist, sich und andere zu ändern*. Stuttgart: Klett-Cotta.

Röttger, U., Preusse, J., & Schmitt, J. (2011). *Grundlagen der Public Relations. Eine kommunikationswissenschaftliche Einführung*. Wiesbaden: VS Verlag.

Schmidt-Tanger, M. (2010). *Charisma-Coaching. Von der Ausstrahlungskraft zur Anziehungskraft. Präsenz für Wesentliches.* Paderborn: Junfermann.

Schreiner, K. (2013). *Würde, Respekt, Ehre. Werte als Schlüssel zum Verständnis anderer Kulturen.* München: Huber.

Schwarz-Friesel, M. (2007). *Sprache und Emotion.* Tübingen: UTB.

Sennett, R. (2002). *Respekt im Zeitalter der Ungleichheit.* Berlin: Berliner Taschenbuch-Verlag.

Siep, L. (1979). *Anerkennung als Prinzip der praktischen Philosophie. Untersuchungen zu Hegels Jenaer Philosophie des Geistes.* Freiburg: Alber.

Stahl, H. K., & Menz, F. (2014). *Handbuch Stakeholder-Kommunikation* (2. Aufl.). Berlin: ESV.

Szyszka, P. (Hrsg.). (2012). *Alles nur Theater.* Köln: Halem.

Teichert, D. (1996). Toleranz. In J. Mittelstraß (Hrsg.), *Enzyklopädie Philosophie und Wissenschaftstheorie* (Bd. 4). Stuttgart: Metzler.

Ungeheuer, G. (1972). *Sprache und Kommunikation* (2. Aufl.). Hamburg: Buske.

Waldenfels, B. (2004). *Phänomenologie der Aufmerksamkeit.* Frankfurt a. M.: Suhrkamp.

Wehrle, M. (2013). *Horizonte der Aufmerksamkeit.* München: Fink.

Strategien und Strategeme

Strategien

Nachdem wir Ihnen im letzten Kapitel die Begriffe Aufmerksamkeit, Respekt und Vertrauen erläutert haben, kommen wir zum Kern des Buches: zu den Grundlagen einer respektvollen, strategischen Kommunikation und den 36 Strategemen, die Ihnen helfen, respektvoll Ihre Ziele zu erreichen.

Wenn Sie sich im Gegensatz zu anderen an die Grundregeln des Miteinanders halten, bedeutet dies nicht, dass Sie künftig immer „den Kürzeren ziehen" werden. Ganz im Gegenteil – wir zeigen Ihnen Möglichkeiten, wie Sie Ihre Ziele mithilfe von Strategemen respektvoll erreichen und langfristigen Erfolg erzielen können. Auch wenn wir es nicht wahrhaben wollen, sind wir am Arbeitsplatz oder privat täglich der List unserer Mitmenschen ausgesetzt.

Wir können uns nur gegen listige Gegner wehren, wenn wir ihre Absichten und ihre List frühzeitig erkennen. Zu diesem Zweck haben wir 36 Strategeme für eine zielorientierte, respektvolle Kommunikation formuliert, damit Sie sowohl kurz-, als auch langfristig Ihre Ziele erreichen und nachhaltige, erfolgreiche (Geschäfts-)Beziehungen aufbauen können.

Der Strategie-Begriff
Bis in die erste Hälfte des 20. Jahrhunderts wurde der Begriff Strategie fast ausschließlich im militärischen Zusammenhang benutzt (vgl. Schröder 2000, S. 14 f.). Strategisches Denken als Methode der systematischen Planung des eigenen Handelns beziehungsweise des optimalen Einsatzes von Ressourcen zur Erreichung persönlicher und politischer Ziele entwickelte sich bereits im 6. Jahrhundert vor Christus in China (Sun Tzu) und seit dem 5. Jahrhundert vor Christus auch in Europa (Perikles, Thukydides). Auf der Grundlage antiker Vorbilder und der Erfahrungen ihrer Zeit legten unter anderem Niccolò Machiavelli (1469–1527), Baltasar Gracián (1601–1658) und Carl von Clausewitz (1780–1831) die Grundlagen für das moderne Strategieverständnis. Clausewitz' Ideen des angemessenen Verhältnisses von Zweck, Ziel und eingesetzten Mitteln wirken bis heute nach (vgl. Pastoors 2005, S. 29).

Das Wort Strategie stammt von den griechischen Wörtern *stratos* (das Heer) und *ágein* (führen) ab und bedeutet so viel wie Heeresführung (vgl. Pastoors 2005, S. 29). Im übertragenen Sinn ist Strategie die Lehre von der systematischen Planung des eigenen Handelns zum Erreichen eines übergeordneten Zieles, wobei das konkrete Vorgehen offen sein sollte, um sich wechselnden Situationen anpassen zu können. Von Clausewitz weist darauf hin, dass das Ziel einer Strategie nicht der vordergründige Erfolg (zum Beispiel einen Krieg gewinnen), sondern nur das übergeordnete Ziel (zum Beispiel die Friedensordnung danach) sein darf (vgl. Schröder 2000, S. 14 f.; sowie: von Clausewitz 2008). In der Alltagssprache steht der Begriff Strategie für das geplante, zielgerichtete Vorgehen, um wirtschaftliche, politische oder persönliche Ziele zu erreichen.

Das griechische Wort *taktiké* meinte ursprünglich Heeresaufstellung. Bei einer Taktik handelt es sich im übertragenen Sinne um die Lehre des Handelns beziehungsweise des optimalen Einsatzes von Ressourcen in einer bestimmten Situation. Im politischen Kontext umschreibt der Begriff Taktik eine auf genauen Beobachtungen und Überlegungen basierende Art und Weise, ein (Unter-)Ziel zu erreichen. Lautet zum Beispiel das strategische Ziel „Gewinn der deutschen Fußballmeisterschaft", dann sind Mannschaftsaufstellung und Auswechselungen bei einem konkreten Bundesligaspiel taktische Maßnahmen, wohingegen zum Beispiel Zusammenstellung des Kaders und Nachwuchsarbeit strategisch relevant sind, sofern sie einem langfristigen Plan folgen. Die strategische Planung beurteilt die Gesamtsituation über einen längeren Zeitraum. Die taktische Planung erfolgt in Übereinstimmung mit den strategischen Zielen und gibt Antworten auf Fragen in einer räumlich und zeitlich begrenzten Situation: Wer tut was, wann, wo, wie und warum? (vgl. Schröder 2000, S. 19 f.).

Der schwedische Politikwissenschaftler Gunnar Sjöstedt unterscheidet entsprechend den zur Verfügung stehenden Ressourcen und den damit verbundenen Sanktionsmöglichkeiten zwei unterschiedliche Gruppen von Strategien: zwingende und nicht-zwingende Strategien. Verfolgen Akteure zwingende Strategien, setzen sie auch Sanktionen ein, um ihre Ziele zu erreichen. Sjöstedt unterscheidet dabei vier unterschiedliche Arten von Sanktionen:

- **Bestrafung:** Akteur A bestraft B, damit dieser entsprechend A's Vorstellungen handelt. Hierzu zählt die Androhung von Strafmaßnahmen.
- **Entzug:** Akteur A entzieht B etwas, das B dringend benötigt, um so dessen Abhängigkeit zu vergrößern.
- **Behinderung:** Akteur A hindert B daran, etwas zu tun, was nicht in seinem Interesse ist.
- **Belohnung:** Akteur A belohnt B dafür, dass dieser in seinem Interesse gehandelt hat (vgl. Sjöstedt 1979, S. 43).

Zwingende Strategien erfordern ein hohes Maß an Macht und Einfluss. Da die meisten in der Regel nur über begrenzte Machtkapazitäten verfügen, bieten sich eher nicht-zwingende Strategien an. Nicht-zwingende Strategien schließen den Einsatz von Sanktionen aus. Sie umfassen folgende Vorgehensweisen:

- **Unterstützung:** Akteur A unterstützt B bei einer Aktion, zu der B alleine nicht in der Lage gewesen wäre.
- **Stimulation:** Akteur A signalisiert B, dass eine bestimmte Aktion im beiderseitigen Interesse liegt.

- **Überzeugung:** Akteur A macht B klar, dass eine bestimmte Aktion dringend erforderlich ist und auch im Interesse von B liegt (vgl. Sjöstedt 1979, S. 43).

Exkurs: Macht als Mittel der Zielerreichung
Der einfachste Weg, um Ziele zu erreichen, ist die Ausübung von Macht. Der Soziologe Max Weber (1864–1920) definiert Macht als die „Chance, innerhalb einer sozialen Beziehung den eigenen Willen auch gegen Widerstreben durchzusetzen, gleichwohl worauf diese Chance beruht. […] Alle denkbaren Qualitäten eines Menschen und alle denkbaren Konstellationen können jemand in die Lage versetzen, seinen Willen […] durchzusetzen" (Weber 1972, S. 28 f.). Macht in Webers Sinne ist somit keine Konstante, sondern sie beschreibt nur einen relativen Zustand zwischen zwei oder mehreren Personen beziehungsweise Akteuren (vgl. Pastoors 2005, S. 19).

Der Politikwissenschaftler Reinhard Meyers (*1947) weist darauf hin, dass in der aktuellen Diskussion die von Max Weber herausgestellte Qualität der Macht als relative soziale Beziehung zwischen zwei Personen (beziehungsweise anderen Akteuren wie Staaten oder Organisationen) häufig nicht beachtet wird. Ein Akteur gelte demnach häufig allein dank einer bestimmten Position beziehungsweise des Vorhandenseins bestimmter Machtmittel als mächtig. Zur Ausübung von Macht bedarf es aber nach Meyers nicht nur bestimmter Machtmittel und des Willens des Machtausübenden, sondern auch der Bereitschaft dessen, der die Machtausübung an sich erfährt, sich dem Willen des Machtausübenden zu beugen: „A besitzt nur insoweit Macht über B, als B den Forderungen A's nachgibt und seine Handlungen an der Zielsetzung A's ausrichtet" (Meyers 1979, S. 73). Macht beschreibt somit einen Zustand innerhalb einer Gruppe von Akteuren. Sie bleibt nur so lange existent, wie diese Gruppe besteht. Ohne Machtempfänger kann ein Machthaber keine Macht anwenden, seine Macht vergeht (vgl. Arendt 1970, S. 45).

Die Herstellung und Aufrechterhaltung von Machtstrukturen vollzieht sich nach Ansicht des Philosophen Michel Foucault (1926–1984) vor allem durch die Hervorbringung, Strukturierung und Zuteilung von Wissen. Dieser Prozess ist notwendig an Sprache gebunden, denn Wissen konstituiert sich überwiegend durch Sprache und wird vorwiegend in sprachlicher Form weitergegeben. „Wer bestimmen kann, was in einer Gesellschaft gewusst und damit auch gedacht und besprochen werden darf und in welcher Form das zu geschehen hat, hat […] die entscheidende Machtposition inne" (Fix 2017).

Der Sozial- und Politikwissenschaftler Karl Deutsch (1912–1992) unterscheidet zudem positive und negative Macht:

- Verfügt ein Akteur in einer spezifischen Situation über positive Macht, so ist er in der Lage, ein spezifisches, für ihn erstrebenswertes Ergebnis zu erreichen.
- Verfügt ein Akteur in einer spezifischen Situation über negative Macht, so ist er lediglich in der Lage, ein spezifisches Ergebnis, das nicht seinen Vorstellungen entspricht, zu verhindern (vgl. Deutsch 1968, S. 43).

Da es leichter ist, ein Ergebnis zu verhindern als ein Ergebnis aktiv herbeizuführen, bedarf es zur Ausübung positiver Macht größerer Machtkapazitäten als zur Ausübung negativer Macht. Verfügt ein Akteur in einer bestimmten Situation über begrenzte Machtkapazitäten, so kann er diese nach Deutsch am wirksamsten im negativen Sinne anwenden (vgl. Deutsch 1968, S. 43).

Die meisten von uns verfügen nicht über die Macht, ihre Ziele gegen einen fremden Willen zu erreichen. Sie benötigen deshalb Strategeme, um mithilfe von Zeichen das kognitive und emotionale System ihres Gegenübers so zu beeinflussen, dass sich die Wahrscheinlichkeit erhöht, dass ihr Gegenüber an ihrer Zielerreichung mitwirkt. Wir können unser eigenes kognitives und emotionales System modifizieren und so eine Situation verändern, zum Beispiel, wenn wir von einer abstrakten auf eine konkrete Sprachebene wechseln oder versuchen, eine Person probeweise sympathisch zu finden, indem wir unsere Aufmerksamkeit zum Beispiel auf deren Stimme statt auf deren Aussehen richten.

Aber selbst, wenn wir in einer bestimmten Situation über alle notwendigen Machtmittel verfügen würden, um dem anderen unseren Willen aufzuzwingen, sollten wir gleichwohl behutsam und respektvoll vorgehen. Die Machtverhältnisse können sich jederzeit ändern. Dann befinden wir uns schnell in der Situation dessen, den wir noch kurz zuvor für machtlos und unbedeutend gehalten und entsprechend behandelt haben.

Strategeme

Die Tradition von Strategemen

Das Wort Strategem kommt von dem griechischen Wort stratégema, was übersetzt Kriegslist bedeutet. Als stratégema werden geplantes Vorgehen, eine bestimmte Form der List oder eine manipulative Aktion im politischen, beruflichen und im Privatleben bezeichnet. In der chinesischen Kultur gehören Strategeme zum alltäglichen Leben. Vor allem die sogenannten „36 Strategeme" sind in China weit verbreitet. Diese Sammlung von Strategemen wird dem chinesischen General Tan Daoji († 436) zugeschrieben und berührt sämtliche Bereiche des Lebens. Dabei spielt auch der Einsatz von List und Täuschung eine Rolle. Im Hinblick auf den Umgang mit dem Gegner markiert das Prinzip des Gesicht-Wahrens dabei die Grenze, die nicht überschritten werden darf. Beim Einsatz von Strategemen achten Chinesen deshalb darauf, das Gesicht ihres Gegenübers zu wahren. Wer dem anderen sein Gesicht nimmt, verbaut sich die Möglichkeit einer weiteren Zusammenarbeit und schafft sich im schlimmsten Fall einen Feind für das Leben. Außerdem verwehrt er dem anderen den nötigen Respekt und demütigt ihn vor anderen. Deswegen verliert derjenige, der anderen das Gesicht nimmt, in der chinesischen Kultur auch sein eigenes Gesicht. Dieser Punkt wird in vielen europäischen Ratgebern, die sich auf chinesische Quellen berufen, übersehen. In der europäischen Tradition sind die Vorstellungen von List und Täuschung nicht mit dem begrenzenden Prinzip des Gesicht-Wahrens verbunden, weshalb der Einsatz von List und Täuschung in der Regel geächtet wird.

In der Antike kursierte in Europa eine Reihe von Strategem-Sammlungen. Davon sind jedoch fast alle verloren gegangen. Jüngere Beispiele für europäische Strategem-Sammlungen sind etwa die Ratschläge aus Niccolò Machiavellis „Der Fürst" (1532), aus Arthur Schopenhauers „Eristische Dialektik" (1831) oder aus dem „Handorakel und Kunst der Weltklugheit" des Baltasar Gracián (1647). Harro von Senger, der die chinesischen „36 Strategeme" (von Senger 2004) kommentiert und ins Deutsche übersetzt hat, weist zudem auf „Reineke Fuchs" von Johann Wolfgang von Goethe als Beispiel für europäische Strategeme hin, die ihre Vorgänger im mittelhochdeutschen „Reinhart Fuchs" (Ende 12. Jh.) und im mittelniederländischen „Van den Vos Reynarde" (Ende 14. Jh.) hatten (vgl. von Senger 2004).

Strategeme als taktische Maßnahmen in konkreten Situationen
Bei Strategemen handelt es sich nicht um Rezepte oder Regeln, die blind angewendet werden können. Um in der jeweiligen Situation angemessen und nach eigener Einschätzung zu handeln, bedarf es unserer ständigen Aufmerksamkeit. Aufmerksamkeit ist eine notwendige Voraussetzung oder Eingangsbedingung für das erfolgreiche Anwenden der Strategeme. Vertrauen im Sinne von Vertrauenswahrung oder Vertrauensbildung ist die Folge oder das Ergebnis der Anwendung der Respektstrategeme. Vertrauen ist ihrerseits die Voraussetzung für Kooperation und Interaktion.

Um die richtigen Strategeme auszuwählen, die zu unseren Zielen passen, müssen wir die Situation, in der wir uns befinden, beurteilen und einschätzen beziehungsweise entscheiden, auf welcher strategischen Ebene wir handeln wollen oder müssen. Dabei ist zu bedenken, dass die Beurteilung einer Situation zwar im Lichte unserer Ziele und Interessen erfolgt und durch soziale Normen gelenkt wird, aber immer an die Verwendung von sprachlichen Begriffen gebunden ist. Wir haben die Möglichkeit, eine Situation immer in neuem Licht zu sehen und dann zu anderen sprachlichen Mitteln der Beschreibung zu greifen (zum Beispiel die populärpsychologische Annahme von der „biologischen Natur" eines Mannes oder einer Frau: Männlichkeit war noch im 19. Jahrhundert wesentlich durch Leidenschaft und den Willen zur Bindung definiert, durch Merkmale, die heute einer Frau zugeschrieben werden).

Strategeme haben den Rang von taktischen Maßnahmen. Es kommt daher vor allem auf Ihre Situationseinschätzung an: Situationseinschätzung → Auswahl der strategischen Ebene → Auswahl der zur Situationseinschätzung passenden Strategeme (taktische Maßnahmen). Ziel unserer Strategeme ist es nicht, mit List und Tücke auf Kosten anderer durch das Leben zu kommen, sondern erfolgreich und respektvoll die eigenen Ziele am Arbeitsplatz wie im Privaten zu erreichen und nachhaltige, erfolgreiche (Geschäfts-)Beziehungen aufzubauen. Dies gelingt besser, wenn wir die Absichten und Verhaltensmuster unseres Gegenübers frühzeitig erkennen und angemessen darauf reagieren.

Tab. 3.1 Kreuzklassifikationsschema politischer Strategien nach Goldmann. (Quelle: Goldmann 1978, S. 64)

	Aktiv	Passiv
Veränderung *(Modifikation)*	Gruppe I aktive Veränderung	Gruppe II passive Veränderung
Anpassung *(Adaptation)*	Gruppe III aktive Anpassung	Gruppe IV passive Anpassung

Strategische Ebenen respektvoller Kommunikation

Zur Klassifizierung der Strategeme dient uns ein Schema, das sich am „Kreuzklassifikationsschema politischer Strategien" (vgl. Tab. 3.1) des schwedischen Wissenschaftlers Kjell Goldmann (*1937) orientiert.[1] Goldmann unterscheidet zum einen zwischen aktiven und passiven Strategien. Verfolgt ein Akteur eine aktive Strategie, so versucht er, Konfliktursachen zu eliminieren. Voraussetzung für eine aktive Strategie ist die Möglichkeit, andere Akteure in ihrem Verhalten zu beeinflussen. Der entsprechende Akteur muss über positive Macht verfügen. Verfolgt ein Akteur dagegen eine passive Strategie, so versucht er, die im Konfliktfall entstehenden Kosten für die gegnerische Seite zu erhöhen. Gegner sind alle Personen, deren Handeln darauf abzielt, dem Akteur einen Nachteil oder Schaden zuzufügen, sei es durch unfaires Verhalten, üble

---

[1] Im Gegensatz zu Sjöstedt betrachtet Kjell Goldmann nicht nur die vorhandenen Sanktionsmöglichkeiten, sondern auch die primären Ziele, die ein Akteur verfolgt. Goldmann hatte dieses Schema ursprünglich ausschließlich für sicherheitspolitische Analysen entworfen. Von Dosenrode-Lynge hat das Goldmann-Schema überarbeitet, um es auch für persönliche, ökonomische und politische Analysen verwenden zu können (vgl. Goldmann 1978).

Nachrede oder aggressives Bedrängen. Was für den Akteur zählt, ist allein die negative Wirkung des gegnerischen Handelns, unabhängig davon, aus welchen Motiven heraus der Gegner handelt und ob er versucht, sein aggressives Verhalten zu rechtfertigen, zu vertuschen oder zu leugnen. Da in diesem Fall nur verhindert werden soll, dass andere Macht auf ihn ausüben, benötigt ein Akteur in diesem Fall lediglich negative Macht. Außerdem unterscheidet Goldmann zwischen Veränderungsstrategien (Modifikation) und Anpassungsstrategien (Adaptation). Betreibt ein Akteur eine Politik der Veränderung, so versucht er, seine Umgebung in seinem Interesse zu verändern. Betreibt ein Akteur eine Politik der Anpassung, so passt er sich selbst den Anforderungen seiner Umwelt an. Werden diese beiden Ansätze kombiniert, so erhalten wir vier Gruppen von Strategemen.

Strategeme respektvoller Kommunikation

Aktive Strategien

- Akteur kann das wünschenswerte Ergebnis aus eigener Kraft erreichen (positive Macht).
- Akteur hat die Möglichkeit, das Verhalten anderer zu beeinflussen (überzeugen, belohnen etc.) – das Handeln von A setzt direkt bei B an.
- Akteur ist dazu in der Lage, Konfliktursachen zu beseitigen.

Passive Strategien

- Akteur ist nicht in der Lage, Konfliktursachen aus eigener Kraft zu beseitigen.
- Akteur kann nur verhindern, dass andere Macht auf ihn ausüben (negative Macht).
- Akteur versucht, Kosten für einen Aggressor zu erhöhen (abschrecken) – das Handeln von A setzt bei den Handlungsbedingungen von B an.

Veränderungsstrategien

- Akteur versucht, seine Umgebung oder Umwelt in seinem Interesse zu verändern.
- Akteur strebt an, Konfliktursachen zu beseitigen.

Anpassungsstrategien

- Akteur versucht, sich selbst den Anforderungen seiner Umgebung oder Umwelt anzupassen.
- Akteur versucht, Konflikte zu vermeiden.

Andere führen – aktive Veränderung (Ebene 1)

Was bedeutet „andere führen" beziehungsweise „aktive Veränderung"?

Aktive Strategien

- Akteur kann das wünschenswerte Ergebnis aus eigener Kraft erreichen (positive Macht).
- Akteur hat die Möglichkeit, das Verhalten anderer zu beeinflussen (überzeugen, belohnen etc.) – das Handeln von A setzt direkt bei B an.
- Akteur ist dazu in der Lage, Konfliktursachen zu beseitigen.

Veränderungsstrategien

- Akteur versucht, seine Umgebung oder Umwelt in seinem Interesse zu verändern.
- Akteur strebt an, Konfliktursachen zu beseitigen.

Der zentrale Begriff der Strategeme dieser Ebene ist „Führung". Der Wirtschaftspsychologe Lutz von Rosenstiel definiert Führung als „zielbezogene Einflussnahme" (Rosenstiel 1991, S. 3) Dabei unterscheidet er zwischen „Führung durch Strukturen" und „Führung durch Menschen". Beispiele für führende Strukturen sind die Hierarchie in einem Unternehmen, eine Stellenbeschreibung oder aber Anreizsysteme wie Geldprämien. Da sich nicht alle Lebenslagen und Situationen im Betrieb im Voraus planen lassen, bedarf es in jeder Organisation der Führung durch Menschen.

Gerade in der heutigen Zeit wird Führung durch Menschen zunehmend wichtiger. Selbst dort, wo Strukturen führen sind es gemäß von Rosenstiel Menschen, die darüber entscheiden, inwieweit die Strukturen befolgt werden:

„Das Verhalten des Vorgesetzten, seine Art, Ziele zu verdeutlichen, Aufgaben zu koordinieren, Mitarbeiter durch Gespräche zu motivieren, Ergebnisse zu kontrollieren, wird zum zentralen Bestandteil der Führung, die sich dann als zielbezogene Beeinflussung von Unterstellten durch Vorgesetzte mithilfe der Kommunikationsmittel definieren lässt" (Rosenstiel 1991, S. 4). Bei der Führung kommt es somit immer auf den Menschen an, und die Art und Weise, wie wir miteinander umgehen und kommunizieren (vgl. Rosenstiel 1991, S. 4).

Im Duden findet sich ebenfalls eine kurze Definition des Begriffs Führung: „Das verantwortliche Leiten von etwas" (Duden 2014). Diese Definition zeigt, dass neben der Leitung einer Organisation Verantwortung einer der zentralen Aspekte von Führung ist. Im Begriff der Verantwortung steckt die Bedeutungskomponente „Antwort", was auf die soziale und dialogische Komponente des Führens verweist. Wer Fragen nach dem Warum und Wozu seines Führungsverhaltens aus dem Weg geht, führt blind. Wer anderen dagegen nicht zutraut, die Wahrheit zu ertragen, neigt dazu, diese zu bevormunden.

Strategeme der aktiven Veränderung

Strategem 01:   Seien Sie aufmerksam
Strategem 02:   Denken Sie positiv
Strategem 03:   Gehen Sie mit gutem Beispiel voran
Strategem 04:   Behandeln Sie alle mit dem gleichen Respekt
Strategem 05:   Üben Sie sich in Gelassenheit
Strategem 06:   Lassen Sie den anderen ihre Freiheit

Strategem 07: Vertrauen Sie in die Fähigkeiten Ihrer Mitmenschen
Strategem 08: Erwarten Sie kein falsches Lächeln
Strategem 09: Übernehmen Sie die Verantwortung für Ihr Denken und Handeln

Ziele, die mithilfe dieser Strategeme erreicht werden sollen

- Andere erfolgreich führen.
- Andere dazu bewegen wollen, sich oder etwas zu verändern.
- Aktiv Konfliktursachen abbauen. Im Unterschied zu den Strategemen der dritten Ebene („Sich selbst anpassen") wirkt das Gegenüber an der Beseitigung von Konfliktursachen mit.
- Respektvoll Kritik am Verhalten anderer üben. Dies ist eine Voraussetzung für das Gelingen der Verhaltensänderung.
- Verändern der „Spielregeln" (bezogen auf neue Regeln der Kooperation und wechselseitige Rücksichtnahme zum Zwecke besserer Zusammenarbeit).

Die Strategeme der aktiven Veränderung gehen dabei von der Annahme aus, dass jeder von uns unter bestimmten Umständen dazu in der Lage ist, die Regeln in seinem Umfeld zu verändern. Das Ziel der Regelveränderung ist es, das eigene Potenzial zu erweitern, strukturbedingte Abhängigkeiten und Wechselwirkungen zu mindern beziehungsweise ganz zu beseitigen und das eigene Umfeld so zu verändern, dass Konfliktursachen beseitigt werden. Ein weiteres Ziel ist eine nachhaltige Veränderung der bestehenden Strukturen des Umfelds (vgl. Pastoors 2005, S. 33). Struktur ist alles das, was in einem Tätigkeitszusammenhang, sei es im beruflichen oder privaten Umfeld, als vorentschieden gilt: Personalstrukturen, Kommunikationsstrukturen, Abhängigkeitsstrukturen, etc.

> **Exkurs zur aktiven Veränderung**
>
> Der Fall der Mauer war ein Ereignis, das Deutschland und die Welt bewegt hat. Was waren die kommunikativen Voraussetzungen dafür, dass die Bürgerinnen und Bürger ihre Freiheit erkämpfen konnten? Wer kooperieren will, muss allgemeine Normen des kommunikativen Handelns einhalten. Zu diesen Normen gehört die Maxime der Wahrhaftigkeit: „Sage nur, was du für richtig hältst". Genau dieses Prinzip wurde vom SED-Regime – wie von jeder totalitären Regierung – systematisch verletzt. In einer Demokratie können die Bürger Wahrhaftigkeit durch Widerspruch, Eingabe, Wahlverhalten etc. einfordern. In der DDR war jeder Versuch, Wahrhaftigkeit einzufordern, ein Verstoß gegen die Staatsräson, sprich ein Verstoß gegen die geforderte Verschleierung und Vertuschung: „Du und ich, wir wissen, was gemeint ist. Aber der Dritte (der Klassenfeind) darf das nicht wissen. (Also musst du lügen)." Die Leipziger Montagsgebete im (halb)öffentlichen Raum der Kirche ermöglichten es, ohne Rücksicht auf irgendeinen „Dritten" die Dinge klar beim Namen zu nennen und sie verhalfen dem Kooperationsprinzip wieder zur Geltung „und stellten die Gültigkeit der Kommunikationsmaxime ‚Sei wahrhaftig' wieder her" (Fix 2017). Die aktive Veränderung und letztlich die Überwindung eines Unrechtsregimes, das die Menschenwürde mit Füßen trat, wurde unter anderem durch die Wiederherstellung des zentralen Kommunikationsprinzips der Kooperation ermöglicht.

Miteinander kommunizieren – passive Veränderung (Ebene 2)

Was bedeutet „miteinander kommunizieren" beziehungsweise „passive Veränderung"?

Passive Strategien

- Akteur ist nicht in der Lage, Konfliktursachen aus eigener Kraft zu beseitigen.
- Akteur kann nur verhindern, dass andere Macht auf ihn ausüben (negative Macht).
- Akteur versucht, Kosten für einen Aggressor zu erhöhen (abschrecken) – das Handeln von A setzt bei den Handlungsbedingungen von B an.

Veränderungsstrategien

- Akteur versucht, seine Umgebung oder Umwelt in seinem Interesse zu verändern.
- Akteur strebt an, Konfliktursachen zu beseitigen.

Die Strategeme der zweiten Ebene („miteinander kommunizieren") bringen die zentralen Begriffe der Kooperation und Empathie zum Ausdruck. Die US-amerikanische Politikwissenschaftlerin Helen Milner (*1958) definiert Kooperation als „zielgerichtetes Verhalten, das eine wechselseitige Anpassung der politischen Interessen nach sich zieht, sodass am Ende alle Seiten davon profitieren" (Milner 1992, S. 468). Die Bereitschaft miteinander zu kooperieren, wird von unseren Zukunftserwartungen beeinflusst.

Je größer die Wahrscheinlichkeit kooperativen Verhaltens der Gegenseite in der Zukunft ist, desto größer ist die eigene Bereitschaft, in der Gegenwart mit ihr zu kooperieren (vgl. Milner 1992, S. 474 f.).

Um Kooperation langfristig zu ermöglichen, versuchen wir, Konfliktursachen im Vorfeld abzubauen. Da die meisten von uns nicht über die Macht verfügen, das eigene Umfeld so zu beeinflussen, dass Konfliktursachen abgebaut werden, oder aber Macht nur als letztes Mittel einsetzen möchten, scheiden zwingende Strategien aus. Dafür besitzen viele von uns die Möglichkeit, die Strukturen im Betrieb oder im privaten Umfeld zu beeinflussen, indem sie die Einhaltung von Normen durchsetzen oder selbst neue Normen schaffen. Diese Normen sind letztlich mit Wertestrukturen gekoppelt. Wenn es uns gelingt, die Werte einer Organisation zu ändern, können hierdurch indirekt soziale und technische Strukturen im Betrieb oder persönlichen Umfeld verändert werden.

Strategeme der passiven Veränderung

Strategem 10:	Fassen Sie sich kurz
Strategem 11:	Kommunizieren Sie offen und ehrlich
Strategem 12:	Alles, was Sie sagen, muss wahr sein, aber nicht alles, was wahr ist, müssen Sie sagen
Strategem 13:	Fragen Sie nach, wenn Sie Antworten suchen
Strategem 14:	Üben Sie sich in Kritikfähigkeit
Strategem 15:	Achten Sie die Persönlichkeit und Meinung anderer
Strategem 16:	Zeigen Sie anderen Ihre Dankbarkeit

Strategem 17: Spenden Sie Ihren Mitmenschen Anerkennung
Strategem 18: Geben Sie anderen die Möglichkeit, ihr Gesicht zu wahren

Ziele, die mithilfe dieser Strategeme erreicht werden sollen

- Sich und andere zu verändern
- Das eigene Umfeld zu verändern
- Zielgerichtet und erfolgreich zu kommunizieren
- Interkulturelle Kommunikation
- Aktive Konfliktvermeidung

Ziel der zweiten strategischen Ebene ist es, erfolgreich miteinander zu kooperieren, sich selbst und andere zu verändern und das eigene Umfeld so zu verändern, dass Konflikte verhindert werden. Da sich gesellschaftliche Strukturen nur schwer ändern lassen, müssen wir so kommunizieren, dass Konflikte bereits im Vorfeld vermieden werden (durch Aufmerksamkeit, klare und deutliche Sprache etc.). Außerdem können wir versuchen, in unserem Betrieb oder persönlichen Umfeld Regeln zu schaffen, die den Ausbruch von Konflikten verhindern. Dabei ergeben sich jedoch mindestens drei Probleme: Die meisten Normen wie zum Beispiel Feedbackregeln oder Regeln der Etikette sind nicht allgemein anerkannt, sondern von Kultur zu Kultur unterschiedlich. Außerdem lassen sich informelle Regeln oft nur schwer beziehungsweise gar nicht durchsetzen, da es keine übergeordnete Instanz gibt, die über entsprechende Sanktionsmöglichkeiten verfügt. Die Möglichkeit zur Regelsetzung verführt dazu, tiefere Ursachen für Konflikte zu übersehen. Ein Kind, das regelmäßig zwischen den Mahlzeiten nascht, muss nicht unbedingt absichtlich gegen die Ordnung der Mahlzeiten verstoßen wollen, sondern kann dazu auch motiviert worden sein, weil ihm das reguläre Essen nicht schmeckt oder weil es die reguläre Mahlzeit nicht verträgt.

Damit wir die Rahmenbedingungen in unserem Interesse verändern können, müssen wir zielgerichtet und erfolgreich kommunizieren, sodass sich eine neue Sichtweise, eine neue Beziehungsqualität und sogar eine neue gemeinsame Sprache entwickeln können. Mit der Entwicklung einer neuen Sprache entwickeln sich immer auch neue Sinnkonfigurationen. Die zuvor verwendeten alten Sprachen transportierten auch Weltsichten und Stereotypen, die überwunden werden müssen, um Kooperation zu ermöglichen.

Sich integrieren – aktive Anpassung (Ebene 3)

Was bedeutet „sich integrieren"/„sich selbst anpassen" beziehungsweise „aktive Anpassung"?

Aktive Strategien

- Akteur kann das wünschenswerte Ergebnis aus eigener Kraft erreichen (positive Macht).

- Akteur hat die Möglichkeit, das Verhalten anderer zu beeinflussen (überzeugen, belohnen etc.) – das Handeln von A setzt direkt bei B an.
- Akteur ist dazu in der Lage, Konfliktursachen zu beseitigen.

Anpassungsstrategien

- Akteur versucht, sich selbst den Anforderungen seiner Umgebung oder Umwelt anzupassen.
- Akteur versucht, Konflikte zu vermeiden.

Die zentralen Begriffe der Strategeme dieser Gruppe sind Anpassung und Sozialisation im Sinne der Anpassung eines Individuums an die Normen einer Gruppe oder Gesellschaft. So definiert Philip Zimbardo Sozialisation als „den lebenslangen Prozess der Entstehung individueller Verhaltensmuster, Werte, Maßstäbe, Fähigkeiten und Motive in der Auseinandersetzung mit den entsprechenden Maßstäben einer bestimmten Gesellschaft" (Zimbardo 1995, S. 80).

Wer diese Strategie verfolgt, wird versuchen, sich so gut wie möglich in das gesellschaftliche System einzufügen, um keinen Konflikt zu provozieren. Wenn sich das Umfeld nicht entsprechend unserer Vorstellungen verändern lässt, können wir versuchen, unser Verhalten so zu gestalten, dass potenziellen Gegnern kein Anlass zu einem Konflikt geboten wird. Hierzu beseitigen wir alle Konfliktpunkte, die unsere Mitmenschen provozieren könnten. Falls wir beruflich oder privat von einer einzelnen Person oder Gruppe abhängig sind, sollten wir versuchen, uns den bestehenden Umständen so gut wie möglich anzupassen. Es geht hierbei darum, das vorhandene Potenzial, welches eine Situation beziehungsweise eine Umwelt bietet, besser auszuschöpfen, indem wir uns selbst möglichst an dieses Umfeld anpassen.

Strategeme der aktiven Anpassung

Strategem 19:   Beachten Sie die Codes der anderen
Strategem 20:   Respektieren Sie andere Kulturen
Strategem 21:   Respektieren Sie Ihr Gegenüber
Strategem 22:   Schließen Sie nicht von sich selbst auf andere
Strategem 23:   Vermeiden Sie es, zu verallgemeinern
Strategem 24:   Beachten Sie die Privatsphäre der anderen
Strategem 25:   Gehen Sie freundlich auf andere zu
Strategem 26:   Wahren Sie das rechte Maß
Strategem 27:   Nutzen Sie den rechten Moment, um Ihr Können und Ihr Talent zu zeigen

Ziele, die mithilfe dieser Strategeme erreicht werden sollen

- Sich zu verändern
- Zugehörigkeit zu einer Gruppe
- Unterschiedliche kommunikative Ebenen voneinander zu trennen
- Konfliktvermeidung durch Anpassung

Primäres Ziel der aktiven Anpassung (3. Ebene) ist es, Konflikte durch Anpassung bereits im Vorfeld zu vermeiden und das Entstehen von Konfliktbränden zu verhindern. Um dieses primäre Ziel zu erreichen, sind unterschiedliche Wege denkbar:

- Wir können uns selbst verändern beziehungsweise uns auf die Normen und Logik einstellen, die das Handeln der anderen bestimmen.
- Wir unterscheiden sorgfältig die Kommunikationsebenen in den eigenen Gesprächsbeiträgen (Sach-, Beziehungs-, Meta-Ebene), setzen entsprechende sprachliche Mittel und Verfahren ein und bestehen auf eine klare Definition verwendeter Begriffe.
- Wir können die Zugehörigkeit zu einer Gruppe aktiv herausstellen und darauf achten, gute Beziehungen zu einzelnen Personen des Umfelds zu entwickeln, um nicht in einen Konflikt hineingezogen zu werden.
- Wenn dies alles nichts hilft, bleibt als letztes Mittel nur der Rückzug aus der Gruppe. Die Konfliktvermeidungsstrategie ist deshalb sinnvoll, weil sich Gruppenstrukturen oder gar gesellschaftliche Strukturen nur schwer ändern lassen.

Ein weiteres Ziel der Strategeme der aktiven Anpassung ist es, das vorhandene Potenzial durch eine möglichst gute Anpassung an das eigene Umfeld besser auszuschöpfen und gute Beziehungen zu den Personen in Ihrem Umfeld zu schaffen, um nicht in einen Konflikt verwickelt zu werden.

Beispiele für die Notwendigkeit einer Trennung von Sach-, Beziehungs- und Meta-Ebene
Sachebene:

Wir unterlassen es häufig, im Vorfeld von Vereinbarungen, Verabredungen oder Kaufentscheidungen sicherzustellen, dass wir wirklich über dieselbe Sache sprechen. Aus Naivität oder falsch verstandener Höflichkeit verzichten wir darauf, die zentralen Begriffe gemeinsam zu definieren. Wenn sich dann nicht das gewünschte Ergebnis einstellt, neigen wir zu einer Überreaktion und machen dem Partner Vorwürfe, wie die folgenden Fälle zeigen:

- Ein Bekannter lässt sich von seinem Dienst befreien und fährt 300 km, um ein Coaching in Anspruch zu nehmen. Nach der Ankunft fertigt ihn der Coach mit einem Mittagessen und mit einer netten Plauderei ab. Der Bekannte war auf das Angebot eingegangen, weil er seinen vermeintlichen Coach als kompetenten Wissenschaftler kannte und sich nicht vorstellen konnte, dass dieser das Wort „Coach" vollkommen umgangssprachlich und unreflektiert verwendet.
- Zwei Freunde verabreden sich in der Mensa und haben nicht bedacht, dass es im Hauptgebäude zwei Mensen gibt. Beide warten vergeblich aufeinander. Anschließend ist die Stimmung getrübt und die Beziehung angeknackst.
- Ein Kunde ist hocherfreut über den günstigen Preis, den ihm ein Zimmermann für einen Carport macht. Der Kunde erteilt den Auftrag, und seine Freude währt so lange, bis der Dachdecker anrückt, um das Dach des Carports wetterfest zu machen, was 1500 EUR extra kostet. Damit erklärte sich der günstige Preis des Zimmermanns.

Beziehungsebene (emotionale Ebene):
In Spanien wird einem Gesprächspartner Interesse signalisiert, indem er unterbrochen wird. Würden wir das spanische Gesprächsverhalten vor dem Hintergrund der deutschen Norm („Du sollst den anderen ausreden lassen.") bewerten, liefen wir Gefahr, die spanischen Gesprächspartner für respektlos und schlecht erzogen halten und sie sogar meiden (vgl. Heringer 2004, S. 57). Umgekehrt bewertet ein Spanier seinen deutschen Gesprächspartner eventuell als desinteressiert, wenn dieser immer wartet, bis der Spanier zu Ende gesprochen hat.

Metaebene:
Ist ein Konflikt bereits entstanden und kommt es in einem Gespräch zu persönlichen Beleidigungen, haben Sie verschiedene Möglichkeiten, friedfertig zu reagieren (vgl. Berthold 1994, S. 201–209). Eine solche Reaktion besteht zum Beispiel darin, dass Sie auf die Ebene der Metakommunikation gehen und über das Gespräch reden („So kommen wir nicht weiter.") und Gesprächsregeln aushandeln.

Sich selbst treu bleiben – passive Anpassung (Ebene 4)

Was bedeutet „sich selbst treu bleiben" beziehungsweise „passive Anpassung"?

Passive Strategien

- Akteur ist nicht in der Lage, Konfliktursachen aus eigener Kraft zu beseitigen.
- Akteur kann nur verhindern, dass andere Macht auf ihn ausüben (negative Macht).
- Akteur versucht, Kosten für einen Aggressor zu erhöhen (abschrecken) – das Handeln von A setzt bei den Handlungsbedingungen von B an.

Anpassungsstrategien

- Akteur versucht, sich selbst den Anforderungen seiner Umgebung oder Umwelt anzupassen.
- Akteur versucht, Konflikte zu vermeiden.

Der zentrale Begriff dieser Strategeme ist „Authentizität". Das Wort für Authentizität setzt sich aus den griechischen Wörtern *autos* („selbst") und *ontos* („seiend") zusammen und kann somit mit „sich selbst seiend" übersetzt werden. Für die Psychologin Susan Harter bedeutet authentisch zu sein, gemäß dem wahren Selbst zu leben, gemäß der eigenen Gedanken, Emotionen, Bedürfnissen, Vorlieben und Überzeugungen zu handeln und sich dementsprechend auszudrücken (vgl. Harter 2002, S. 382). Die Sozialpsychologen Michael Kernis und Brian Goldmann unterscheiden in ihrer Definition zudem zwischen vier Dimensionen der Authentizität:

- Bewusstsein der eigenen Identität und Kenntnis der eigenen Motive, Werte, Gefühle und Bedürfnisse.
- Unvoreingenommene Verarbeitung von Informationen, die das eigene Selbst betreffen.

- Die Handlungen einer Person stimmen mit ihrem eigenen Selbst überein und werden nicht von äußeren Einflüssen bestimmt.
- Offener Austausch über die eigenen Gefühle und das Zeigen des wahren Selbst in sozialen Beziehungen (vgl. Kernis und Goldman 2006, S. 283–357).

Die meisten von uns streben nach Sicherheit und Unabhängigkeit. Wenn wir beide Ziele gleichzeitig erreichen wollen, müssen wir uns entweder selbst helfen oder zu Bündnissen zusammenschließen, um unsere Interessen durchsetzen zu können. Da wir unsere Umwelt alleine kaum verändern können, sollten wir versuchen, uns selbst so darzustellen, dass jedem potenziellen Gegner eine Aggression unrentabel erscheint.

Strategeme der passiven Anpassung

Strategem 28:	Seien Sie, wer Sie sind
Strategem 29:	Achten Sie sich selbst
Strategem 30:	Verschaffen Sie sich Klarheit über Ihre Bedürfnisse und Ziele
Strategem 31:	Sagen Sie Nein, wenn Sie Nein meinen
Strategem 32:	Stehen Sie zu Ihrem Wort
Strategem 33:	Schmücken Sie sich nicht mit fremden Federn
Strategem 34:	Bewahren Sie den Überblick: Vermeiden Sie Hektik und Hetze
Strategem 35:	Wahren Sie den Respekt vor Ihren Freunden
Strategem 36:	Begegnen Sie Herausforderungen mit einem Lächeln

Ziele, die mithilfe dieser Strategeme erreicht werden sollen

- Sich nicht zu verändern
- Sich treu zu bleiben
- Sich nicht angreifbar zu machen
- Sich unentbehrlich zu machen
- Freunde und Verbündete suchen, die uns so akzeptieren, wie wir sind

Der österreichische Wirtschaftswissenschaftler Hans H. Hinterhuber verweist auf die wichtigsten Ziele der Anwendung von Strategemen dieser Ebene, sich treu zu bleiben und sich nicht angreifbar zu machen. Sich treu bleiben, heißt in allen Situationen bei sich zu bleiben, die eigenen Werte zu verteidigen und nicht außer sich zu geraten. Außer sich ist ein Mensch, wenn er sich nicht selbst achtet, wenn er nicht weiß, was er will, wenn er sich von Aufgaben, Zielen, Umständen (zum Beispiel Hektik) oder anderen Personen immer wieder von seinem Weg abbringen lässt, Zusagen bricht oder sich provozieren lässt. Außer sich ist ein Mensch auch, wenn er sich mit fremden Federn schmückt oder seine Freunde verrät. Deshalb ist es wichtig, uns Freunde und Verbündete zu suchen, die einen so akzeptieren, wie wir sind, und uns Schutz vor den Übergriffen anderer bieten. Ein weiterer Schutz vor Übergriffen besteht darin, dass wir uns unentbehrlich machen. Primäres Ziel dieser Strategien ist es, eine Bedrohung von außen zu verhindern, die eigene Freiheit zu beschützen und das eigene Potenzial zu sichern.

Konzentrieren Sie sich auf die richtige strategische Ebene

Bei der strategischen Kommunikation kommt es darauf an, mithilfe einer realistischen Situationseinschätzung die richtige strategische Ebene zu finden und zu prüfen, welche Strategeme dieser Ebene zum Einsatz kommen. Eine fatale Fehleinschätzung bestände zum Beispiel darin, sich im Umgang mit einem psychopathischen Vorgesetzten oder Kollegen an diesen anpassen zu wollen, um auf Anerkennung (Beförderung) zu hoffen. Ein solcher Versuch muss scheitern, da das Verhalten eines Psychopathen unberechenbar ist. Die einzige Konstante ist, dass eine Person mit psychopathischen Merkmalen alles tun wird, was ihr selber nützt und nichts, was einem anderen nützt.

Beispiel für aktive Veränderung (Ebene 1)
Die Kommunikationstrainerin Vera Birkenbihl präsentiert in ihrem Buch „Pycho-logisch verhandeln" (Birkenbihl 1990, S. 100 f.) ein gutes Beispiel für die Beeinflussungsmacht der Kommunikation, die gerade auch von Untergebenen genutzt werden kann. Sie berichtet darin von dem angespannten Verhältnis zwischen einem Vorgesetzten (Werksleiter) und seiner Mitarbeiterin. Der Vorgesetzte hat die Angewohnheit, seiner Mitarbeiterin kurz vor Dienstschluss noch einen Stapel handgeschriebener Notizen auf den Schreibtisch zu legen. Während er im Werk ist, soll sie diese Notizen am nächsten Morgen zu Emails und Briefen verarbeiten. Er selbst kommt erst am Nachmittag in sein Büro. Die Mitarbeiterin kann jedoch die

Handschrift ihres Chefs häufig nicht entziffern. Es kostet sie viel Zeit und Energie, wenn sie versucht, ihn in der Fabrik zu erreichen und Rückfragen zu stellen. Ihr Vorgesetzter gibt ihr dann klar zu verstehen, dass er nicht wünscht, in seiner Arbeit unterbrochen zu werden. Zudem wirft er ihr vor, nicht selbstständig arbeiten zu können.

Wenn es gelänge, dieses Problem vernünftig zu lösen, entstände eine Win-win-Situation. Trotzdem kommt es regelmäßig zu Reibereien. Der Vorgesetzte reagiert immer genervter und die Mitarbeiterin ist entsprechend zunehmend frustrierter. Erschwerend kommt hinzu, dass der Vorgesetzte in Birkenbihls Beispiel davon ausgeht, dass alle Mitarbeiter demotiviert und nur mit der KITA-Methode („kick in the ass") zu führen seien.

Um dieses Problem zu lösen, müssen laut Birkenbihl folgende Fragen geklärt werden

1. Was sind die Ziele der Vorgesetzten?
   Er will die Arbeit schnell und zuverlässig erledigt wissen, ohne wegen „jeder Kleinigkeit" gestört zu werden.
2. Was sind die Ziele der Mitarbeiterin?
   Sie will ihre Arbeit korrekt und schnell erledigen, ohne ihren Vorgesetzten wegen „jeder Kleinigkeit" stören zu müssen.
3. Gibt es eine Gegenleistung für den Vorgesetzten, die die Mitarbeiterin ihm anbieten kann?
   Ja, aber sie sollte nicht davon ausgehen, dass er ihr Angebot akzeptiert, ehe sie sich davon überzeugt hat, dass sie die Gesamtsituation so interpretiert wie er.

Die Situation ist noch nicht komplett verfahren. Vera Birkenbihl rät der Mitarbeiterin, ihren Vorgesetzten lieber zu einem anderen Verhalten zu motivieren, anstatt ihn immer wieder mit einzelnen Fragen zu stören: „[…] jedes Mal, wenn er sie anmeckert, weil sie ihn ‚belästigt', wird sie ein wenig ‚maulen' (in seinen Augen), sprich sich rechtfertigen (in ihren Augen), indem sie auf die Unlesbarkeit seiner Schrift hinweist. […] Da er sich als Chef aber von seinen Mitarbeitern nicht kritisieren lassen wird (wo kämen wir denn da hin), steht er im psychologischen Nebel […] und nimmt die Information daher auf der Inhaltsebene (mit dem Kopf) gar nicht vollständig wahr."

Wenn die persönliche Ebene überhaupt keine Rolle spielen würde, könnte der Dialog wie folgt ablaufen:

Mitarbeiterin: Wenn Sie wollen, dass ich zuverlässig und selbstständig arbeite, dann müssen Sie deutlicher schreiben.

Vorgesetzter: „Ja, da haben Sie recht" (vgl. Birkenbihl 1990, S. 99 f.).

Diese einfache Situation wird dadurch kompliziert, dass der Konflikt auf zwei unterschiedlichen Ebenen stattfindet: der sachlichen und der persönlichen Ebene. Alle Menschen sind emotionale Wesen. Wir bewerten deshalb alle Informationen im Licht unseres Selbstwertes beziehungsweise im Licht unserer gesellschaftlichen Stellung und füllen sie entsprechend mit Sinn. Um diese Situation zu entschärfen, muss die Mitarbeiterin ihre Strategie auf die Befindlichkeit ihres Vorgesetzten hin berechnen und auf seine Befindlichkeiten eingehen. Sie möchte etwas von ihm („dass er lesbar schreibt"). Deshalb lohnt es sich, einige Zeit in die Entwicklung einer geeigneten Strategie zu investieren. Auf diese Weise kann sie anschließend viel Zeit und Energie sparen.

> **Beispiel für den Ablauf eines Motivationsgesprächs**
>
> Das Motivationsgespräch, das der Mitarbeiterin zum Erfolg verhilft, könnte sich wie folgt abspielen:
>
> *Mitarbeiterin spricht ihren Vorgesetzten zu einem Zeitpunkt an, wenn dieser sich in guter Laune befindet: „Sie sind doch daran interessiert, dass ich meine Arbeit schnell und zuverlässig erledige?"*
>
> *Vorgesetzter (verdutzt, aber nicht verärgert): „Selbstverständlich."*
>
> *Mitarbeiterin „Wenn ich ein Problem hätte, das mich bei meiner Arbeit behindert: Könnte ich Sie da um Ihre Hilfe bitten?"*
>
> *Vorgesetzter (vorsichtig): „Das käme drauf an …"*
>
> *Mitarbeiterin „Ich kann Ihre Handschrift manchmal nicht lesen. Deshalb muss ich Sie so oft stören, um Rückfragen zu stellen." (Hier geht sie auf sein Bedürfnis, nicht gestört zu werden, ein.)*
>
> *Vorgesetzter „Na, na, so schlimm ist meine Handschrift ja auch wieder nicht!" (er geht in Verteidigungsstellung. Trotzdem hat er die wesentlichen Informationen wahrgenommen!)*
>
> *Mitarbeiterin (ruhig): „Vielleicht ist es ja auch meine Schuld …" (lässt den Satz unbeendet). Der nächste Moment wird entscheiden. Geht er auf ihren Tonfall ein, dann hat sie eine Chance.*
>
> *Vorgesetzter „Na ja, ein bisschen undeutlich ist meine Schrift manchmal schon, vor allem wenn ich es eilig habe. Außerdem benutze ich viele Abkürzungen …"*

> **Mitarbeiterin** „Könnten Sie mir eventuell eine Liste der Abkürzungen geben, die Sie regelmäßig benutzen? Das würde meine Arbeit schon erheblich erleichtern und ich müsste Sie nicht mehr so häufig stören" (vgl. Birkenbihl 1990, S. 100 f.).

Diese Lösung bietet beiden Beteiligten mehrere Vorteile:

- Beide arbeiten künftig gemeinsam an dem Problem. Es ist damit nicht mehr nur ‚das ihre' ist.
- Der Vorgesetzte weiß jetzt, dass die Mitarbeiterin durchaus motiviert ist und nicht Unwilligkeit der Grund für die häufigen Rückfragen ist.
- Durch ihre Bereitschaft, sich vorsichtig voranzutasten und die ‚Schuld' auf sich zu nehmen, hat die Mitarbeiterin erfolgreich verhindert, dass ihr Vorgesetzter in den Kampfmodus abrutscht (vgl. Birkenbihl 1990, S. 101).

Beispiel für passive Veränderung (Ebene 2)

> **Fallbeispiel: Gefängnisinsel Robben Island**
>
> Der südafrikanische Germanist und Mitstreiter von Nelson Mandela, Neville Alexander (1936–2012), wurde 1963 wegen Hochverrats zu zehn Jahren Gefängnis verhaftet, die er zusammen mit Nelson Mandela auf der berüchtigten Gefängnisinsel Robben Island verbüßte. Die Häftlinge nutzten die Zeit zur eigenen Fortbildung und – so berichtet Alexander – wir lernten „von den Gefängniswärtern, die auf uns aufpassen sollten, dass wir diese Leute befreien konnten. Wir haben uns darangemacht, das Gefängnis in eine Art Universität zu verwandeln, wo alle studierten. Wir haben den Wärtern geholfen, ihre Prüfungen zu bestehen. Für mich war das ein Beispiel dafür, wie wir helfen können, die Unterdrücker zu befreien – ganz praktisch" (Richter 2006, S. 266).

Zur passiven Strategie passt, dass die Gefangenen die Konfliktursache (Apartheid) nicht unmittelbar beseitigen konnten. Es gelang ihnen aber, die Situation so zu verändern, dass die Machtausübung der Gefängniswärter dadurch neu gerahmt wurde, dass aus Wärtern Schüler und aus Insassen Dozenten wurden. Die Lehr-Lern-Situation ist eine primär kommunikative Situation. Wir erkennen eine zur Anwendung gekommene nichtzwingende Strategie: Diese besteht darin, dass die Häftlinge die Gefängniswärter darin unterstützen, ein Ziel zu erreichen (Qualifizierung), das diese auf sich selbst gestellt nicht oder mit weniger Erfolg erreicht hätten. Zur Veränderungsstrategie passt, dass die Gefängnisinsassen mit Erfolg versucht haben, ihre Umwelt vom Gefängnis in eine Schule, die sog. Mandela University, zu verwandeln. Ermöglicht wurde der Erfolg durch *Kooperation* und *Empathie*. Die Kooperation zwischen den Häftlingen und ihren Aufsehern kam durch wechselseitige Anpassung von Interessen zustande: das Interesse der Häftlinge an einer sinnvoll verbrachten Haftzeit und einer „Befreiung der Gefängniswärter" sowie das Interesse der Wärter am Bestehen ihrer Prüfungen. Die Erfolgsvoraussetzung für die gelingende Kooperation war die Empathie der Gefangenen. Hätten die Gefangenen in den Aufsehern nicht Menschen, sondern Büttel der feindlichen Staatsmacht (Apartheidregime) gesehen, wäre die Idee einer Gefängnis-Universität jenseits ihrer Vorstellungen gewesen.

Beispiel für aktive Anpassung (Ebene 3)
In ihrem Trainingsbuch für Manager, Fach- und Führungskräfte erläutern Boris Schlizio, Ute Schürings und Alexander Thomas am Beispiel des niederländischen

„Werkoverleg" (Betriebsbesprechung) die niederländische Konsenskultur und geben ausländischen Führungskräften Empfehlungen für das richtige Verhalten in solchen Situationen:

> **Fallbeispiel: Ausufernd lange Besprechungen in den Niederlanden**
>
> „Der deutsche Betriebswirt Marc Heinrich arbeitet in einer niederländischen Unternehmensberatung. Die Belegschaft trifft sich häufig zum so genannten „Werkoverleg", hier werden unter anderem die aktuellen Arbeitsabläufe besprochen. Geleitet wird die Besprechung vom Inhaber, Joris van Drongelen. Marc Heinrich bemerkt, dass die Vorschläge des Leiters nie vorbehaltlos akzeptiert werden. Stattdessen wird, wie ein Automatismus, jeder Punkt ausführlich diskutiert. Alle Anwesenden haben das Recht, ihre Meinung einzubringen. Dabei wird den Äußerungen von Praktikanten oder Aushilfskräften oft eben so viel Beachtung zuteil wie den Bemerkungen der fachkundigen Berater. Marc Heinrich findet, dass Ersteren eigentlich noch der erforderliche Gesamtüberblick fehlt. Über jeden einzelnen ihrer Kommentare wird jedoch in der Gruppe diskutiert, was aus seiner Sicht sehr zeitraubend ist. Marc Heinrich denkt, man könnte die Dinge auch kurz und bündig abhandeln, und würde sich wünschen, dass sein Chef, Joris van Drongelen, manchmal einfach einen Schlussstrich zieht und seinen eigenen Standpunkt entschiedener vertritt" (Schlizio et al. 2009, S. 73.).

Bevor Heinrich seinen Wunsch vorschnell seinem Chef mitteilt, sollte er sich um eine angemessene Deutung der Situation bemühen. Die Lösungsstrategie erfordert gute Kenntnisse der niederländischen Kultur (vgl. Schlizio et al. 2009, S. 76–78): Das Streben nach Konsens ist fest in der niederländischen Betriebskultur verankert. Daher muss Heinrich darauf achten, nicht den Eindruck zu erwecken, Diskussionen unterbinden zu wollen. Ferner muss er darauf achten, nicht zu deutlich zu zeigen, dass er einen Gesprächsbeitrag für inkompetent hält. Dies würde leicht als Arroganz aufgefasst. Auch Niederländer wissen, dass der Chef das letzte Wort hat. Aber es ist für sie ein Zeichen von Respektlosigkeit, wenn sich ihr Chef gar nicht erst mit ihren Ansichten auseinandersetzt. Deshalb haben alle zu allem eine klare Meinung und äußern diese auch. Dahinter steht die Überzeugung, dass alle Einwände von Mitarbeitern von großem praktischen Nutzen sein können.

Das in Deutschland übliche betriebliche Vorschlagwesen ist in den Niederlanden weitgehend unbekannt. Auf deutsche Gepflogenheiten zu bestehen, birgt die Gefahr, das niederländische Team zu verärgern. Stattdessen bietet es sich an, das Themenspektrum von Besprechungen von vornherein zu begrenzen. Im „Overleg" wird dann darauf geachtet, gemeinsam einen Konsens zu diesen Themen zu finden. Daher müsste Heinrich, wäre er der Chef, argumentativ auf die Belegschaft zugehen. Dies gilt auch für andere Situationen, zum Beispiel bei Preisverhandlungen. Für Niederländer sind diese erst dann zufriedenstellend verlaufen, wenn beide Parteien von ihrem ursprünglichen

Angebot abgewichen sind: „Dies ist für Deutsche wichtig zu wissen, denn dabei können die zunächst angesetzten Beträge noch beträchtlich erhöht oder eben heruntergehandelt werden. Ein guter Ratschlag ist es daher, diesen Verhandlungsspielraum zuvor mit einzuplanen – gehen Sie davon aus, dass ein Niederländer immer das Gefühl haben will, ein gutes Geschäft gemacht zu haben!" (Schlizio, Schürings und Thomas 2009, S. 79.)

Beispiel für passive Anpassung (Ebene 4)
In den meisten Organisationen weist ein Teil der Mitarbeiter (etwa 3–5 %) psychopathische Merkmale auf. Weitere 10 % der Mitarbeiter fallen in einen Graubereich mit genügend destruktiver Energie, um ihren Kollegen und Mitarbeitern Sorgen zu bereiten. Psychopathie ist eine Persönlichkeitsstörung, die sich durch folgende Merkmale äußert:

- Die psychopathische Person ist oberflächlich, egozentrisch, manipulierend (zwischenmenschliches Verhalten).
- Sie ist frei von Schuldgefühlen und Empathie. Versprechen und Verpflichtungen bedeuten ihr nichts (affektives Verhalten).
- Sie ist impulsiv, ziel- und verantwortungslos (Lebensstil).
- Sie hat ihr Verhalten schlecht unter Kontrolle und sich als Jugendlicher und Erwachsener antisozial verhalten (antisoziales Verhalten) (vgl. Hinterhuber 2013, S. 35–38).

Werden Führungskräfte und Mitarbeiter mit psychopathischen Tendenzen eingestellt, hat das negative Auswirkungen auf die Teambildung, das Informationsverhalten, die faire Behandlung der Teammitglieder und das Führen in Krisenzeiten. Fehler werden nicht eingestanden und Kritik wird nicht akzeptiert. Personen mit psychopathischen Merkmalen spielen meisterhaft verschiedene Rollen und stellen sich im eigenen Interesse perfekt auf die Vorstellungen anderer ein. Sie kommunizieren gut und reißen andere mit, wenn sie ihre persönlichen Ziele erreichen. Um Vorteile zu erschleichen oder um andere zu manipulieren, sind sie sogar extrem liebenswürdig. Und es fällt schwer, auf den ersten Blick in ihnen nicht gute Führungskräfte zu sehen. Denn sie ergreifen die Initiative, treffen Entscheidungen und zeigen Führungsstärke – allerdings nur dann, wenn es auf Kosten anderer ihren eigenen Interessen und Zielen zugutekommt. Da Psychopathen Meister der Verstellung sind, kommt es entschieden darauf an, ihr Verhalten aufmerksam zu beobachten und ihr Wertesystem zu entdecken.

Hans Hinterhuber gibt folgende Ratschläge für den Umgang mit psychopathischen Vorgesetzten, die zum großen Teil auf die Strategie der passiven Anpassung hinauslaufen (vgl. Hinterhuber 2013, S. 37 f.):

Fallbeispiel

Regeln für den Umgang mit psychopathischen Vorgesetzten

„Baue eine Reputation als guter Leistungsträger auf, erhalte sie und versuche, die Erwartungen zu übertreffen.

Halte Auftrag und Ziel schriftlich fest. Dokumentiere so viel wie möglich.

Gib dem Vorgesetzten im Rahmen des Mitarbeitergespräches deine eigene Leistungsbeurteilung – dein Self-Assessment. Je fundierter dein Self-Assessment deine Leistungen reflektiert, desto besser unterstützt die offizielle Leistungsbeurteilung deine Reputation als loyaler und fähiger Leistungsträger.

Vermeide Konfrontation.

Sei vorsichtig bei einer formalen Beschwerde. Psychopathische Führungskräfte verfügen in der Regel über gute Netzwerke im Unternehmen.

Halte deinen Lebenslauf up to date, suche nach internen Karrieremöglichkeiten und sei bereit, jederzeit neue Aufgaben zu übernehmen.

Sei bereit, das Unternehmen zu verlassen, ein neues Leben und eine neue Karriere zu beginnen" (Hinterhuber 2013, S. 37 f.).

Realistische Situationseinschätzung

Es ist überaus wichtig, eine Situation realistisch einzuschätzen und Signale, die für die eine oder die andere Interpretation sprechen, richtig zu deuten. Nehmen Sie unser Fallbeispiel für aktive Anpassung („Ausufernde Besprechungen"):

Der deutsche Betriebswirt Marc Heinrich arbeitet in einer niederländischen Unternehmensberatung und nimmt an einem „Werkoverleg" (Betriebsbesprechung) teil. Heinrich findet, die Dinge könnten kurz und bündig abgehandelt werden, es müsste nicht jeder Praktikant seine Meinung zum Besten geben, und sein Chef, Joris van Drongelen, sollte manchmal einfach einen Schlussstrich unter die Diskussion setzen und seinen eigenen Standpunkt entschiedener vertreten (vgl. Schlizio et al. 2009, S. 74–76).

Je nach Perspektive ergeben sich unterschiedliche Deutungsmöglichkeiten der beschriebenen Situation:

- Deutung a: „In niederländischen Firmen sind alle eine große Familie"
  Joris van Drongelen, der Chef, hat Angst, dass ihm die Mitarbeiter davonlaufen. So lässt er in den Sitzungen alle zu Wort kommen, um ihnen das Gefühl zu geben, zum Betrieb dazuzugehören.

  In Familienunternehmen kann es für den einzelnen Mitarbeiter zu einem Konflikt zwischen Ausscheiden aus dem Betrieb wegen geringer Bezahlung einerseits und Verbleib im Betrieb wegen des guten Arbeitsklimas andererseits kommen. In der vorliegenden Situation gibt es aber keinen Hinweis auf einen solchen Konflikt (vgl. Schlizio et al. 2009, S. 74 f.).
- Deutung b: „Ordnung ist etwas typisch Deutsches"
  Niederländische Teams wehren sich gegen strukturierte Arbeitsprozesse. Das wird als „ongezellig" (zu unlocker) und oft sogar als „Duits" (deutsch) angesehen. Daher gibt es keine klaren Abläufe in einer Besprechung.

  Deutsche Arbeitnehmer haben oft den Eindruck, dass niederländische Sitzungen zu lange dauern. Allerdings fehlen wissenschaftliche Belege dafür, dass deutsche

Sitzungen kürzer sind. In Deutschland gibt es ebenfalls nervende und ausufernde Sitzungen. Und auch Niederländer gehen bei ihren Besprechungen organisiert vor. Diese Deutung ist somit ebenfalls nicht zutreffend (vgl. Schlizio et al. 2009, S. 74 f.).

- Deutung c: „Konflikte vermeiden und Konsens anstreben"

    Niederländer wollen Dinge im Konsens gestalten und Konflikte vermeiden, weshalb sie alle Meinungen gelten lassen – unabhängig vom Status desjenigen, der sie äußert.

„In den Niederlanden ist es von großer Bedeutung, stets so lange zu verhandeln, bis ein für alle tragfähiger Entschluss vereinbart wird. Dies ist ein maßgeblicher Bestandteil der niederländischen Unternehmenskonsenskultur. Diese Konsenskultur ist kein spezifischer Faktor innerhalb hierarchischer Strukturen, zwischen Chef und Angestellten. Sie gilt sowohl vertikal als auch horizontal, das heißt zwischen Arbeitskollegen auf gleicher Stufe. Wichtig ist es, regelmäßig „in overleg te gaan" (sich mit dem anderen zu beraten). Entscheidungen sollten immer einen in der Gruppe gewachsenen Prozess widerspiegeln. Somit handelt es sich hier um die richtige Interpretation der Situation" (Schlizio et al. 2009, S. 76).

Haben Sie die Situation im Griff oder hat die Situation Sie im Griff?
Eine gute Führungskraft, schätzt ihre Situation realistisch ein, und bewahrt sich so Inspiration, Lebensfreude und Respekt der Mitarbeiter. Führungskräfte, bei denen das

Gefühl der Zeitknappheit überhandnimmt, fühlen sich gehetzt und verletzt von der Vorstellung, etwas möglicherweise nicht schaffen zu können. „Als Vorbilder übertragen sie das Lebensgefühl von Knappheit, Hinterherlaufen, Hektik und Dringlichkeit auch auf ihre Mitarbeiterinnen und Mitarbeiter" (Echter 2003, S. 66), was zu Fehlern, Misserfolgen und persönlichen Verletzungen führen kann.

Situationsklarheit mindert Kooperationsrisiken und erhöht Kooperationschancen
Je klarer eine Situation ist, umso wahrscheinlicher entstehen neue und nachhaltige Formen des Zusammenlebens und Zusammenarbeitens. Zur Klarheit der Situation gehören klare Absichten, klare Rollen, klare Beziehungen und klare Verantwortlichkeiten.

Ahnungslosigkeit und Naivität sind gefährlich
In schwierigen Situationen, in denen sich Ihr Gegenüber unlauterer Mittel bedient, um seine Ziele zu erreichen, müssen Sie aufmerksam sein. Versuchen Sie, die Tragweite von Ereignissen zu begreifen, auch wenn es sich scheinbar um Kleinigkeiten handelt. Schulen Sie sich als Beobachter und lernen Sie diejenigen Dinge zu sehen, die Ihr Gegenüber vor Ihnen verbergen will. Bewahren Sie sich einen Blick für Hinterhältigkeit und bemühen Sie sich darum, die tieferen Absichten und Dimensionen einer gegen Sie gerichteten Strategie zu erfassen.

Folgende Methoden helfen Ihnen dabei, entsprechende Muster zu erkennen:

- Dinge auflisten (zum Beispiel beschreiben, in eine Reihenfolge bringen, Merkmale identifizieren, veranschaulichen, Dinge wiedererkennen)
- Dinge vergleichen (zum Beispiel indem wir Merkmale einer Person oder Sache mit Merkmalen einer anderen Person oder Sache in Beziehung setzen; indem wir Ähnlichkeiten oder Unterschiede hervorheben)
- auf Probleme reagieren (zum Beispiel wie wir Probleme ansprechen, wie wir Themen, Fragen oder Dilemmata angehen)
- Kausalannahmen machen (zum Beispiel indem wir Folgen mit Ursachen verbinden)
(vgl. Woodruff 2011).

Die größte Gefahr einer Fehleinschätzung von Situationen besteht darin, dass der Beurteilende von sich selbst ausgeht und deshalb übersieht, dass erst die Art und Weise, wie die Beteiligten selbst die Situation einschätzen, eine Situationsbeschreibung komplett macht. Deswegen spielen Respekt und Aufmerksamkeit in der Kommunikation so eine große Rolle.

Literatur

Arendt, H. (1970). *Macht und Gewalt*. München: Piper.
Berthold, S. (1994). Friedfertige Reaktionen auf Beleidigungen in Gesprächen. In E. Bartsch (Hrsg.), *Sprechen, Führen, Kooperieren in Betrieb und Verwaltung* (S. 201–209). München: Reinhardt.
Birkenbihl, V. F. (1990). *Psycho-logisch verhandeln* (6. Aufl.). München: mvg.

Clausewitz, C. v. (2008). *Vom Kriege.* Hamburg: Nikol.
Deutsch, K. (1968). *Analyse internationaler Beziehungen, Konzeptionen und Probleme der Friedensforschung.* Frankfurt a. M.: Europäische Verlagsanstalt.
Duden. (2014). Führung. Duden. http://www.duden.de/rechtschreibung/Fuehrung. Zugegriffen: 3. Dez. 2016.
Echter, D. (2003). *Rituale im Management.* München: Vahlen.
Fix, U. (2017). Religion als Ressource in säkularisierten Gesellschaften. In A. Lasch & W.-A. Liebert (Hrsg.), *Handbuch Sprache und Religion.* Berlin: De Gruyter.
Goldmann, K. (1978). *Det internationella systemet: En teori och dess begränsningar.* Stockholm: Aldus.
Harter, S. (2002). Authenticity. In C. Snyder & S. J. Lopez (Hrsg.), *Handbook of positive psychology* (S. 382). New York: Oxford University Press.
Heringer, H.-J. (2004). *Interkulturelle Kommunikation.* Tübingen: UTB.
Hinterhuber, H. H. (2013). *Führung mit strategischer Teilhabe.* Berlin: Schmidt.
Kernis, M. H., & Goldman, B. M. (2006). A multicomponent conceptualization of authenticity. Theory and research. In J. M. Olson & M. P. Zanna (Hrsg.), *Advances in experimental social psychology* (S. 283–357). New York: Academic.
Machiavelli, N. (2007). *Der Fürst. Die Kunst des Regierens.* Frankfurt a. M.: Insel. (Erstveröffentlichung 1516, Deutsch von Friedrich Oppeln-Bronikowski).
Meyers, R. (1979). *Weltpolitik in Grundbegriffen: Bd 1. Ein Lehr- und ideengeschichtlicher Grundriss.* Düsseldorf: Droste.
Milner, H. (1992). International theories of co-operation among nations. Strengths and weaknesses. *World Politics, 44,* 466–496.

Pastoors, S. (2005). *Anpassung um jeden Preis: Die europapolitischen Strategien der Niederlande in den Neunziger Jahren.* Münster: Waxmann.

Richter, H. E. (2006). *Die Krise der Männlichkeit in der unerwachsenen Gesellschaft.* Gießen: Psychosozial-Verlag.

Rosenstiel, L. v. (1991). Grundlagen der Führung. In L. v Rosenstiel, E. Regnet, & M. Domsch (Hrsg.), *Führung von Mitarbeitern. Handbuch für erfolgreiches Personalmanagement* (S. 3–24). Stuttgart: Schäffer Pöschel.

Schlizio, B., Schürings, U., & Thomas, A. (2009). *Beruflich in den Niederlanden. Trainingsprogramm für Manager, Fach- und Führungskräfte.* Göttingen: Vandenhoek & Ruprecht.

Schröder, P. (2000). *Politische Strategien.* Baden-Baden: Nomos.

Senger, H. v. (2004). *36 Strategeme für Manager* (3. Aufl.). München: Hanser.

Sjöstedt, G. (1979). Power base: From definition to measurement. In K. Goldmann & G. Sjöstedt (Hrsg.), *Power, capabilities, interdependence* (S. 37–62). London: Sage.

Weber, M. (1972). *Wirtschaft und Gesellschaft.* Tübingen: Mohr Siebeck.

Woodruff, P. (2011). *The Ajax Dilemma: Justice, Fairness, and Rewards.* Oxford: Oxford University Press.

Zimbardo, P. G. (1995). *Psychologie.* Berlin: Springer.

Teil II

Die Strategeme: Wie Sie selber an sich arbeiten können

Teil II

Andere Führen

Strategem 1: Seien Sie aufmerksam

》 In Kontakt bleiben

> „Die meisten Menschen geben zu, dass sie zeitweise nur halb da sind, tagträumen, ‚den Faden verlieren' oder in Gedanken anderswo sind als in der gegenwärtigen Situation. Man sagt auch über andere: ‚Er schweift ab', ‚Er bleibt nicht bei der Sache', oder allgemeiner: ‚Kontakt ist nicht seine Stärke.'

> Um in Kontakt zu sein, bedarf es keiner andauernden Haltung stieläugiger Wachsamkeit. [...] Bei manchen Gelegenheiten ist es angemessen abzuschalten, zu dösen oder sich einem animalischen Wohlgefühl zu überlassen. Dass nur so wenig Menschen das richtig können, ist ein Fluch unserer Zeit – eine Folge unserer ‚unerledigten Geschäfte' – [...]" (Quelle: Perls, Hefferlin und Goodman (1951, S. 56)).

Aufmerksamkeit und Präsenz sind somit wichtige Grundlagen für einen respektvollen Umgang miteinander (vgl. Musil 2003, S. 19). Wer in Gedanken noch beim gestrigen Abend weilt oder schon überlegt, wie er gleich am besten die Bahn erreichen kann, ist nur halb bei der Sache. Wer sich während eines Gespräches zusätzlich mit seinem Mobiltelefon oder seinem Terminkalender beschäftigt, signalisiert außerdem, dass ihn sein Gegenüber und das Gesagte nicht wirklich interessieren.

Voraussetzung für eine erfolgreiche Kommunikation ist es, seinem Gegenüber die volle Aufmerksamkeit zu schenken. Hören Sie dem anderen aufmerksam zu und konzentrieren Sie sich dabei voll und ganz auf das Gespräch mit ihm. Wenn einem diese Aufmerksamkeit nicht gewidmet wird, kann das auch in relativ unwichtigen Alltagssituationen zu Verstimmungen führen. Unterhält sich ein Verkäufer zum Beispiel mit Bekannten und lässt andere Kunden in der Schlange warten, empfinden diese das meist als unhöflich. Wenn Sie anderen die ihnen gebührende Aufmerksamkeit zukommen lassen wollen, müssen Sie in der Situation vollkommen anwesend sein.

Präsent zu sein, ist eine Kunst. Sie konzentrieren sich dabei komplett auf den Moment und die Person, mit der Sie sich in diesem Moment befassen. Hören Sie Ihrem Gegenüber aufmerksam zu, ohne ihn zu unterbrechen oder das Gesagte in Gedanken zu bewerten oder zu interpretieren.

So können Sie das Strategem für Ihre Ziele nutzen

Achten Sie auf Ihre Körpersprache

Jemand, der anderen seine Aufmerksamkeit signalisiert, vermittelt ihnen Respekt und erhöht so seinen eigenen Status. In der Körpersprache gibt es hierfür verschiedene Mittel: Ein anerkennendes Nicken, Lächeln, eine zugewandte Körperhaltung oder eine offene Körperhaltung. Damit können Sie gut spielen. Sagt Ihr Gegenüber etwas, was Ihnen gut gefällt, können Sie das mit einem Lächeln und Nicken betonen und Ihren Körper ein wenig mehr zu ihm oder ihr drehen. Umgekehrt können Sie leicht die Stirn kräuseln, sich distanzierend nach hinten lehnen und Ihren Körper etwas wegdrehen. Auch ein regelmäßiger

Blickkontakt ist wichtig. Er signalisiert Ihrem Gegenüber Selbstvertrauen, Aufmerksamkeit und Anerkennung. Außerdem hilft er Ihnen, Gefühle zu vermitteln und den anderen besser einzuschätzen.

Seien Sie präsent
Konzentrieren Sie sich immer auf die jeweilige Situation und Ihr Gegenüber. Wer darauf achtet, mental präsent zu sein, und sich weder gelangweilt noch gleichgültig gibt, macht aus Sicht der Wissenschaftler Perls, Hefferlin und Goodman einen wichtigen Schritt in die richtige Richtung. Dazu gehört es auch, in der Gegenwart zu bleiben und sich nicht in Tagträumen zu verlieren oder die Gedanken abschweifen zu lassen. Wenn Sie sich permanent in eine ‚alternative Realität' flüchten, verlieren Sie langfristig den Kontakt zur Realität und damit den Kontakt zu und das Einfühlungsvermögen für die Menschen, mit denen Sie täglich zu tun haben (vgl. Perls et al. 1951, S. 56). Es lohnt sich, auch bei flüchtigen Begegnungen dem Gegenüber die volle Aufmerksamkeit zu widmen.

Wenn Sie Ihrem Gegenüber Ihre volle Aufmerksamkeit schenken, werden Sie aufgrund Ihres Auftretens von anderen als verstärkt präsent empfunden, und dieser Eindruck ist von großer sozialer Bedeutung. Konzentrieren Sie sich deshalb auf den Moment. Seien Sie präsent! Dies bringt Ihnen nicht nur Vorteile im Umgang mit anderen Menschen, sondern auch ein besseres Verständnis für Sie selbst. Es geht darum, im Hier und Jetzt zu leben. Die Vergangenheit ist Geschichte, die Zukunft Geheimnis. Der wichtigste Augenblick ist immer der gegenwärtige.

Hören Sie aufmerksam zu

Gute Kommunikation hat zwei Seiten: reden und zuhören. Damit alle Beteiligten mit der Kommunikation beziehungsweise mit der Beziehung zufrieden sind, müssen diese beiden Seiten im Gleichgewicht bleiben. Es muss ein Gleichgewicht bestehen zwischen dem, was Sie in einer Beziehung geben, und dem, was Sie bekommen. Im Normalfall streben alle Beteiligten danach, dieses Gleichgewicht zu stabilisieren. Wer etwas bekommen hat, der fühlt sich in der Regel auch dazu verpflichtet, etwas zurückzugeben. Dies gilt auch für die Aufmerksamkeit, die uns andere widmen. Je komplexer eine Situation ist, desto entscheidender ist es für den Verlauf der Kommunikation, zu überprüfen, ob Sie die Botschaft des anderen richtig verstanden haben (und umgekehrt). Hören Sie dem anderen in solchen Situationen möglichst genau zu, um mögliche Missverständnisse zu verhindern.

Das Risiko, dass während einer Kommunikation Störungen auftreten, hängt von einer Reihe unterschiedlicher Faktoren ab: Wie komplex ist ein Thema? Welche Gefühle löst ein Thema aus? Welche Relevanz hat das Thema für die Betroffenen? Je stärker diese Faktoren ausgebildet sind, desto größer ist die Wahrscheinlichkeit, dass Störungen auftreten. Um Störungen zu vermeiden, sollten die Beteiligten deshalb gemeinsam überprüfen, was sie gehört, gesagt und verstanden haben (vgl. Cohen et al. 1996, S. 326 f).

Die Fähigkeit des Zuhörens beinhaltet jedoch weit mehr, als zu kontrollieren, ob Sie alle Informationen korrekt verstanden haben. Ein guter Zuhörer reagiert gleichermaßen auf die ausgedrückten Gefühle wie auf die Sachinformationen (vgl. Cohen et al. 1996, S. 327).

Gefühle zu akzeptieren und nicht zu verurteilen, baut Spannungen ab und verhindert, dass sich kleinere Kommunikationsstörungen zu großen Problemen aufstauen. Ein guter Zuhörer zu sein, ist nicht immer leicht, aber erlernbar. Der Psychotherapeut Richard Cohen nennt eine Reihe von Maßnahmen, die Gesprächspartner ergreifen können, um die Aufmerksamkeit beider Seiten fördern zu können:

Wie Sie die Aufmerksamkeit beider Seiten fördern können

Worauf Sie achten sollten:

- Achten Sie auf eine angenehme Gesprächsatmosphäre.
- Zeigen Sie, dass Sie einander akzeptieren und verstehen (z. B. durch Kopfnicken).
- Nehmen Sie eigene und fremde Gefühle bewusst wahr.
- Überprüfen Sie, ob Sie einander richtig verstanden haben.
- Stellen Sie offene Fragen und keine Ja-Nein-Fragen.
- Achten Sie auf Mimik, Gestik und andere nichtsprachliche Signale Ihres Gegenübers.

Was Sie dagegen vermeiden sollten:

- Geben Sie keine ungebetenen Ratschläge oder vorschnelle Zusicherungen.
- Versuchen Sie nicht, die Probleme der anderen zu lösen.
- Vermeiden Sie es, den anderen von seinem Standpunkt abzubringen.
- Werden Sie nicht aggressiv, wenn Ihr Gegenüber aggressiv wird.
- Beurteilen Sie nicht das Verhalten des anderen.
- Versuchen Sie nicht, das Verhalten zu erklären oder gar zu bedauern (vgl. Cohen et al. 1996, S. 326).

Wer anderen aufmerksam zuhört und ihnen seine ungeteilte Aufmerksamkeit zukommen lässt, erntet dafür große Anerkennung. So stellt beispielsweise das Talent einer Führungskraft, den Mitarbeitern zuzuhören und sie so dazu zu bewegen, ihre Meinungen und Wünsche mitzuteilen, für ein Unternehmen einen unschätzbaren Wert dar.

Strategem 2: Denken Sie positiv

》 „Ein Optimist ist ein Mensch, der die Dinge nicht so tragisch nimmt, wie sie sind" (Quelle: Karl Valentin, zitiert nach: Schächtele (2009, S. 161)).

Optimismus ist somit eine positive Grundhaltung zum Leben, zur Welt und zu den eigenen Möglichkeiten. Ein Optimist bejaht das Leben und wird aktiv, um das Beste daraus zu machen (vgl. Kluge 1999, S. 11). Durch Optimismus können Sie Menschen ohne Druck zum Handeln und zur Zusammenarbeit motivieren, geschäftlich wie privat. Darum hängt Optimismus so eng mit Respekt zusammen: Ihre Grundeinstellung gegenüber dem Leben beeinflusst Ihr Verhältnis zu anderen Menschen.

Sowohl im Beruf als auch im Privatleben nützt es Ihnen nichts zu jammern. Ergreifen Sie stattdessen die Initiative und versuchen Sie, das Problem selbst zu lösen.

Das Gleiche gilt für die Zusammenarbeit mit anderen. Ermutigen Sie Ihre Mitmenschen dazu, Probleme aktiv anzugehen, anstatt immer nur auf mögliche Gefahren hinzuweisen.

Optimismus treibt unser Handeln voran. Er erzeugt Handlungs- beziehungsweise Kooperationsbereitschaft: „Wo eine Vielzahl von Menschen zusammenwirken sollen, um etwas zu schaffen, müssen Persönlichkeiten, die etwas bewegen wollen, einen Vorgriff auf die Zukunft vornehmen und diese als erstrebenswert und positiv darstellen, wobei diese Zukunft jedoch nur eintreten wird, wenn möglichst viele daran glauben und entsprechend handeln" (Münch 1995, S. 89).

> „Es ist töricht, sich im Kummer die Haare zu raufen, denn noch niemals ist Kahlköpfigkeit ein Mittel gegen Probleme gewesen" (Quelle: Mark Twain (1835–1910)).

So können Sie das Strategem für Ihre Ziele nutzen

Zeigen Sie anderen Alternativen auf

Nein-Aussagen wirken demotivierend. Oft erreichen Sie damit genau das Gegenteil von dem, was Sie wollen. Wie oft haben Sie schon Dinge gehört oder gesagt wie: „Das schaffst du nicht." oder „Lernst Du es denn nie?". Mit solchen Formulierungen sabotieren Sie sich selbst und andere. Sie wollen ja, dass Ihr Partner sich ändert oder dass Sie die Prüfung bestehen. Verzichten Sie daher auf solche Aussagen.

Strategem 2: Denken Sie positiv

Veränderungen lassen sich leicht durch Negativ-Aussagen blockieren. Sie zeigen keine Alternativen auf und liefern somit keine Anreize, unser Verhalten zu ändern. Sprechen Sie nicht nur über das, was Sie nicht wollen, wenn Sie möchten, dass jemand sein Verhalten ändert. Ein Nein oder ein Nicht versteht das Gehirn jedoch nicht, weil es in Bildern denkt. Wenn Sie jemand auffordert, nicht an grüne Tomaten zu denken, konstruiert Ihr Gehirn genau das falsche Bild: grüne Tomaten. Zeigen Sie Ihrem Gegenüber Alternativen auf, wenn Sie möchten, dass es etwas unterlässt:

- „Überlege dir, was du ändern kannst" statt „Hör endlich auf zu jammern."
- „Konzentriere dich auf die Straße" statt „Pass auf, dass du keinen Unfall baust."
- „Genieße das Essen" statt „Verschluck' dich nicht."

Solche Formulierungen sind psychologisch geschickt – nicht nur bei Kindern. Auch bei Erwachsenen erreichen Sie mehr, wenn Sie positiv formulieren. Das Wort „nicht" ist als solches unbeliebt und wird mit den vielen Verboten aus unserer Kindheit assoziiert. Zuhörer und Leser wollen erfahren, was ist, und nicht, was nicht ist. Je besser Sie dieses Bedürfnis erfüllen, desto mehr wird Ihr Wort geschätzt. Das gilt auch für das Berufsleben. Ihre Kunden reagieren verärgert, wenn sie von Ihnen zu hören bekommen:

- „Das kann ich Ihnen nicht sagen."
- „Da bin ich nicht der richtige Ansprechpartner."

- „Frau Müller ist jetzt nicht zu sprechen."
- „Da kann ich Ihnen nichts versprechen."

Die Kunden werden mehr Verständnis haben, wenn Sie Ihnen direkt Alternativen aufzeigen. Sagen Sie deshalb besser:

- „Da muss ich mich kurz erkundigen. Darf ich Sie zurückrufen?"
- „Dafür ist Frau Busch zuständig. Ich stelle Sie zu meiner Kollegin durch."
- „Frau Müller ist ab 15 Uhr wieder zu erreichen. Soll ich ihr etwas ausrichten?"
- „Das ist möglich, sobald das neue EDV-Programm fertig ist. Wann das sein wird, hängt davon ab, wie schnell die EDV-Firma die Programmierung abschließt. Ich halte Sie gerne auf dem Laufenden."

Schauen Sie auf das Positive

Sie sehen das, was Sie sehen wollen. Probieren Sie es aus und achten Sie einmal unvoreingenommen auf alles Gute, das Ihnen im Alltag begegnet – wahrscheinlich wird es mehr sein, als Sie erwartet haben. Vielleicht lässt Sie jemand an der Kasse vor, oder der Ausblick aus dem Fenster ist besonders schön. Dies ist eine gute Übung, falls Sie unter Schlafstörungen leiden. Versuchen Sie einmal, sich all die schönen Momente und Ereignisse des letzten Tages in Erinnerung zu rufen, anstatt die ganze Zeit in Gedanken Probleme zu wälzen. Viele von Ihnen werden sich am nächsten Morgen wundern, wie tief und fest sie anschließend geschlafen haben. Schenken Sie den guten Seiten des Lebens Ihre Aufmerksamkeit und belasten Sie sich nicht mehr als nötig mit den schlechten (vgl. Kluge 1999, S. 51). Das bedeutet nicht, dass Sie negative Gefühle unterdrücken sollen – im Gegenteil: Wut, Trauer, Angst und ähnliche Emotionen gehören zum Leben und verlangen nach Ausdruck. Gefühle zu unterdrücken, kann uns krank oder aggressiv machen. Der Ausdruck von Gefühlen erfüllt eine wichtige Selbstheilungsfunktion, sowohl für Individuen als auch für ganze Gesellschaften (vgl. Kluge 1999, S. 183).

Indem wir echte Gefühle zulassen, können wir uns vor falschen Gefühlen und unnötigen Sorgen schützen. Echte Gefühle verlangen nach Ausdruck. Anders ist dies bei falschen Gefühlen, die wir uns selbst einreden. Denken wir beispielsweise an die eingebildeten Sorgen. Fragen Sie sich, ob der Gegenstand Ihrer Sorge tatsächlich so ernst ist, oder ob Sie sich vielleicht nur nach Aufmerksamkeit oder beschwichtigender Zuwendung sehnen. Manchmal steigern Sie sich vielleicht, ohne es zu merken, in übertriebene Sorgen hinein, die Sie nur lähmen und blockieren. Machen Sie rechtzeitig den Realitätscheck. Fragen Sie sich, ob Ihre Sorgen wirklich berechtigt sind und – wenn ja –, inwieweit Sie darauf Einfluss nehmen können, die Situation zu verbessern (vgl. Kluge 1999, S. 124).

Zu einem positiven Fokus gehört Nachsicht gegenüber den eigenen Fehlern und den Fehlern anderer. Vergeben Sie sich und anderen. Jeder Mensch hat Schwächen. Solange Sie anderen oder sich selber keinen Schaden zufügen, müssen Sie sich nicht unnötig damit aufhalten. Wenn Sie sich oder anderen kleine Schwächen oder Fehler ständig zum Vorwurf machen, erhalten diese dadurch ein viel größeres Gewicht und werden so zu einer ernsthaften Belastung (vgl. Kluge 1999, S. 185).

Seien Sie offen für Neues
Im Leben läuft nicht alles nach Plan. Oft müssen Sie größere oder kleinere Hindernisse überwinden. Mit einer optimistischen Haltung sind diese Hindernisse leichter zu nehmen, denn Optimisten nehmen die Herausforderungen des Lebens sportlich. Für sie stellt jede Krise eine Chance zur Veränderung dar. (Innere) Krisen zeigen, dass sich etwas Neues anbahnt und dass Sie einen neuen Entwicklungsschritt machen oder bald machen werden. Solche Krisen sind gerade am Anfang mit vielen unangenehmen Gefühlen verbunden. Wenn Sie diese zu nutzen wissen, können Sie gestärkt daraus hervorgehen. Bleiben Sie neugierig und probieren Sie ab und zu etwas Neues aus. Es lohnt sich nicht, sich übermäßige Sorgen über die Zukunft zu machen – Sie können die Zukunft nicht vorhersehen, also quälen Sie sich nicht mit unnötigen Bedenken herum. Konzentrieren Sie sich lieber auf die Gegenwart und öffnen Sie sich für neue Lösungsansätze. In der Regel führt nicht nur eine einzige Lösung zum Ziel. Nehmen Sie die Dinge mit Humor, denn Humor öffnet Situationen und relativiert erstarrte Sichtweisen. Die Sehnsucht, möglichst schnell eine passende Lösung zu finden, ist verständlich. Viele halten sie für ein Zeichen von Führungsstärke, was aber nicht stimmt. Diese Gewohnheit verführt schnell dazu, sich auf einen einzigen Lösungsweg zu versteifen – der eventuell ins Nichts führt oder das Problem sogar verstärkt. Es ist deshalb ratsam, über möglichst viele Lösungsansätze nachzudenken.

> „Für jedes Problem gibt es eine Lösung, die einfach, klar und falsch ist" (Henry Louis Mencken, amerik. Schriftsteller (1880–1956)).

Öffnen Sie sich den Chancen, die Ihnen das Leben zu bieten hat. Oft sind es gerade die angenehmen oder weniger angenehmen Überraschungen, die uns über uns selbst hinauswachsen lassen. Nehmen Sie diese Überraschungen an. Finden Sie heraus, was in Ihnen steckt und brechen Sie ab und zu aus dem gewohnten Trott aus (vgl. Kluge 1999, S. 203).

Leben Sie Ihre Träume
Wer einen großen Traum hat und sich hohe Ziele setzt, trifft in seinem Umfeld oft auf skeptische Reaktionen. Lassen Sie sich dadurch nicht bremsen (vgl. Kluge 1999, S. 44.). Stehen Sie zu Ihren Wünschen, setzen Sie sich realistische Zwischenziele und bewegen Sie sich dann Schritt für Schritt auf Ihr großes Ziel zu. Auch wenn es am Anfang sehr hochgegriffen erscheint: Bedenken Sie, auch die längste Reise fängt mit dem ersten Schritt an. Das gilt für jede Art von Reise – für die wörtliche wie für die sprichwörtliche. Mit einer optimistischen Einstellung überwinden Sie die Angst vor dem Unbekannten. Geben Sie nicht auf, wenn Sie nur langsam vorankommen, Rückschritte machen oder hinfallen. Der wichtigste Schritt ist immer der erste: Das gilt auch bei Streit und Missverständnissen. Wenn keiner bereit ist, den ersten Schritt zu machen, werden Sie sich nur gegenseitig blockieren (vgl. Kluge 1999, S. 129).

Wenn Sie optimistisch ans Werk gehen, werden Sie Ihre Ziele eher erreichen. Wenn Sie an die Erfüllung Ihrer Wünsche glauben, sind Sie eher dazu bereit, viel zu leisten, als wenn Sie von Anfang daran zweifeln, dass Sie Ihr Ziel tatsächlich erreichen werden.

Strategem 3: Gehen Sie mit gutem Beispiel voran

» „Als ich jung und frei war und mein Vorstellungsvermögen keine Grenzen hatte, träumte ich davon, die Welt zu verändern. Als ich älter und weiser wurde, entdeckte ich, dass sich die Welt nicht ändern würde. Also schränkte ich mich ein und beschloss, nur mein Land zu verändern. Aber auch das schien nicht möglich. Als ich dann in meinen Lebensabend eintrat, versuchte ich in einem letzten verzweifelten Versuch, nur meine Familie zu verändern, jene die mir am nächsten standen. Doch auch sie ließen es nicht zu. Jetzt, da ich auf dem Sterbebett liege,

> wird mir klar: Wenn ich mich zuerst selbst geändert hätte, dann hätte ich durch mein Beispiel meine Familie geändert. Durch ihre Ermutigung wäre ich in der Lage gewesen, mein Land zu verbessern und vielleicht hätte ich sogar die Welt verändert" (Quelle: Inschrift auf dem Grabstein eines anglikanischen Bischofs in der Krypta der Westminster Abtei, zitiert nach: Nöllke (2002, S. 48)).

Viele von uns versuchen, die Menschen in ihrem Umfeld zu verändern. Nicht nur in der Beziehung, sondern auch im Arbeitsalltag ist dies keine Seltenheit: So wünscht sich der Chef von seinen Mitarbeitern mehr Einsatz und die Kollegen verlangen von Ihnen, dass Sie sich ihren Vorstellungen anpassen. Niemand lässt sich jedoch gerne ändern.

Gehen Sie deshalb mit gutem Beispiel voran und vermitteln Sie anderen den Sinn Ihres Tuns, wenn Sie möchten, dass Ihre Mitmenschen sich ändern. Auf diese Weise gelingt es Ihnen, andere zu inspirieren. Wer die Werte, die er von seinen Mitmenschen erwartet, vorlebt, motiviert sie auf diese Weise, sich ebenso zu verhalten. Leben Sie anderen Ihre Werte vor. Sie geben ihnen auf diese Weise ein Beispiel von etwas, was sonst zu abstrakt ist, um es zu begreifen.

So können Sie das Strategem für Ihre Ziele nutzen

Seien Sie ein gutes Vorbild

> **Vorbildfunktion von Vorgesetzten**
>
> „Alle Studien und Untersuchungen – ganz gleich ob sie sich auf Wirtschafts- oder Industrieunternehmen beziehen, ob auf Handel oder Verwaltungen – kommen in einem Punkt zum immer gleichen Ergebnis: die Vorbildfunktion der Vorgesetzten reicht ungeheuer weit. So färben nicht nur simple Gepflogenheiten von Chefs ab, auch deren psychische Grundverfassung macht in dem Unternehmen ‚Schule'. So wird sich der Optimismus des/der Chefs/Chefin ebenso durch das ganze Unternehmen beziehungsweise die ganze Abteilung fortsetzen wie auch eine etwaige Übellaunigkeit für die ganze Umgebung prägend wirkt. Und so erstaunt es dann auch nicht, dass sich auch die Manieren und der Umgangston von Vorgesetzten ganz selbstverständlich als prägendes Vorbild auswirken. Niemals wird ein Chef höfliche Mitarbeiter erwarten dürfen, wenn er selbst nicht zu jeder Mitarbeiterin und zu jedem Mitarbeiter höflich ist" (Quelle: Wrede-Grischkat (2001, S. 74 f.)).

Führungskräfte haben somit eine doppelte Vorbildfunktion. Sie müssen sich bei der Erfüllung ihrer Aufgaben sowohl in der Sache als auch als Mensch vorbildlich verhalten. Wie sie dies tun, bleibt ihnen überlassen. Denn es gibt nachweislich nicht den einen besten Führungsstil. Daraus folgt zwangsläufig, dass Führungskräfte über eine Palette verschiedener Führungsstile verfügen sollten, die sie situativ angemessen einsetzen.

Egal, welcher Führungsstil einer Führungskraft am ehesten liegt, es ist wichtig, dass sie sich durch Respekt für die Mitarbeiter auszeichnet. Ein Klima des gegenseitigen Respekts wirkt sich auf alle Firmenangehörigen motivierend aus. Wer sich als Mitarbeiter geachtet fühlt, identifiziert sich mit dem Unternehmen und hat mehr Freude an der Arbeit. Nur diejenigen Mitarbeiter, die selbst ernst genommen werden, nehmen ihre Kunden ernst. So bewirkt ein höflicher Umgangsstil maßgeblich den Erfolg und das Image eines Unternehmens.

Warum diese Strategie so gut funktioniert, hat zwei Gründe. Erstens lassen Sie anderen ihre Entscheidungsfreiheit und respektieren ihre Kompetenz und Persönlichkeit. Niemand bekommt gerne ein anderes Verhalten aufgezwungen. Zweitens gewinnen Menschen, die mit gutem Beispiel vorangehen, an Glaubwürdigkeit. Ihre „Practice-what-you-preach"-Vorgehensweise beweist Ihren Mitmenschen, dass Sie in Ihrem Sprechen und Handeln konsequent sind und dass Sie Ihren eigenen Ansprüchen entsprechen.

Seien Sie zu sich selbst so streng wie zu anderen
Wer von anderen Leistung einfordert, die er selbst nicht erbringen kann, fordert schnell deren Unmut heraus. Die meisten Menschen überprüfen ständig – bewusst oder unbewusst –, ob es dabei gerecht zugeht. Wenn Sie von Ihren Mitmenschen ein schnelleres Tempo verlangen und selbst die Zeit verschwenden, empfinden Ihre Mitmenschen Ihre Forderungen als ungerecht und Sie selbst werden unglaubwürdig.

Wer seine eigenen Regeln befolgt, gewinnt an natürlicher Autorität. Wer hingegen von anderen erwartet, dass sie seine Regeln befolgen, ohne dass er sich selber daran hält, kann nicht erwarten, dass andere seine Forderungen langfristig ernst nehmen. Besonders problematisch ist in diesem Kontext der Hinweis „Ich bin doch auch nur ein Mensch", während Sie gleichzeitig von anderen erwarten, wie eine Maschine zu funktionieren. Das ist nicht nur inkonsequent, sondern zeigt auch einen großen Mangel an Respekt. Außerdem nehmen Sie durch Ihre Aussage unbewusst eine Wertung vor: Sie stellen Ihre Interessen und Gefühle über die Ihrer Mitmenschen. Durch den Anspruch, dass diese wie eine Maschine zu funktionieren haben, werden sie im wahrsten Sinne des Wortes ihrer Menschlichkeit beraubt. Gehen Sie als Führungskraft, Elternteil oder Politiker nicht mit gutem Beispiel voran, wirkt dies auf die Betroffenen schnell demoralisierend.

Strategem 4: Behandeln Sie alle mit dem gleichen Respekt

» „Im täglichen Leben lautet der wichtigste Rat für Führungskräfte, nicht Bauern wie Bauern zu behandeln, oder Prinzen wie Prinzen, sondern alle Menschen wie Menschen" (Quelle: James McGregor Burns (1918–2014), zitiert nach: Cohen (2013, S. 40)).

Andere respektvoll zu behandeln, beinhaltet folglich auch, alle mit dem gleichen Respekt zu behandeln. Gleicher Respekt bedeutet, dass für alle die gleichen Maßstäbe und Regeln gelten. Dies beinhaltet sowohl Chancengleichheit als auch Fairness gegenüber Rivalen oder im Angesicht einer Niederlage. Gleicher Respekt heißt, das Verhalten gegenüber einer Person nicht von ihrer Position abhängig zu machen.

Achten Sie darauf, dass Sie alle Beteiligten gleich behandeln, egal ob in alltäglichen Interaktionen, im Unternehmen oder in der Politik. Achten Sie bei Gesprächen und Vorträgen darauf, niemanden zu bevorzugen und allen die gleiche Aufmerksamkeit zukommen zu lassen (vgl. Lorenzoni und Bernhard 2001, S. 117). Überprüfen Sie, ob Sie mit zweierlei Maß messen oder manche Menschen auf Kosten anderer favorisieren. Gerade am Arbeitsplatz ist die Gefahr groß, dass die Position einer Person deren Verhalten oder die Behandlung durch andere rechtfertigt: Wer oben in der Hierarchie ist, „darf" seinen Frust an Mitarbeitern unter sich auslassen, wer sich weiter unten befindet, muss dieses Verhalten schlucken. Ein guter Chef zeichnet sich dadurch aus, dass er seine Mitarbeiter nicht nur fair behandelt, sondern auch ein Auge für die unterschiedlichen Talente hat (vgl. Goleman 2000, S. 16). Dazu gehört es, sich nicht von individuellen Macken ablenken zu lassen, wenn die Person ansonsten kompetent ist (vgl. Barnes 2005, S. 120, 136).

Ein Politiker, der durch gleiche Behandlung äußerst erfolgreich wurde, war Kennedy: Er wusste, dass er keine Stimme als selbstverständlich betrachten konnte und bemühte sich aktiv um jeden Wähler – und ganz besonders um Wähler, die sonst wenig Beachtung von Politikern erfuhren, wie zum Beispiel Frauen und Schwarze (vgl. Barnes 2005, S. 9).

So können Sie das Strategem für Ihre Ziele nutzen

Die Folgen mangelnder Gleichbehandlung

Wenn Personen nicht mit dem gleichen Respekt behandelt werden, zieht das unweigerlich negative soziale, psychische und sogar gesundheitliche Konsequenzen nach sich. Es bringt wenig, am Arbeitsplatz Konkurrenzsituationen zu kreieren, um Mitarbeiter zu motivieren. Denn wenn Kollegen gegeneinander arbeiten, führt das zu schlechteren Leistungen. Werden einem Kollegen Sonderrechte oder Privilegien zu Teil, weckt das Neid und Missgunst der anderen und zerstört so eine produktive Arbeitsatmosphäre (vgl. Glass 2005, S.176–181).

Bevorzugung und Ungerechtigkeit erzeugen Ressentiments, egal ob sie sich am Arbeitsplatz, in der Familie, Schule oder irgendwo anders ereignen, und egal ob sie sich auf Bezahlung, Anerkennung, Aufmerksamkeit oder etwas Anderes beziehen. Die langfristigen Effekte sind Zynismus und Entfremdung, nachlassendes Engagement für die Firma, Familie oder was auch immer betroffen ist (vgl. Goleman 1997, S. 194). Länger anhaltende Benachteiligung kann dazu führen, dass Sie irgendwann Ihren Glauben an Gerechtigkeit vollständig verlieren.

Neben den sozialen und psychologischen Folgen kann Ungerechtigkeit aber auch die Gesundheit beeinträchtigen. Eine finnische Langzeitstudie hat den Zusammenhang zwischen gerechter Behandlung am Arbeitsplatz und Herzinfarktrisiko untersucht. Dazu wurden über 6000 Angestellte des englischen Staatsdienstes befragt, ob sie die Behandlung am Arbeitsplatz als gerecht beurteilen. Die Angestellten wurden dann auf Basis ihrer Antworten in drei Gruppen eingeteilt: solche, die ihre Behandlung als sehr gerecht, mittelmäßig gerecht oder wenig gerecht beschrieben. In der folgenden Zeit, die Gruppe wurde über neun Jahre hinweg beobachtet, stellte sich heraus, dass die Angestellten, die eine sehr gerechte Behandlung erfuhren, ein 30 % geringeres Herzinfarktrisiko hatte (vgl. „Fair geht vor", FR vom 05.11.2005).

Dabei sollten Sie jedoch beachten, dass unterschiedliche Menschen unterschiedliche Talente, Eigenschaften und Voraussetzungen mitbringen. Berücksichtigen Sie diese Unterschiede, wenn Sie wirklich fair sein wollen. Behandeln Sie nicht alle Menschen gleich, aber mit dem gleichen Respekt.

Strategem 5: Üben Sie sich in Gelassenheit

》 Ein junger Versicherungsvertreter beklagt sich bei einem älteren Kollegen: „Ein mieser Job ist das: Überall wo man hinkommt, wird man beleidigt." „Also, ich kann

> das nicht sagen", gibt der Ältere zurück, „mich hat man schon hinausgeworfen, den Hund auf mich gehetzt, man hat mich angespuckt und sogar geohrfeigt – aber beleidigt hat mich noch niemand!" (Quelle: Ebert (2003, S. 166)).

Respekt spielt sowohl im Beruf als auch im Privatleben eine wichtige Rolle. Durch respektvolles Verhalten können Sie verhindern, dass Konflikte eskalieren oder dass die Fronten nach einem Konflikt verhärtet bleiben. Für die Kommunikation in Konflikt- oder Stresssituationen gelten deshalb folgende drei Regeln, die Sie auf jeden Fall befolgen sollten:

- Trennen Sie Sachliches von Persönlichem.
- Nehmen Sie die Reaktionen anderer nicht persönlich.
- Üben Sie sich in Gelassenheit.

Wenn Ihnen das gelingt, können Sie schwere und emotionale Konflikte im Vorfeld vermeiden. Durch die konsequente Trennung der sachlichen von der persönlichen Ebene gewinnen Sie außerdem sowohl im beruflichen als auch im privaten Bereich an Handlungsfreiheit.

So können Sie das Strategem für Ihre Ziele nutzen

Trennen Sie Sachliches von Persönlichem

> „Über Taten, die geschehen sind, ist es umsonst zu sprechen. Bei Taten, die ihren Lauf genommen haben, ist es umsonst zu mahnen; wollen wir, was vorüber ist, nicht tadeln" (Konfuzius (551–479 v. Chr.), zitiert nach: Konfuzius – Kungfutse (2005, Buch III, 21, S. 82)).

Die Fähigkeit, sachlich zu kommunizieren ohne persönlich zu werden, ist Teil einer gelungenen Kommunikation. Hierzu gehört die nötige Distanz. Konflikte eskalieren oft, weil sich die Konfliktparteien gegenseitig in Machtkämpfe verstricken. Dabei geht es in der Regel darum, wer Recht behält. Der Machtkampf kann aber nur beendet werden, wenn alle Beteiligten ihren Anteil am Konflikt erkennen und die Verantwortung für ihr Handeln übernehmen. Jeder hat die Möglichkeit, über den eigenen Schatten zu springen, wenn es die Situation erfordert.

Folgende Faktoren helfen Ihnen, den klassischen Konfliktverlauf besser zu verstehen:

- Die Konfliktparteien weisen sich gegenseitig die Schuld zu. Oft geschieht dies als Projektion (Übertragung) der eigenen Erwartungen und Gefühle.
- Der Konflikt weitet sich auf unbeteiligte Personen und neue Themen aus.

- Die Ausweitung macht den Konflikt unübersichtlicher und komplexer. Ursachen und Zusammenhänge werden vereinfacht. Die Fähigkeit zu differenzierter Wahrnehmung geht im Verlauf der Zeit verloren.
- Verschärfte Drohungen führen nicht zum Nachgeben oder Einlenken, sondern zur Verschärfung und Eskalation des Konflikts (vgl. Glasl 1992, S. 191).

Im fortgeschrittenen Stadium des Konfliktes sind sich die Beteiligten der Ursachen des Konfliktes und ihrer eigenen Gefühle gar nicht mehr bewusst. Sie verlieren die Kontrolle und sind bald nicht mehr Herr der Lage. Durch ihre Äußerungen und Handlungen lösen sie im Affekt Wirkungen aus, die sie meist nicht beabsichtigt haben. Der Autor Bernd LeMar beschreibt im folgenden Beispiel, wie sich eine weitere Eskalation der Situation vermeiden lässt:

Vater-Sohn-Verhältnis

„Nehmen wir als Beispiel ein Vater-Sohn-Verhältnis in einem Familienbetrieb. Ein mögliches Beziehungsmuster ist, dass der Vater und der inzwischen 30-jährige Sohn die Beziehungsstruktur ‚kleiner Junge – großer Vater' haben. Damit sind sie nicht gleichwertige Partner. Beide sind für diese Situation verantwortlich, wenn bei der Zusammenarbeit auf der Sachebene zunehmend Verwicklungen entstehen, deren Ursachen jedoch auf der Beziehungsebene liegen und die Kommunikation durch das asymmetrische Vater-Sohn-Verhältnis gekennzeichnet ist. Ein Ausstieg aus dieser Struktur ist nur möglich, wenn beide bewusst daran arbeiten.

Vater und Sohn müssen in die Lage kommen, ihre eigene Betroffenheit darzulegen, sprich zu formulieren, wie sie sich beide in der Situation fühlen. Das würde jeweils dem anderen ermöglichen, sich seinerseits zu öffnen und auch

> einzugestehen, dass es ihm in der gemeinsamen Situation ebenfalls nicht gut geht. Damit wird dem Kommunikationsfluss eine neue Richtung gegeben und nach und nach entsteht wieder Raum für ein konstruktives Gesprächsklima. So kommen sie zurück auf Stufe 2 der stockenden Kommunikation, wo zwar noch Skepsis herrscht, aber sie auf einem guten Weg sind" (Quelle: LeMar (1997, S. 183 f.)).

Nehmen Sie nicht alles persönlich

Wenn Sie ein Fremder beleidigt, dann meint er mit seiner Reaktion nicht Sie persönlich. Wieso sollte er? Er kennt Sie ja nicht. Versetzen Sie sich in Ihr Gegenüber und überlegen Sie sich, was sich hinter seinem Verhalten verbergen könnte. War es wirklich ein Angriff gegen Sie? Hat er es absichtlich getan? Oder war es vielleicht nur Unwissenheit, Unbeholfenheit oder ein Versehen? Ist er überhaupt in der Lage, anders zu reagieren? Es kann hunderte Gründe für das Verhalten des anderen geben: weil er es nicht besser weiß, weil er Angst hat, sein Gesicht zu verlieren, weil er von Ihnen beachtet werden will, weil er gedankenlos ist, weil er Probleme hat, weil ihm gerade eine Laus über die Leber gelaufen ist, weil er mit seiner eigenen Arbeit unzufrieden ist, etc. Sein Verhalten hat nichts mit Ihnen zu tun, sondern mit seinem Verdruss, seinem Missmut, seinen Erwartungen, seinen Erfahrungen, seinen Ansichten, was gut und schlecht, richtig und falsch ist.

Wenn Sie in Rage geraten und sich ärgern, leiden Sie für die Fehler anderer. Erinnern Sie sich daran, dass Ihr Ärger und Ihre Wut die Welt nicht ändern. Der Autofahrer vor Ihnen fährt nicht schneller, die Kollegin arbeitet nicht mehr, der Partner kommt in Zukunft nicht pünktlicher nach Hause, die Welt wird nicht gerechter und besser, nur weil Sie sich ärgern. Wenn Sie etwas nicht ändern können, ist die Sache es nicht wert, dass Sie sich deswegen graue Haare wachsen lassen.

Taktiken, um geschickt mit Beleidigungen umzugehen

Der Sprachwissenschaftler Siegwart Berthold hat weitere Taktiken zusammengestellt, um geschickt mit Beleidigungen umzugehen, ohne selbst beleidigend zu werden. Er schlägt unter anderem vor:

- Fragen Sie nach („Wie meinen Sie das?")
- Umschreiben Sie das Problem (Feedback: „Es stört mich, dass …")
- Handeln Sie Gesprächsregeln aus („Was halten Sie davon, wenn …")
- Verschieben Sie das Gespräch auf einen günstigeren Zeitpunkt
- Versuchen Sie, die Aussage umzudeuten („Ich verstehe Ihre Äußerungen so, dass …")
- Wechseln Sie das Thema
- Ignorieren Sie Beleidigungen
- Lassen Sie den Vorwurf offen („Das mag sein" / „Sie mögen Recht haben")
- Geben Sie Ich-Botschaften („Ich bin jetzt verärgert, da …")
- Beruhigen Sie Ihr Gegenüber
- Stimmen Sie einzelnen Punkten zu („Sie haben in dem Punkt Recht, dass …")
- Entschuldigen Sie sich („Was ich gesagt habe, tut mir leid.")

(vgl. Berthold 1994, S. 202–205)

Das Wichtigste ist, dass Sie dabei gelassen bleiben. Lassen Sie sich nicht dazu hinreißen, nach jeder Beleidigung sofort zurückzuschlagen. Der Autor Matthias Nöllke zeigt am Beispiel des ehemaligen französischen Staatspräsidenten, wie Sie mit Beleidigungen umgehen sollten:

> „Der französische Staatspräsident Charles de Gaulle war von großer Statur und recht hager. Schon früh bekam er deswegen den Spitznamen ‚Spargel' verpasst. Als er gefragt wurde, ob er sich dadurch beleidigt fühlte, antwortete er: ‚Absolut nicht. Immerhin ist das Wichtigste bei Spargel der Kopf'" (Quelle: Nöllke (2002, S. 47)).

Üben Sie sich in Gelassenheit

> „An seinem Ärger festzuhalten ist genauso wie eine glühende Kohle in die Hand zu nehmen, um sie nach jemandem zu werfen; du bist derjenige, der sich verbrennt" (Tschuang-Tse (ca. 370–287 v. Chr.)).

Wie die meisten Menschen halten Sie es sicherlich für ganz normal, sich zu ärgern. Ärger ist eines jener Gefühle, bei dem Sie den Eindruck haben, Sie verspüren es völlig zu Recht. Schließlich brauchen Sie sich doch nicht alles gefallen oder sich zum Narren machen lassen. Sie müssen den anderen doch zeigen, dass diese nicht so mit einem umspringen können.

Wenn wir uns ärgern, dann können wir kaum einen klaren Gedanken fassen. Wir verlieren den Überblick und denken daran, uns zu rächen. Unser Körper befindet sich in Aufruhr. Wenn wir aus Angst vor der negativen Reaktion anderer unseren Ärger unterdrücken und ihn in uns hineinfressen, dann reagiert unser Körper vielleicht mit

Magenbeschwerden oder Kopfschmerzen. Aber Ihrer Wut einfach freien Lauf zu lassen, ist noch gesundheitsschädlicher, als den Ärger in sich hineinzufressen. Wer seiner Wut Luft macht, erledigt nicht deren Ursachen. Aber die Wut kocht innerlich weiter, schädigt ihren Organismus und steigert Ihre Aggressivität.

> „Einer Giftschlange, die uns gebissen hat, hinterherzujagen, treibt das Gift nur schneller durch unsere Körper" (Asiatische Weisheit).

Wenn Sie kurz vor einem Wutausbruch stehen, können Sie entscheiden, wie Sie Ärger und Wut ausdrücken und damit umgehen:

- Vermeiden Sie es, die Menschen, über die Sie sich ärgern, unmittelbar anzusprechen und Ihrer Wut Luft zu machen. Wut zu zeigen, beweist nicht, dass andere mit Ihnen nicht alles machen können. Im Gegenteil, Wut ist ein Ausdruck davon, dass Sie stark getroffen und verletzt sind. Anders ausgedrückt: Wenn Sie kein Donnerwetter loslassen, heißt das noch lange nicht, dass Sie sich alles gefallen lassen.
- Nehmen Sie ein Blatt Papier und schreiben Sie Ihre Beschwerden auf. Verwenden Sie Schimpfwörter, wenn Ihnen danach ist. Das Papier ist nur für Sie bestimmt, um Ihre Wut auszudrücken. Aber denken Sie daran, den Zettel anschließend zu vernichten.
- Verschieben Sie das Gespräch auf einen späteren Zeitpunkt, zum Beispiel mit der Bemerkung: „Wir reden

Strategem 5: Üben Sie sich in Gelassenheit

später nochmals darüber". Sie wissen selbst aus Erfahrung: im Ärger sagen und tun Sie vielleicht Dinge, die Sie hinterher bereuen oder die Ihnen sogar schaden.
- Bewegen Sie sich: fahren Sie Fahrrad, joggen Sie, steigen Sie die Treppen im Treppenhaus ein paar Mal hoch und runter, oder schrubben Sie die Badewanne. Am besten ist eine Aktivität, die Sie aus der Puste bringt. Dies lenkt ab, baut körperliche Anspannung ab und macht den Kopf wieder frei.
- Machen Sie sich deutlich: „Ich bin nicht in Lebensgefahr. Ich kann loslassen und zur Ruhe kommen. Dann werde ich nach geeigneten Lösungen suchen."
- Atmen Sie tief ein und aus – bis hinunter in den Bauch. Lassen Sie den Atem langsam wieder ausströmen. Halten Sie dann den Atem kurz an. Beginnen Sie wieder damit, tief ein und aus zu atmen. Machen Sie das einige Minuten lang, bis Sie ruhiger und gelassener geworden sind.
- Konzentrieren Sie sich auf Dinge in Ihrer näheren Umgebung, zum Beispiel den Baum vor Ihrem Fenster oder das Läuten der Glocken im Hintergrund, bis Sie sich wieder beruhigt haben.

Auch bei leichter Wut gibt es mehrere Möglichkeiten, wie Sie gelassen, souverän und respektvoll auf die Situation reagieren können:

- Sprechen Sie die betreffende Person an. Äußern Sie Ihre Kritik in der Ich-Form: „Mir gefällt nicht, wie ...", „Ich habe mir vorgestellt, dass ...". „Ich hatte erwartet, dass ...". Vermeiden Sie Vorwürfe in der 2. Person, wie beispielsweise: „Wie konnten Sie nur ...", „Das war das Letzte, was Sie ...", „Immer machst du ...". Wenn Sie den anderen beschuldigen, abwerten oder schlechtmachen, wird er zum Gegenangriff übergehen. Fragen Sie sich, wie sich solche Situationen in Zukunft am besten vermeiden lassen.

- Vermeiden Sie es, anderen etwas zu unterstellen. Unterscheiden Sie, wie Sie eine Äußerung verstehen und was der andere tatsächlich gemeint haben könnte. Gehen Sie zunächst von einer harmlosen Erklärung aus und fragen Sie einfach nach. So vermeiden sie aktiv, in eine Gedankenspirale zu geraten.
- Wenn Sie Ihre Gedanken ändern, indem Sie sich gedanklich mit etwas anderem beschäftigen, lassen Ihr Ärger und Ihre Wut nach. Eine einfache Möglichkeit, auf andere Gedanken zu kommen, sind Gute-Laune-Fragen. Eine solche Gute-Laune-Frage wäre zum Beispiel: Worüber bin ich im Moment glücklich? Worüber könnte ich mich freuen, wenn ich es wollte? Wofür könnte ich dankbar sein, wenn ich es wollte?
- Sie können Ihre Gefühle durch Ihre Körpersprache beeinflussen. Machen Sie eine ärgerliche Miene, fühlen Sie sich auch so. Machen Sie dagegen eine gute Miene, verfliegt Ihr Ärger. Mit anderen Worten: Lächeln Sie Ihren Ärger einfach weg. Setzen Sie ein Lächeln auf Ihre Lippen. Sie werden sofort merken, wie die Anspannung in Ihrem Körper nachlässt. Singen oder summen Sie eines Ihrer Lieblingslieder. Ihr Ärger verflüchtigt sich.
- Fragen Sie sich selbst, ob es die Situation wert ist, sich so zu ärgern? Ist es der andere wert, sich so durch Ihren Ärger zu stressen? Wie denken Sie in einem Jahr darüber?

Strategem 6: Lassen Sie anderen ihre Freiheit

> » „Was du liebst, das lass frei. Kommt es zurück, gehört es dir – für immer" (Quelle: Konfuzius (551–479 v. Chr.)).

Zur Freiheit eines Menschen gehören sowohl seine Handlungsfreiheit, als auch seine Entscheidungsfreiheit. Der Wunsch nach Handlungsfreiheit ist ein grundlegendes menschliches Bedürfnis. Hierzu zählt das Streben nach Autonomie und Unabhängigkeit. Es geht darum, seine Entscheidungen selbst treffen zu können und sein Leben nach eigenen Vorstellungen gestalten zu können (vgl. Springorum 2003, S. 88).

Wenn Sie anderen Menschen ihre Freiheit lassen, zeigen Sie, dass Sie Ihre Mitmenschen achten. Wer andere achtet, stimmt deren Unabhängigkeit zu. Anderen ihre Freiheit zu lassen, zeigt, dass Sie ihnen zutrauen, ihr Leben alleine meistern zu können. Freiheit hat viel mit Vertrauen zu tun: Es ist ein Ausdruck von Vertrauen, andere ihre eigenen Entscheidungen treffen zu lassen. Damit zeigen Sie, dass Sie sie für kompetent halten, ihre Angelegenheiten selbstständig zu regeln. Dazu gehört eine gewisse Gelassenheit. Sie müssen akzeptieren, dass andere anders sind, die Dinge anders angehen und dass Sie manche Dinge nicht ändern können.

> „Wer anderen die Freiheit verweigert, verdient sie nicht für sich selbst" Abraham Lincoln (1809–1865).

So können Sie das Strategem für Ihre Ziele nutzen

Gestehen Sie sich selber Freiheiten zu

Warum aber fällt es uns oft so schwer, anderen ihre Freiheit zu lassen? Meistens besteht das Problem darin, dass wir uns selbst diese Freiheit nicht zugestehen. Fragen Sie sich, ob Ihre eigenen Gedanken und Gefühle authentisch sind. Oder haben Sie sich daran gewöhnt haben, zu denken und zu fühlen, was Sie denken und fühlen sollen? Gestehen Sie sich selbst keine Freiheiten zu oder lassen Sie sich von zu vielen Sachzwängen und fremden Erwartungen leiten, wird es für Sie immer schwerer, anderen ihre Freiheit zu gönnen.

Missachten andere regelmäßig oder in wichtigen Fragen unsere Freiheit, führt das unweigerlich zu Frust. Langfristig kann es sogar unsere Selbstachtung zerstören, wenn wir uns nicht (mehr) als autonomes Individuum respektiert fühlen. Letztendlich behindert ständige Einmischung und Bevormundung effektives Handeln und die Entwicklung der Persönlichkeit. Wenn Sie keine Freiheit haben, können Sie keine eigenen Erfahrungen machen und keine eigenen Handlungsstrategien entwickeln. Die Effektivität Ihres Handelns – und Ihre Autorität – werden nicht zuletzt durch ständige Einmischung von außen untergraben. Es gibt viele Menschen, die ihren höheren Rang oder ihren größeren Status dazu missbrauchen, andere zu gängeln und ihnen Steine in den Weg zu legen, die sie an der Entfaltung ihrer Talente und Fähigkeiten behindern (vgl. Glass 2005, S. 106).

Gewähren Sie anderen ihre Freiheit
Anderen ihre Freiheit zu lassen, ist nicht immer so leicht, wie es klingt. Sprechen Sie zuvor mit dem Betreffenden und informieren Sie ihn über die Situation, das Problem und Ihre Entscheidungsgründe, wenn Sie eine Entscheidung zu treffen haben, die direkt oder indirekt jemanden betrifft, der von Ihnen abhängig ist. Es ist schlechter Stil, wenn die Betreffenden Ihre Entscheidung aus der Presse oder von Dritten erfahren. Ein Kommentar und ein gut gemeinter Ratschlag sind schneller ausgesprochen, als vielen Menschen bewusst ist. Üben Sie Zurückhaltung, insbesondere was Kritik, negative Bewertungen oder Schwarzmalerei angeht.

Zu einem respektvollen Verhältnis gehört, dass Sie anderen in Gesprächen ihre Freiheit lassen. Respektieren Sie den Entscheidungsspielraum eines Partners bei der Wahl des Gesprächsthemas. Um Verstimmungen frühzeitig zu erkennen, empfiehlt die Kommunikationstrainerin Lillian Glass, die Körperhaltung Ihres Gesprächspartners genau zu beobachten:

- Runzelt jemand die Stirn oder weicht er leicht zurück, wenn Sie ein Thema ansprechen, dann kann das ein Zeichen dafür sein, dass Sie ein Thema angesprochen

haben, über das er nicht sprechen möchte. Respektieren Sie das. Nötigen Sie der Person kein Gespräch über etwas auf, das sie nicht besprechen möchte.
- Schaut jemand dauernd auf die Uhr oder lässt er die Blicke schweifen, ist das wahrscheinlich ein Zeichen dafür, dass er nicht länger an der Unterhaltung interessiert ist. Bestehen Sie dann nicht darauf, die Unterhaltung fortzusetzen.

Drängen Sie sich anderen weder auf, noch zwingen Sie Ihr Gegenüber zu irgendetwas. Bitte beachten Sie: Direkte Gewalt oder Drohung sind nicht die einzigen, sondern nur die offensichtlichsten Mittel, mit denen Sie jemanden zu etwas zwingen können. Auch Manipulation, emotionale Erpressung, das Erzeugen von Schuldgefühlen oder Bestechungsversuche gehören dazu.

Begegnen Sie Ihren Mitmenschen offen
Gehen Sie offen auf Ihren Mitmenschen zu. Ermutigen Sie diese, statt sie sofort zu bremsen, wenn sie eine Idee oder einen Plan haben. Wer eine Vision hat oder seine Ziele erreichen will, braucht Menschen, die ihn unterstützen und nicht jemanden, der jede Idee schon im Kern erstickt. Dauerndes Nörgeln und Entmutigen haben diesen Effekt und werden langfristig jede Beziehung zerstören (vgl. Glass 2005, S. 106). Bedenken Sie, dass Sie andere wahrscheinlich nicht besser kennen, als diese sich selbst. Eventuell projizieren Sie lediglich Ihre eigenen Wünsche und Ängste auf andere, wenn Sie besser wissen wollen, was das Richtige für andere ist. Wenn Sie anderen immer

wieder wohlmeinende Ratschläge geben, ohne sich dabei auch deren Lage zu versetzten, gefährden Sie damit auf Dauer auch die gemeinsame Beziehung, wie das folgende Beispiel von Lillian Glass zeigt:

> **Nicht von sich auf andere schließen**
>
> „Anthony war eine sehr autoritäre Persönlichkeit. Er wusste immer alles am besten und musste in jeder Situation die Kontrolle behalten. Giuseppe (…) hatte in Italien eine Schneiderlehre gemacht. In Amerika bekam er sehr bald eine Stelle in einem großen Warenhaus (…). Er war ein hervorragender Schneider (…), deshalb legte ihm seine treue Kundschaft bald nahe, dass er sein eigenes Geschäft aufmachen solle. Begeistert erzählte er seinem besten Freund, Anthony, von seinen Plänen. Anthony begann sofort, seine Vorbehalte in düsteren Farben auszumalen. Er hielt Guiseppe entgegen, dass er doch ein gutes sicheres Einkommen habe und dass er, zumal er eine Frau und ein Kind zu unterhalten habe, keine Risiken eingehen dürfe. Der Ausgang der Geschichte? Guiseppe ignorierte Anthonys negative Einwände und eröffnete ein sehr erfolgreiches Geschäft. Die Freundschaft zu Anthony hat allerdings nicht überdauert" (Quelle: Glass (2005, S. 91)).

Strategem 7: Vertrauen Sie in die Fähigkeiten Ihrer Mitmenschen

> » „Nichts stärkt den Menschen mehr als das Vertrauen, das man ihm entgegenbringt" Adolf von Harnack (1851–1930).

Vertrauen spielt eine große Rolle, wenn es darum geht, Menschen zu guten Leistungen zu motivieren. Wie andere über uns denken, wirkt sich erheblich auf unsere Leistung aus. Dieser Effekt spielt sowohl im Beruf oder Studium als im Privatleben eine große Rolle, also in allen Bereichen, wo sich Menschen entwickeln. Besitzt ein Vorgesetzter oder Dozent das Vorurteil, ein Mitarbeiter oder Student sei schwächer als andere, wird er diese anders behandeln, als wenn er davon ausgeht, dass sie besonders begabt sind.

Dieser Mechanismus wird als Rosenthal-Effekt bezeichnet. Der amerikanische Psychologe Robert Rosenthal hat ihn in seinen Studien entdeckt. Erfolg basiert somit nicht nur auf Können, sondern vor allem darauf, was uns andere Personen zutrauen.

Für die gegenseitige Zusammenarbeit, ist es wichtig, anderen Menschen Vertrauen zu signalisieren. „Die Erfahrung zeigt, dass Menschen viel eher bereit sind zu kooperieren, wenn ihnen vertraut wird" (vgl. Stahl 2011, S. 126). Vertrauen entsteht, wenn die Erwartungen an eine zwischenmenschliche Beziehung immer wieder erfüllt werden. Dann „wirft die Beziehung im Lauf der Zeit eine ‚Dividende' ab [...] Je höher die Beziehungsqualität, desto größer die Dividende" (Stahl 2011, S. 126). Eine hohe Beziehungsqualität ermöglicht es, Managementfehler zu einem gewissen Grad zu absorbieren. Dies gilt für die unterschiedlichsten Situationen: So wird Mitarbeitern manchmal nicht richtig zugehört, aufgrund von Klischees und Vorurteilen entschieden, oder „Rückmeldungen ‚von oben' auf Mitteilungen ‚von unten' erfolgen widersprüchlich oder gar nicht [...]. Bei einer hohen Beziehungsqualität bleibt die Leistungsbereitschaft dennoch erhalten, und die individuellen Anspruchsniveaus an die eigene Leistung werden nicht sofort zurückgenommen" (Stahl 2011, S. 126).

So können Sie das Strategem für Ihre Ziele nutzen

Vertrauen Sie in sich selber und andere

Vertrauen Sie in sich und andere – das zahlt sich aus. Wer seinen Mitmenschen vertraut und ihnen etwas zutraut, wird sie eher zu guten Leistungen motivieren können. Im Gegenzug zu Ihrem Vertrauensvorschuss, werden Ihnen Ihre Mitmenschen eher die Gelegenheit geben, ihre guten Seiten kennenzulernen. Sie werden sich Ihnen gegenüber anders verhalten als bei jemandem, der ihnen von vorneherein mit Misstrauen begegnet oder ihnen nichts zutraut. Eine misstrauische Einstellung führt dazu, dass Menschen in ihrer Umgebung sich nicht wohl fühlen und nicht entfalten können (vgl. Kluge 1999, S. 46 f.).

Wenn Sie andere um etwas bitten, sind Sie erfolgreicher, wenn Sie die Bitte optimistisch und lösungsorientiert formulieren (vgl. Brown und Levinson 1987, S. 103). Geben Sie anderen eine Chance. Helfen Sie ihnen dabei, sich selbst etwas zuzutrauen – und geben Sie sich selbst diese Chance auch! Sie wissen nicht, was Sie können, bevor Sie es nicht versucht haben.

Gehen Sie positiv an Herausforderungen heran

Je größer eine Aufgabe ist beziehungsweise je bedrohlicher ein Problem scheint, desto stärker sind unsere Zweifel. Wir sind uns nicht sicher, ob wir selbst oder unsere

Mitmenschen über ausreichende Fähigkeiten oder Stärken verfügen. Sich Gedanken über die Grenzen der eigenen Möglichkeiten beziehungsweise über die Möglichkeiten anderer zu machen, ist grundsätzlich gut. Als Start für die Bewältigung von Problemen und das Gewinnen von Mitstreitern sind sie eher hemmend. Sie lassen eine Aufgabe oder ein Problem oft viel größer erscheinen, als es ist. Achten Sie deshalb darauf, dass Sie positiv an ein Problem oder an eine Aufgabe herangehen. Wählen sie eine Herangehensweise, die Ihnen und Ihren Mitmenschen nicht das Gefühl gibt, vor einer schier unüberwindlichen Mauer zu stehen, sondern Türen für die verschiedensten Lösungsmöglichkeiten öffnet.

Motivieren Sie andere, sich zu verändern
Manchmal ergeben sich Situationen, in denen Menschen ihr Verhalten ändern müssen. In solchen Situationen sind Strategien gefragt, mit denen Sie die Betroffenen dazu bringen können, sich zu ändern, ohne ihre Freiheit zu beeinträchtigen. Das folgende Beispiel zeigt, wie dies konkret aussehen könnte:

Vorschläge statt Befehle

„Er konnte sich nicht daran erinnern, dass Owen D. Young während dieser ganzen Zeit jemals einem Menschen Befehle erteilt hätte. Statt zu befehlen, machte er Vorschläge. Nie hörte man Young sagen: ‚Tun Sie dieses oder jenes nicht.' Stattdessen sagte er etwa: ‚Vielleicht versuchen Sie es noch einmal so' oder, Glauben Sie, dass es so geht?' (…) Er gab anderen immer Gelegenheit, die Dinge von sich aus zu tun. Nie erteilte er seinen Assistenten Befehle; er ließ sie machen und aus ihren eigenen Fehlern lernen" (Quelle: Carnegie (2000, S. 260)).

In Organisationen und Unternehmen ist es regelmäßig notwendig, Strukturen, Strategien, Abläufe oder Verhaltensweisen zu ändern. Damit dies gelingt, müssen Führungskräfte, die vom Fachwissen ihrer Mitarbeiter abhängen, viel Zeit in ihre vielversprechenden Fachkräfte investieren. Sie müssen ihre Mitarbeiter kennenlernen und diesen umgekehrt die Gelegenheit geben, ihre Vorgesetzten kennenzulernen. Zuhören, herausfordern und ermutigen sind wichtige Aufgaben. Es kommt nicht darauf an, die Mitarbeiter zu verändern, sondern diese zu Agenten der Veränderung zu machen. Die oberste Voraussetzung dafür ist es, deren Freiheit zu respektieren. Im Idealfall gelangen die Mitarbeiter aus eigener Erfahrung zu der Einsicht, dass es sich lohnt, Dinge anders zu machen und Dinge zu verbessern. Gute Führungskräfte verstehen es, Mitarbeiter selbst Erfahrungen machen zu lassen. Erfahrungen basieren auf eigenem Erleben. Es können aber literarische Erfahrungen sein, sei es, dass das Instrument des Geschichtenerzählens als pädagogisches Mittel zum Einsatz kommt (Storytelling) oder dass Kollegen erzählen, was sie anderswo gesehen haben, wo etwas besser gemacht wurde (Best Practices).

Machen Sie in Situationen, die Spielräume zulassen, lieber Vorschläge als Befehle. Verzichten Sie auf harsche Formulierungen. Der andere kann sich dann überlegen, ob er den Vorschlag annehmen möchte oder nicht. Damit bleibt seine Handlungsfreiheit gewahrt, selbst wenn er sich in einer Situation befindet, in der er den Vorschlag auf jeden Fall annehmen sollte. Durch einen Vorschlag lassen Sie seine Autonomie als Individuum intakt. Der Betroffene kann sein Gesicht wahren. Wenn Sie anderen einen Befehl erteilen, steigert dies das Risiko, dass der andere sich weigert, die geforderte Handlung auszuführen. Wenn ihm nichts Anderes übrig bleibt, als Ihnen zu gehorchen, wird er Ihnen dies vielleicht verübeln. Vorschläge hingegen lassen den Stolz und das Selbstwertgefühl intakt (vgl. Brown und Levinson 1987, S. 262).

Strategem 8: Erwarten Sie kein falsches Lächeln

» „Wir denken meist, Tyrannen herrschen mit dem Instrument der Angst – Angst vor der Geheimpolizei, vor Folter, vor Haft, vor dem Gulag -, aber einige der unbarmherzigsten autoritären Regime der Welt haben von ihren Untertanen auch anhaltenden Optimismus und Hochrufe auf die Regierung gefordert" (Quelle: Ehrenreich (2010)).

Wenn wir von anderen Menschen erwarten, ein Lächeln zu zeigen und ihre wahren Gefühle zu verstecken, wird diese erzwungene Freundlichkeit früher oder später in

Zynismus umschlagen. Auch wenn sie äußerlich lächeln, fühlen sie sich innerlich leer. Auf diese Weise entfernen sie sich immer mehr von ihren echten Gefühlen (vgl. Lorenzoni und Bernhard 2001, S. 38). In ihrem Buch *Smile or Die* legt Barbara Ehrenreich die Konsequenzen des erzwungenen Lächelns dar. Unter erzwungenem Optimismus leiden letztendlich alle. Wer sich dem Zwangsoptimismus anschließt, beziehungsweise vor ihm kapituliert, verliert den Zugang zu den eigenen Gefühlen, weil die persönlichen Emotionen genormt und in den Dienst der Wirtschaft beziehungsweise der Gesellschaft gestellt werden, wie die Autorin Barbara Ehrenreich am Beispiel von Stewardessen zeigt:

> **Folgen erzwungener Fröhlichkeit**
>
> „In einer berühmten Untersuchung aus den 1980er Jahren zeigte die Soziologin Arlie Hochschild, dass Stewardessen durch die Forderung, den Passagieren stets mit Fröhlichkeit zu begegnen, in Stress gerieten und emotional verarmten. ‚Sie verloren den Kontakt zu ihren eigenen Emotionen' erklärte mir Hochschild in einem Interview" (Quelle: Ehrenreich (2010, S. 64)).

Menschen, die sich einer verordneten guten Laune widersetzen, haben es nicht leicht. Wer sich dagegen dem Diktat der guten Laune widersetzt, hat mit drastischen Konsequenzen zu rechnen. Im schlimmsten Fall wird zwischen positiven und negativen Menschen unterschieden. Wer als negativer Mensch klassifiziert wird, muss mit sozialer Ächtung und beruflichen Nachteilen rechnen, selbst wenn seine sogenannte Negativität einen wichtigen Beitrag zum Erfolg des Unternehmens oder der Gesellschaft beitragen könnte. Wer gegen den Strom schwimmt und dabei anderen die gute Stimmung verdirbt, geht ein großes Risiko ein:

> **Zum Optimismus von Finanzanalysten**
>
> „Ivy Zelman, eine Analystin bei Credit Swiss, die das Platzen der Immobilienblase kommen sah, ‚stieß ihre Kunden mit ihrem Pessimismus vor den Kopf, sah sich jedoch außerstande, so zu tun als wäre alles in Ordnung. Ein anderer Analyst, der Bankfachmann Steve Eisman, wurde kritisiert, als er den Aktien eines Unternehmens die Ratingstufe ‚Sell' gab, also den Verkauf empfahl, weil sie, wie Lewis [Lewis Lapham, Herausgeber des amerikanischen Hapers´s Magazine] ihn zitierte ‚einfach Mist' waren. Ich wusste nicht, dass man Unternehmen nicht das Rating ‚Sell' geben sollte. Ich dachte es gäbe drei Kategorien – ‚buy', ‚hold', ‚sell' (kaufen, behalten, verkaufen) – und man wählte die, die man für richtig hielt.' (…) Laut Lewis legte man Eisman nahe, ‚grundsätzlich ein bisschen euphorischer zu sein, aber Euphorie war nicht Steve Eismans Stil.' Als ich einige Wochen nach dem Erscheinen von Lewis Artikel mit Eisman telefonierte, meinte er, die Finanzindustrie habe ‚eine Annahme auf die andere gestützt' – etwa, dass die Immobilienpreise niemals fallen würden -, und ‚niemand habe sich bemüßigt gefühlt, diese Annahme auch zu überprüfen.' Es habe gute Gründe gegeben, zu dem allumfassenden Wahnsinn zu schweigen, sagte er mir. ‚Jeder, der eine negative Bemerkung machte, wurde gefeuert'" (Quelle: Ehrenreich (2010, S. 214 f.)).

So können Sie das Strategem für Ihre Ziele nutzen

Bleiben Sie kritikfähig

Spätestens wenn die erzwungene gute Laune zu einem Mittel der sozialen Kontrolle geworden ist, zeigt sich ihr zersetzender Einfluss auf eine Gesellschaft. Soziale und ökonomische Ungerechtigkeiten werden nicht mehr wahrgenommen beziehungsweise dürfen nicht mehr thematisiert werden, weil das negativ ist. Der Austausch über solche Probleme ist aber die Grundlage für gesellschaftliche Veränderungen. Wenn er ausbleibt, kann sich auch nichts ändern. Erzwungener Optimismus suggeriert allen, dass auch sie erfolgreich sein könnten, wenn sie sich nur genug anstrengen. Gesellschaftliche Probleme werden somit zu einer Frage der persönlichen Einstellung. Wer sie benennt, läuft Gefahr, als negativer Mensch gemieden zu werden (vgl. Ehrenreich 2010, S. 136, 206). Häufig wird jede Form von Kritik als negatives Denken abgetan. Doch ohne konstruktive Kritik sind weder wir selbst, noch ein Unternehmen in der Lage, auf neue Herausforderungen rechtzeitig und angemessen zu reagieren:

> **Positives Denken hinterfragen**
>
> „Der Ratschlag zum ‚positiven Denken' und sich von ‚negativen Menschen' zu befreien, kann sehr negative Folgen haben, Beispiel am Arbeitsplatz: Es gibt allerdings auch nervige Mitmenschen, die durchaus etwas Nützliches zu sagen haben könnten: den Bankenmanager etwa, der sich wegen ausstehender Immobilienraten seines Instituts sorgt,

oder die Führungskraft einer Autofirma, die die überhöhten Investitionen des Unternehmens in Geländewagen und Pick-ups hinterfragt. Wenn wir uns von allen trennen, die uns ‚herunterziehen', riskieren wir, zu vereinsamen, oder schlimmer noch, einen Realitätsverlust zu erleiden. Im Familien- oder auch jedem anderen Gruppenleben sind wir ja gerade gefordert, immer wieder die Stimmungen der anderen abzuschätzen, uns ihren Ansichten anzupassen und, wo nötig, Trost zu spenden. In der Welt des positiven Denkens aber sollen wir unsere Mitmenschen nicht etwa umsorgen oder an ihrem Urteil unsere Ansichten überprüfen; sie sind allein dazu da, uns zu unterstützen, zu loben und zu bestätigen" (Quelle: Ehrenreich (2010, S. 68)).

In einer solchen Atmosphäre sind Kritiker nicht willkommen. Gründliches Nachdenken ist nicht mehr erwünscht. Das wirkt sich natürlich negativ auf die Leistung und die Motivation der Mitarbeiter aus.

Hurra-Stimmung trotz Krise

„In einem Enthüllungsbuch über seine Zeit als Vizepräsident bei Countrywide beschreibt Adam Michaelson die an ‚kultisches Verhalten grenzende' Stimmung in der Firma, charakterisiert durch eine ‚Hurra'-Kultur der Highfives, Motivationstrainer und Freudenschreie. Als er 2004 die Theorie von den ständig steigenden Immobilienpreisen anzweifelte, wurde ihm gesagt: ‚Wissen Sie was? Sie machen sich zu viele Gedanken.' Die Hurra-Stimmung herrschte selbst dann noch vor, als der Hypothekenmarkt implodierte. ‚In einer Zeit wie dieser, wird gerade derjenige, der sich vielleicht negativ äußert oder die Situation zurückhaltend einschätzt, als erster geächtet. In einem so übersprudelnden Umfeld geht man ein großes Risiko ein, wenn man nicht mit dem Strom schwimmt'" (Quelle: Ehrenreich (2010, S. 213)).

Wenn Mitarbeiter täglich einen Widerspruch zwischen den Werten, die gepredigt werden, und dem Alltag erleben, vermindert das ihre Leistungsfähigkeit, zum Beispiel, wenn Mitarbeiter gezwungen sind zu lügen, um ein Produkt zu verkaufen oder eine Sicherheitsprüfung ausfallen lassen müssen, um rechtzeitig fertig zu werden. Wenn Mitarbeiter gegen ihre eigenen oder die Firmenwerte verstoßen müssen, um ihre Arbeit erledigen zu können, geht das auf Kosten ihres Verantwortungsgefühls. Der Widerspruch zwischen Anspruch und Wirklichkeit kann dazu führen, dass Mitarbeiter, die formale Vorgaben einhalten, aber ihren Job schlechter machen, besser dastehen, als Mitarbeiter, die sich wirklich engagieren (vgl. Goleman 1999, S. 352). Goleman verdeutlicht dies am Beispiel zweier Krankenschwestern in einem Pflegeheim:

Positive Verhaltensweisen honorieren

„Da gab es einmal zwei Krankenschwestern in einem Pflegeheim. Die eine hatte eine kalte und brüske Art, mit Patienten umzugehen, die sich gelegentlich bis zur Grausamkeit steigerte. Die andere war ein Vorbild an einfühlsamer Pflege. Die gefühllose Krankenschwester erledigte ihre Aufgaben jedoch immer pünktlich und befolgte Weisungen, die nette Schwester dagegen setzte sich schon mal über Regeln hinweg, um einem Patienten zu helfen, und beendete ihre Arbeit oftmals mit Verspätung, hauptsächlich deshalb, weil sie länger mit den Patienten redete. Die Vorgesetzten gaben der gefühlskalten Krankenschwester Spitzenbeurteilungen, während ihre engagierte Kollegin häufig Schwierigkeiten hatte und viel schlechter beurteilt wurde." Wie ist das möglich? Auf der einen Seite Wertevorstellungen, die die Pflege des Patienten in den Mittelpunkt stellt, auf der anderen ist die Atmosphäre in der

> Organisation aber nicht so, dass sie entsprechendes Verhalten tatsächlich belohnt. Mitarbeiter werden ermutigt, emotionale Kompetenzen zu erlernen, die in der Alltagspraxis gar nicht umgesetzt werden. Dann sind Mitarbeiter emotional kompetenter, als die Unternehmen es sich wünschen und es geht dann zulasten der kompetenten Mitarbeiter, die den Widerspruch natürlich auch spüren. Unternehmen sollten Mitarbeitern also nicht bloß Programme verordnen, sondern diese sozialen oder positiven Verhaltensweisen auch tatsächlich ermöglichen und honorieren (Quelle: Goleman (1999, S. 335)).

Gute Leistung hat ihren Preis

> „Es ist nicht die Wohltätigkeit des Metzgers, des Brauers oder des Bäckers, die uns unser Abendessen erwarten lässt, sondern dass sie nach ihrem eigenen Vorteil trachten" (Quelle: Adam Smith (1723–1790), An Inquiry into the Nature and Causes of the Wealth of Nations, 1776, Book I, Absatz 82, London).

Wenn Sie die Motivation und Leistung Ihrer Mitarbeiter senken möchten, ist eine schlechte Vergütung ein effektives Mittel. Gute Leistung hat ihren Preis. Wenn die entsprechende Vergütung ausbleibt, werden auch die Leistungen langfristig leiden. Zu niedrige Preise werden dazu führen, dass Unternehmer das Interesse an ihrer Tätigkeit verlieren und entweder schlechtere Qualität abliefern oder ihren Betrieb ganz einstellen. Gleichzeitig führen geringe Löhne, Personalabbau, Leiharbeit und ähnliches dazu, dass Mitarbeiter immer weniger Interesse an ihrer Arbeit haben (vgl. Goleman 1999, S. 351). Ein weiteres Problem ergibt sich, wenn Gehälter an Bedingungen geknüpft werden, die einer guten Arbeitsleistung im Weg stehen. Goleman beschreibt, wie die Gehälter in der Personalberatungsbranche umgestellt wurden. Erst war es üblich, dass der Vermittler einen Anteil des späteren Gehalts der von ihm vermittelten Person bekam. Das schuf den Anreiz, jemanden zu finden, der ein möglichst hohes Gehalt für sich rausschlagen kann. Das neue Vergütungssystem garantierte jedem Vermittler ein festes Honorar. Dies war zwar manchmal niedriger, als das, was sie früher bekommen hätten. Dafür hatten die Unternehmen mehr Vertrauen in die Agenturen und vergaben mehr Aufträge, sodass sich diese Strategie auszahlte (vgl. Goleman 1999, S. 370).

Strategem 9: Übernehmen Sie Verantwortung für Ihr Handeln

 „Sorry seems to be the hardest word" (Elton John).

Im Alltag lässt es sich nicht vermeiden, dass Sie mal einen Fehler machen oder anderen vor den Kopf stoßen. Wer seine Mitmenschen mit Respekt behandelt, wird seine Fehler eingestehen und sich entschuldigen. Entschuldigungen sind sozial anerkannte Rituale, um Verantwortlichkeit zu übernehmen, abzumildern oder sich von ihr zu befreien, wenn ein Verhalten infrage gestellt wird.

Doch wie schon Elton John in einem seiner Lieder feststellte, kratzt es an unserem Selbstbild, Fehler einzugestehen. Voraussetzung für jede Entschuldigung ist ein gewisses Einfühlungsvermögen: Es ist etwas schiefgelaufen. Sie haben etwas falsch gemacht. Ihr guter Ruf steht auf dem Spiel. Die Betroffenen entziehen einem die Anerkennung und das Vertrauen. Auch wenn es heißt „Ich entschuldige mich", Sie können sich nicht selbst entschuldigen. Ihre Entschuldigung ist darauf angelegt, dass sie angenommen wird. Nur Ihr Gegenüber kann die Angelegenheit für erledigt erklären.

Erkundigen Sie sich nach den Befindlichkeiten Ihres Gegenübers, bevor Sie sich entschuldigen. Dadurch signalisieren Sie, dass es Ihnen bei der Entschuldigung auch um das Wohlergehen Ihres Gegenübers und Ihr Verhältnis zueinander geht – und nicht (nur) um Sie.

Der Chef, der Mitarbeiter in einer wichtigen Frage übergangen hat, muss neu um das Vertrauen seiner Mitarbeiter werben. Indem er sich entschuldigt, lässt er den anderen wissen, dass er spürt, was er ihm zugefügt hat. Es gibt Situationen, in denen zusätzlich eine Wiedergutmachung auf die Entschuldigung folgen muss. Die Folgen einer ausbleibenden Entschuldigung sind oft gravierend: Der Weg zur Aussprache bleibt versperrt.

So können Sie das Strategem für Ihre Ziele nutzen

Die Kunst, sich richtig zu entschuldigen

Es ist kein Widerspruch zu behaupten, eine Entschuldigung könne aufrichtig und strategisch zugleich sein. Eine rein strategische Entschuldigung ist schnell daher gesagt und führt bei Wiederholung desselben Fehlers zur

Unglaubwürdigkeit. Eine strategische und zugleich aufrichtige Entschuldigung beschränkt sich nicht auf das Aussprechen der Formel. Derjenige, der sich entschuldigt, geht sprachlich-symbolisch bis an den Ursprung seiner Tat zurück. Er erklärt die Gründe für sein Versagen so, dass nach der Entschuldigung beim anderen nichts mehr von dessen Gesichtsverlust zurückbleibt. Der durch die Fehlhandlung zugefügte Gesichtsverlust ist geheilt. Falls Ihr Gegenüber Ihnen signalisiert, dass er sich nicht für die Gründe interessiert, müssen Sie dies akzeptieren. Warten Sie ab, bis der andere für Ihre Entschuldigung bereit ist. Die Autoren Lorenzoni und Bernhard verdeutlichen dies mithilfe des folgenden chinesischen Stratagems:

> **„Der Fürst wirft seine goldglänzende Haut ab"**
>
> So lautet ein chinesisches Stratagem, das den Weg zeigt, wie man aus dem Kreislauf von Schuld und Schuldzuweisung ausbricht und sich am besten entschuldigt. Hat man sich das Recht herausgenommen, jemanden etwa zu beschuldigen, hat man sich selbst eine goldene Haut übergezogen, so das chinesische Stratagem. Der andere hat nun das Recht, zu warten, bis Sie die goldene Haut abstreifen, bevor er Sie um Entschuldigung bittet. Bevor Sie die Entschuldigung aussprechen, kehren Sie sprachlich zur Situation zurück, von der Sie nun wissen, dass Sie sie hätten vermeiden sollen. Sie übernehmen die Verantwortung für das Gefühl, das Sie beim anderen durch das eigene Tun ausgelöst haben. Dies ist keine Übernahme der Schuld, es ist eine Übernahme der Verantwortung für Ihre Handlung. Für den anderen bleibt nichts, das ihm peinlich sein müsste. (Quelle: vgl. Lorenzoni und Bernhard (2001, S. 199 f.)).

Die Entschuldigung um der guten Form willen

> „Niemand hat das Recht, unsere Handlungen sittlich zu verurteilen, wenn wir für die Handlungen einstehen" (Quelle: Lay (1999)).

Wie der katholische Theologe Rupert Lay zurecht feststellt, sollten wir niemanden verurteilen, der bereit ist, die Verantwortung für sein Handeln zu nehmen. Doch in Deutschland gilt die Übernahme von Verantwortung als gleichbedeutend mit einem Schuldeingeständnis. Die Kunst, sich zu entschuldigen, ohne eine Schuld einzugestehen, wird in Deutschland nicht gepflegt. Denn eine Entschuldigung birgt das Risiko, dass Sie für etwas verantwortlich gemacht werden, wofür Sie nichts können. Das Französische scheint hier dem Deutschen nahe zu stehen, denn es kennt das Sprichwort „Qui s'éxcuse, s'accuse" („Wer sich entschuldigt, klagt sich an"). Das Risiko der Entschuldigung um der guten Form willen scheut in Japan niemand. Denn der primäre Zweck der Entschuldigung ist es, eine Störung zu reparieren. Sie zeigen dem anderen an, dass Sie willens sind, die durch widrige Umstände, höhere Gewalt oder eigenes Versehen getrübte Beziehung wieder ins rechte Lot zu bringen. Das tun Sie durch ein Bekenntnis zu den gesellschaftlichen Normen, die Ihr Verhältnis untereinander regulieren.

Entschuldigungen versus Ausreden

Aufrichtige Entschuldigungen sind notwendig, um verlorenen Respekt und Vertrauen wiederzugewinnen. Ende

April 1995 besetzte die Umweltorganisation Greenpeace die Öl-Verladeplattform *Brent Spar* des Shell-Konzerns, um deren Versenkung in der Nordsee zu verhindern. Zudem informierte Greenpeace die Öffentlichkeit im Rahmen einer Kampagne über die geplante Entsorgung der Plattform im Meer (vgl. Gunkel 2010).

Nachdem die Medien auf die Kampagne aufmerksam geworden waren, erklärte Shell, dass sich auf der Plattform noch rund 130 Tonnen giftiger Ölrückstände befänden. Wenige Tage später veröffentlichte Greenpeace eine neue Schätzung, in der die verbliebene Menge auf 5500 Tonnen geschätzt wurde (vgl. Schubert 2000). Da der mediale Druck aufgrund der neuen Schätzung immer weiter stieg, beschloss Shell am 20. Juni 1995, die Plattform an Land zu entsorgen und sich für sein Verhalten zu entschuldigen (vgl. Gunkel 2010).

Rund drei Monate später musste Greenpeace einräumen, dass ihre Schätzung über die Menge giftiger Ölrückstände im Tank weit übertrieben war. Entsprechend eines Berichts der norwegischen Versicherungsgesellschaft DNV (Det Norske Veritas) befanden sich 75 bis 100 Tonnen Ölrückstände in dem Tank. Die gemessenen Werte entsprachen somit den von Shell vorgelegten Zahlen. Greenpeace entschuldigte sich daraufhin ebenfalls für die falschen Angaben bei Shell und der Öffentlichkeit.

Dieses Beispiel zeigt, wie wichtig es ist, sich für seine Fehler zu entschuldigen. Zur Wiederherstellung des guten Rufes von Shell reichte es nicht aus, auf die Versenkung der Bohrplattform zu verzichten. Das hätte nur das Sachproblem gelöst. Das gleiche gilt für Greenpeace: Auch in diesem Fall reichte es nicht aus, den eigenen Fehler einzugestehen. Zur Lösung des Beziehungsproblems war in beiden Fällen eine Entschuldigung nötig, um die verletzten Gefühle der Öffentlichkeit zu heilen.

Wer sich aufrichtig entschuldigt, erkennt seinen Fehler an und steht zu seiner Verantwortung. Bleibt dies aus und werden nur (Schein-)Begründungen vorgeschoben, warum etwas schlecht gelaufen ist und warum der Verantwortliche selbst gar nichts dafür kann, dann ist das keine Entschuldigung, sondern eine Ausrede. Solche Ausreden schaden auf Dauer der Beziehung, da sie der geschädigten Person keine „Wiedergutmachung" anbieten. Sie zielen vielmehr darauf ab, das eigene Ansehen oder Selbstbild zu retten. So etwas kommt nicht nur im Privaten vor, sondern ist auch am Arbeitsplatz weit verbreitet.

Literatur

Barnes, J. (2005). *John F. Kennedy over Leiderschap*. Zaltbommel: Thema.

Berthold, S. (1994). Friedfertige Reaktionen auf Beleidigungen in Gesprächen. In E. Bartsch (Hrsg.), *Sprechen, Führen, Kooperieren in Betrieb und Verwaltung* (S. 201–209). München: Reinhardt.

Brown, P., & Levinson, S. C. (1987). *Politeness. Some universals in language usage*. Cambridge: Cambridge University Press.

Carnegie, D. (2000). *Wie man Freunde gewinnt. Die Kunst beliebt und einflussreich zu werden (How to win friends and influence people, Original aus dem Jahr 1936)*. Bern: Scherz.

Cohen, A. R., & Spiesmacher, G. (1996). *Wirkungsvolles Verhalten in Organisationen: Fälle, Konzepte und studentische Erfahrungen* (6. Aufl.). Stuttgart: UTB.

Cohen, W. A. (2013). *The practical Drucker: Applying the wisdom of the world's greatest management thinker.* New York: AMACOM.

Covey, S. (2005). *Die 7 Wege zur Effektivität. Prinzipien für persönlichen und beruflichen Erfolg.* Offenbach: Gabal.

Ebert, H. (2003). *Höflichkeit und Respekt in der Unternehmenskommunikation.* Neuwied: Luchterhand.

Ehrenreich, B. (2010). *Smile or die.* München: dtv.

Förster, W. (2014). *Sind wir noch zu retten?: Wegweiser durch Beziehungskrisen.* Hennef: BoD.

Glasl, F. (1992). *Konfliktmanagement: Ein Handbuch für Führungskräfte, Beraterinnen und Berater.* Bern: Haupt.

Glass, L. (2005). *Sprich doch einfach Klartext! Wie man selbstbewusst kommuniziert und die Initiative ergreift.* München: Goldmann.

Goleman, D. (1997). *Emotionale Intelligenz.* München: dtv.

Goleman, D. (1999). *EQ2 – Der Erfolgsquotient.* München: dtv.

Goleman, D. (2000). Durch flexibles Führen mehr erreichen. *Harvard Business Manager, 5,* 9–23.

Gunkel, C. (2010). Krieg in der Nordsee. In *Der Spiegel.* Einestages. http://www.spiegel.de/einestages/besetzung-der-brent-spar-a-948877.html.

Iding, D. (2012). *Der kleine Achtsamkeits-Coach. Wie Sie im Jetzt ankommen und zu wahrer Gelassenheit finden.* München: Gräfe und Unzer.

Konfuzius – Kungfutse (2005). *Gespräche – Lunyü, Deutsch von Richard Wilhelm* (2. Aufl.). Wiesbaden: Marix.

Kluge, H. (1999). *Optimisten leben länger: Die große Macht des kleinen Lächelns.* München: Herbig.

LeMar, B. (1997). *Kommunikative Kompetenz. Der Weg zum innovativen Unternehmen*. Berlin: Springer.

Lorenzoni, B., & Bernhard, W. (2001). *Professional Politeness. Die Anti-Ellbogen-Strategie für Ihren persönlichen Auftritt im Beruf und im Privatleben*. Düsseldorf: Metropolitan.

Philipp, A. F., Osmetz, D., & Winter, W. (2004). *Change Management: die Macht, Unternehmen nachhaltig zu verändern*. Wissen: Edition Praxis.

Nöllke, M. (2002). *Anekdoten, Geschichten, Metaphern für Führungskräfte*. Freiburg: Haufe.

Münch, R. (1995). *Dynamik der Kommunikationsgesellschaft*. Frankfurt a. M.: Suhrkamp.

Perls, F. S., Hefferlin, R., & Goodman, P. (1951). *Gestalttherapie*. Stuttgart: Klett-Cotta.

Schubert, B. (2000). *Shell in der Krise. Zum Verhältnis von Journalismus und PR in Deutschland dargestellt am Beispiel der "Brent Spar"*. Münster: LIT.

Smith, A. (1776). *An inquiry into the nature and Causes of the Wealth of Nations* (Bd. 1). London: Wentworth Press.

Stahl, H. (2011). *Leistungsmotivation in Organisationen*. Berlin: ESV.

Springorum, D. (2003). *Strategisch communiceren. Interactiestrategien in het taalverkeer*. Bussum: Coutinho.

Schächtele, P. (2009). *Mehr Schlagfertigkeit: 111 Antworten und Übungen. So wehren Sie sich gegen Killerangriffe*. München: Gräfe und Unzer.

Wrede-Grischkat, R. (2001). *Mit Stil zum Erfolg*. München: Heyne.

Miteinander kommunizieren

Strategem 10: Fassen Sie sich kurz

>> „Was nicht auf einer einzigen Manuskriptseite zusammengefasst werden kann, ist weder durchdacht noch entscheidungsreif" (Quelle: Dwight D. Eisenhower (1890–1969)).

Um Missverständnisse zu vermeiden, ist es notwendig, kurz und klar zu kommunizieren. Zum Recht, ausreden zu dürfen, gehört die Pflicht, sich kurz zu fassen. Machen Sie Ihren Beitrag nicht informativer als erforderlich, sondern passen sie ihn dem Zweck der Kommunikation an. Wer nur redet, um am Wort zu bleiben, hat meistens nicht viel zu sagen. Wer tatsächlich etwas Interessantes zu sagen hat und die anderen Gesprächsteilnehmer auch zu Wort kommen lässt, dem hören wir gerne zu (vgl. Lorenzoni und Bernhard 2001, S. 123).

So können Sie das Strategem für Ihre Ziele nutzen

Bleiben Sie beim Thema

> „Wenn du deine Idee nicht auf die Rückseite meiner Visitenkarte schreiben kannst, hast du keine klare Idee" (Quelle: David Belasco (1853–1931), US-amerikanischer Produzent und Theaterschriftsteller).

Klare Ziele tragen zu einem klaren Gespräch bei. Wenn Sie wissen, was Sie mit einer bestimmten Interaktion erreichen möchten, können Sie die Interaktion entsprechend besser strukturieren (vgl. Dörner 1999, S. 74 f.).

Wenn Sie neben dem eigentlichen Thema zusätzliche Botschaften einbringen oder die Themen sprunghaft wechseln, ist irgendwann keinem der Beteiligten mehr klar, worüber Sie eigentlich sprechen oder auf welcher Ebene das Gespräch stattfindet (vgl. Flammer 1997, S. 62). Der Autor Dietrich Dörner verdeutlicht dies anhand der folgenden Geschichte:

Auf das Wesentliche konzentrieren

„Bei einem Experiment sollten die Versuchspersonen in einer Computersimulation als Bürgermeister die Geschicke einer Stadt lenken. Versuchspersonen, die dabei schlecht abschnitten, kamen häufig vom Hölzchen aufs Stöckchen: „Sie vagabundieren also thematisch durch die Beschäftigungsfelder." Dies lag wohl daran, dass sich ihnen bei dem Versuch, ein bestimmtes Problem zu lösen, so viele Widerstände entgegenstellten, dass sie das Thema sehr bald wie eine heiße Kartoffel fallen ließen, um sich dem nächsten Themenbereich zuzuwenden. Charakteristisch für ein solches Verhalten sind ‚gerutschte' Übergänge, wie sie Stäudel (1983) nannte. Zum Beispiel: Eine Versuchsperson befasste sich mit der Jugendarbeitslosigkeit in Lohhausen. Dabei trifft sie auf die Stadtentwicklung als möglichen Lieferanten von Ausbildungsplätzen. Sie erinnert sich plötzlich über eine Klage über die allzu schleppende Arbeit im Meldeamt bei der Ausstellung neuer Pässe. Und schon ist sie bei den Prozeduren für die Ausstellung eines Reisepasses, und die Jugendarbeitslosigkeit ist vergessen" (Quelle: Dörner 1999, S. 42).

Vermeiden Sie Widersprüche

Widersprüchliche Nachrichten machen das Verstehen schwerer, denn der Empfänger weiß dann nicht, auf welchen Aspekt der Nachricht er reagieren soll. So sind zum Beispiel implizite Botschaften schwer zu verstehen, insbesondere, wenn sie nicht zu der expliziten Botschaft passen. Außerdem ist die Kongruenz zwischen verbaler und nonverbaler Kommunikation für die Verständlichkeit einer Nachricht wichtig. Wenn die nonverbalen Anteile nicht mit dem Gesagten übereinstimmen, ist das für den Empfänger der Botschaft verwirrend (vgl. Schulz von Thun 2007, S. 33 ff.).

Bleiben Sie konkret

> **Klare Sprache verwenden**
>
> - Verwenden Sie kurze, einfache Sätze
> - Verzichten Sie auf Fremdwörter
> - Formulieren Sie anschaulich und nennen Sie konkrete Beispiele
> - Strukturieren Sie Ihre Beiträge und ordnen Sie Ihre Gedanken
> - Vermeiden Sie Wiederholungen und weitschweifige Erläuterungen
> - Achten Sie auf die Übereinstimmung von verbaler und nonverbaler Kommunikation
> - Seien Sie konkret und vermeiden Sie vage Formulierungen (vgl. Schulz von Thun 2007, S. 33 ff.).

Falls es trotz kurzer und klarer Sätze doch einmal zu Missverständnissen kommen sollte, lassen sich diese durch Metakommunikation lösen, indem Sie über den Kommunikationsprozess sprechen, um herauszufinden, wie die Missverständnisse entstanden sind. Es lohnt sich, im Gespräch kurz inne zu halten, wenn es unbefriedigend verläuft, und gemeinsam mit Ihrem Gesprächspartner das Gespräch zu reflektieren, um die Störung zu beheben (vgl. Lay 1999, S. 196).

Stellen Sie Rückfragen

Wenn ein Gespräch zum Konflikt wird, empfiehlt es sich zu klären, ob die Gesprächspartner eventuell aneinander vorbeireden. Wir nehmen nicht immer alles wahr, übersehen oder überhören etwas, verstehen Dinge falsch oder interpretieren sie anders als andere (vgl. Birkenbihl 2007,

Strategem 10: Fassen Sie sich kurz **179**

S. 190). Durch gezielte Rückfragen können solche Missverständnisse verhindert werden.

Bitten Sie um eine Wiederholung oder um eine (erklärende) Zusammenfassung, wenn Sie das Gefühl haben, nicht verstanden zu haben, was der andere gemeint hat. Oder wiederholen Sie das Gesagte selbst, um zu überprüfen, ob Sie den anderen richtig verstanden haben („Heißt das, dass…?", „Habe ich richtig verstanden, dass …?"). Beobachten Sie das Verhalten des anderen: Lässt die Reaktion Ihrer Gesprächspartner darauf schließen, dass diese Ihre Mitteilung richtig verstanden haben (vgl. Flammer 1997, S. 105)?

Manchmal verläuft ein Gespräch aber auch schlecht, weil jemand unüberlegte Annahmen mit in das Gespräch bringt und erwartet, dass der andere sie teilt, oder weil alle Beteiligten unterschiedliche Annahmen im Hinterkopf haben. Bitten Sie dann um eine genauere Darstellung, weisen Sie auf Fragwürdiges hin und hinterfragen Sie Annahmen. Das verbessert nicht nur den Gesprächsverlauf, sondern motiviert auch andere dazu, ihre eigenen Annahmen zu hinterfragen. Fragen Sie nach den Besonderheiten der Situation, über die der andere spricht, damit Sie ihn besser verstehen und sich besser in seine Situation hineinversetzen können. Nicht immer erscheint einem dabei das Spezifische einer Situation tatsächlich als besonders. Was besonders ist und was nicht, hängt von unseren Erwartungen und Gewohnheiten ab (vgl. Flammer 1997, S. 164 ff.).

Strategem 11: Kommunizieren Sie offen und ehrlich

> „Es ist ein großer Unterschied, ob ich etwas weiß, oder ob ich es liebe; ob ich es verstehe, oder ob ich nach ihm strebe" (Quelle: Francesco Petrarca (1304–1374)).

Ein Gespräch ist nur dann erfolgreich, wenn sich alle daran beteiligen und den anderen Informationen zukommen lassen. Wägen Sie jedoch genau ab, welche Informationen wann für wen sinnvoll sind. Einige Dinge sind zu persönlich oder sollten aus anderen Gründen diskret behandelt werden. Wenn Sie jedoch alles für sich behalten und nur Informationen sammeln, birgt das für alle Beteiligten Gefahren:

- Für andere Menschen ist es schwer, eine verschwiegene Person einzuschätzen. Besonders problematisch wird es, wenn Sie wichtige Informationen zurückhalten, die andere dringend benötigen, zum Beispiel um ihre Arbeit zu erledigen.
- Außerdem ist es für die anderen Gesprächspartner ärgerlich, da sie das Gespräch alleine bestreiten müssen, während Sie sich unterhalten lassen (vgl. Lorenzoni und Bernhard 2001, S. 124).

- Aber Sie schaden sich auch selbst, wenn Sie Informationen zurückhalten. Wer nur als Beobachter auftritt, trägt nichts zum Gespräch oder zur Zusammenkunft bei. Er macht sich so selbst zum Außenseiter (vgl. Lorenzoni und Bernhard 2001, S. 124). Wenn Sie nur Informationen von anderen aufnehmen und selbst von sich nichts preisgeben, können andere nicht auf Sie eingehen. Dies kann dazu führen, dass Ihre Gefühle und Ihre Meinung anschließend nicht berücksichtigt werden, was zwangsläufig zu Frustrationen führt (vgl. Glass 2005, S. 70).
- Das Zurückhalten von Informationen kann der ganzen Gruppe schaden. Um komplexe Situationen zu durchschauen, ein Ziel zu formulieren oder Probleme zu lösen, brauchen Sie oft Informationen von allen Beteiligten. Anderen die für sie relevanten Informationen zukommen zu lassen, ist ein Zeichen von Respekt und Kooperationsbereitschaft. Nur auf Basis ausreichender und relevanter Informationen können Sie sinnvolle Entscheidungen treffen (vgl. Dörner 1999, S. 69, 150).

So können Sie das Strategem für Ihre Ziele nutzen

Kommunizieren Sie immer ehrlich

Aus zurückgehaltenen Informationen kann sich im schlimmsten Fall ein Teufelskreis entwickeln, aus dem Sie nur noch schwer herauskommen. Wenn Sie ein Problem nicht offen ansprechen, wird der andere eine Erklärung suchen und auf Basis seiner Interpretation reagieren. Diese Interpretation stimmt aber nicht mit der Wahrheit, beziehungsweise mit Ihren echten Motiven oder Emotionen überein, und kann das Problem durch Wahrnehmungsverzerrung noch verschärfen.

Friedemann Schulz von Thun erläutert diese Art der Teufelskreise an verschiedenen Beispielen: So kann sich ein Teufelskreis im Spannungsfeld von Misstrauen und Verschlossenheit entwickeln. Angenommen Ihr Partner verhält sich verschlossen und einsilbig und behält manche Dinge für sich. Durch diese Heimlichkeiten fühlen Sie sich verunsichert, Sie fühlen sich unsicher und ausgeschlossen. Sie ändern Ihr Verhalten und beginnen, nachzufragen, nachzubohren oder sogar zu spionieren. Dadurch fühlt sich Ihr Partner ausgefragt, verhört, verfolgt und in seinem ursprünglichen Verhalten bestärkt, sodass er jetzt noch mehr auf seine Privatsphäre achtet und noch verschlossener wird (vgl. Schulz von Thun 2010, S. 30). Aus diesem Dilemma gibt es einen Ausweg: Kommunizieren Sie über Ihre Kommunikation. Auf diese Weise finden Sie heraus, wo und warum es zu Missverständnissen gekommen ist. Nur wenn Sie über Ihre Gefühle sprechen, lassen sich Konflikte frühzeitig verhindern, wie das folgende Beispiel verdeutlicht:

Gefühle offen ansprechen

In vielen Teams haben sich Frotzeleien, gegenseitige Spitzen und willkürlicher Aufgabenverteilung eingebürgert. Bei diesen Frotzeleien wird zum Beispiel einigen Teammitgliedern im Scherz abgesprochen, zur Gruppe dazuzugehören. Dabei werden zum Beispiel aktuelle Fußballergebnisse von Lokalrivalen auf die Kollegen übertragen werden („Ihr habt euch gestern ja an die Wand spielen lassen!").

> Bei der willkürlichen Aufgabenverteilung guckt sich die Gruppe dagegen einen „Dummen" aus und lobt diesen überschwänglich, um ihm anschließend eine unbeliebte Aufgabe aufs Auge zu drücken. Viele Menschen haben bei diesen „Spielchen" ein schlechtes Gefühl und sind der Meinung, dass dieses Verhalten den Fortgang der Gruppenkommunikation negativ beeinflusst. Aber kaum jemand wagt es, offen über seine Gefühle zu sprechen. Genau das muss aber geschehen, um ein konstruktives Arbeitsklima zu erzeugen (vgl. Schulz von Thun 2007, S. 93 f.).

Entwickeln Sie Verständnis für die Positionen des anderen

Doch auch in anderen Lebenssituationen ist es wichtig, offen und ehrlich zu kommunizieren. Dabei ist es wichtig, Verständnis für die Positionen des anderen zu entwickeln. Folgende Techniken können das gegenseitige Verständnis verbessern:

- Klares Denken und klares Sprechen bedingen einander. Wenn Sie sich vorher darüber klar werden, was Sie Ihrem Gegenüber mitteilen möchten, trägt das zu einer erfolgreicheren Kommunikation bei. Beachten Sie die Vorkenntnisse und Erwartungen Ihres Gesprächspartners – und Ihre eigenen. Teilen Sie diese den anderen notfalls direkt mit.
- Wirkungsvolles Sprechen ist rationales und emotionales Sprechen: Klammern Sie Ihre Emotionen nicht aus. Die eigenen Gefühle zu verstehen und verständlich zu machen, ist entscheidend für das Gelingen der Kommunikation.

- Vermeiden Sie zudem, etwas so auszudrücken, dass Sie dadurch das explizit Gesagte entkräften.

Wie Sie Dinge klar und deutlich formulieren können, ohne sich in Floskeln zu verlieren oder das Gesagte zu entkräften, veranschaulicht Müller-Merbach am Beispiel der Formulierungen bezüglich der Frauenquote in Stellenanzeigen:

> **Thema Frauenquote positiv kommunizieren**
>
> „Ein prominentes Beispiel schlechter Textgestaltung in Stellenanzeigen ist die an Frauen gerichtete ‚Aufforderung' zur Bewerbung, zum Beispiel: ‚Die Universität ist bemüht, den Anteil der Frauen im Lehrkörper zu erhöhen, und fordert sie deshalb auf, sich zu bewerben.' Es klingt schon viel höflicher, wenn man das früher fast ausschließlich verwendete Verb ‚auffordern' ersetzt durch Verben wie ‚ermuntern', ‚bitten', ‚begrüßen' etc., wie sie neuerdings in Stellenanzeigen zu lesen sind. Gleichwohl bleibt die formale, quotenorientierte Begründung problematisch. Geht es den Universitäten um Formales, also die Frauenquote, oder um Inhaltliches, d. h. um eine reichhaltigere Vielfalt an Sichtweisen, um eine Bereicherung durch das weibliche Denken?" (Quelle: Müller-Merbach 2002, S. 6–8).

Strategem 12: Alles, was Sie sagen, muss wahr sein, aber nicht alles, was wahr ist, müssen Sie sagen

> „Nicht alles, was wahr ist, solltest Du auch sagen" Voltaire (1694–1778).

In jedem denkbaren Umfeld wird gelogen. Im Rahmen einer Studie, bei der sich zwei Versuchsteilnehmer einander vorstellen sollten, die sich vorher noch nie gesehen hatten, log jeder der Teilnehmer innerhalb von zehn Minuten im Schnitt dreimal (vgl. Feldmann 2012, S. 10).

Aber warum lügen wir so häufig, selbst gegenüber Fremden, die wir wahrscheinlich nie wiedersehen werden? Nicht alle Lügen werden kalkuliert eingesetzt, um sich selbst einen Vorteil zu schaffen oder anderen zu schaden. Auch wenn solche Motive natürlich eine Rolle spielen können, sind die Beweggründe für das Lügen doch vielschichtiger. Oft wird aus Höflichkeit gelogen oder um der Gemeinschaft willen: Wir möchten Gemeinschaft herstellen, die Gemeinschaft nicht gefährden oder von anderen als Teil der Gemeinschaft akzeptiert werden.

So können Sie das Strategem für Ihre Ziele nutzen

Notlügen sind verzeihlich

> **Notlügen**
> „Eine Notlüge ist immer verzeihlich. Wer aber ohne Zwang die Wahrheit sagt, verdient keine Nachsicht" (Karl Kraus (1874–1936)).

Damit eine Gemeinschaft funktioniert, müssen alle Mitglieder ihre Normen einhalten. Es entspricht unseren kulturellen Normen, sich beim Grüßen freundlich und am Grab bedrückt zu geben. Auch die Normen einzelner Gruppen, zum Beispiel der Familie, am Arbeitsplatz oder im Verein gehören dazu. Wenn wir solche Täuschungen bemerken, nehmen wir sie normalerweise als Höflichkeitsgeste oder Demonstration guten Willens wahr. Jede beliebige Person bei jeder passenden oder unpassenden Gelegenheit mit den wahren Gefühlen zu konfrontieren, wäre rücksichtslos und respektlos (vgl. Flammer 1997, S. 39 ff.). Gemeinschaft beruht auf Gemeinsamkeiten. Um eine Beziehung zu anderen aufzubauen oder aufrecht zu erhalten, betonen wir die Gemeinsamkeiten und versuchen, Konflikte oder Meinungsverschiedenheiten möglichst zu vermeiden.

Lügen können außerdem dazu dienen, ein Gespräch aufrechtzuerhalten. Indem wir vorgeben, uns besser mit dem Gegenstand der Diskussion auszukennen, als es tatsächlich der Fall ist, können wir verhindern, dass das

Gespräch nicht abbricht oder sich in irrelevanten Details verliert. Das Gegenteil ist natürlich auch möglich: Wir stellen uns dümmer als wir sind, um unserem Gesprächspartner mehr Fragen stellen zu können und ihm vielleicht auch ein gutes Gefühl zu vermitteln.

Falsche Komplimente funktionieren auf dieselbe Weise. Manchmal machen wir anderen Personen Komplimente zu Dingen, Handlungen oder Eigenschaften, die wir vielleicht gar nicht so besonders an ihnen schätzen. Aber wir hoffen, der anderen Person auf diese Weise zu gefallen – manchmal provoziert die so geschmeichelte Person die falschen Komplimente ja auch selber (vgl. Feldmann 2012, S. 19, 24, 61).

Lassen Sie sich nicht täuschen
Manchmal kommt es vor, dass wir Unwahrheiten verbreiten, ohne uns dessen bewusst zu sein. Dies kann zum Beispiel passieren, wenn wir davon überzeugt sind, die Wahrheit zu kennen, obwohl sich die eigenen Annahmen nicht mit der Realität decken. Unsere Wahrnehmung ist immer subjektiv. Je nach Wahrnehmung, Gefühlen, Vorurteilen und früheren Erfahrungen nehmen wir ein und dieselbe Situation ganz anders wahr. Seien Sie sich dessen bewusst. Überprüfen Sie die eigenen Vorurteile und Annahmen. Wenn Sie sich weniger von Ihrer eigenen Wahrnehmung täuschen lassen, vermindern Sie die Gefahr, andere unabsichtlich zu täuschen. Nicht alles, was auf den ersten Blick plausibel erscheint, muss auch wahr sein (vgl. Lay 1999, S. 25, 64 f.).

Wir können auf unterschiedliche Arten und Weisen lügen. Eine Lüge direkt auszusprechen, ist nur eine Möglichkeit unter vielen. Durch Unterschlagen von relevanten

Informationen können wir einen falschen Eindruck erzeugen, ohne direkt zu lügen. Aber die Wahrheit lässt sich noch eleganter verzerren. In Zeiten von Bildbearbeitungsprogrammen ist es ein leichtes, mit Hilfe von Bildern zu lügen. Die Frage ist nicht mehr, ob ein Bild manipuliert ist, sondern nur wie und in welchem Ausmaß. Das gilt auch für bewegte Bilder, wie Nöllke im folgenden Beispiel zeigt:

Die Wahrheit über die Lemminge

„Die Lemminge vermehren sich zeitweise sehr stark. Ist eine bestimmte Grenze überschritten, wandert eine große Anzahl Lemminge fort. Bei diesen Lemmingzügen kommen tatsächlich viele Lemminge zu Tode. Doch von einem freiwilligen oder instinktiven Massenselbstmord kann keine Rede sein. Dass sich diese Legende so stark verbreitet hat, liegt vermutlich an dem Disney Film ‚Wild Wilderness', auf Deutsch: ‚Abenteuer in der weißen Wildnis'. In diesem dokumentarischen Naturfilm ist tatsächlich der angebliche Massenselbstmord der Lemminge zu sehen. Nach Recherchen des kanadischen Journalisten Brian Vallee haben die Filmer diese Szene allerdings gestellt. Am Drehort gab es keine Lemminge. Die Disney-Leute hatten die Tiere vorher eingekauft und zum Drehort geschafft. Um den Eindruck einer Massenwanderung zu erzeugen, wurden die Lemminge auf eine große schneebedeckte Scheibe gesetzt, die dann gedreht wurde. Die Zuschauer sehen also immer wieder die gleichen Tiere, die auch keineswegs die Absicht hatten, sich gemeinschaftlich in die gähnende Schlucht eines Flusstals zu stürzen. Vielmehr haben da die Filmer nachgeholfen und die possierlichen kleinen Nager in den Abgrund geschubst oder, wenn nötig, auch geworfen" (Quelle: Nöllke (2002, S. 259)).

Wie das Beispiel der Lemminge zeigt, lassen sich nicht nur eine Person oder eine einzelne Gruppe täuschen. Es ist ebenfalls möglich, im großen Stil zu täuschen und die gesamte Öffentlichkeit beziehungsweise einen großen Teil der Öffentlichkeit gewollt oder ungewollt zu betrügen. Ein gutes Beispiel sind die Kampagnen der Tabakkonzerne, in denen diese den Verbrauchern weis zu machen versuchten, Rauchen mache weder süchtig, noch schade es der Gesundheit:

Die Wahrheit über Nikotin

„Was die dabei bewusst nicht erwähnten, war eine Untersuchung, die Big Tobacco (…) selbst durchgeführt hatte, wonach Nikotin sehr wohl süchtig macht. Sie verloren auch kein Wort darüber, dass sich ihre Konzerne sogar bemüht hatten, die süchtig machende Wirkung des Nikotins in den von ihnen verkauften Zigaretten noch zu verstärken. Drei Monate nach ihrer Aussage leitete das Justizministerium Ermittlungen gegen sie ein, um festzustellen, ob sie mit ihrer Aussage „Nikotin macht nicht süchtig" einen Meineid geleistet hatten. (…) Die Manager von Big Tobacco täuschten nicht nur einen parlamentarischen Ausschuss, sondern darüber hinaus die gesamte US-amerikanische Öffentlichkeit, oder anders gesagt: sie belogen uns alle" (Quelle: Feldmann (2012, S. 6 f.)).

Seien Sie ehrlich

Egal, wie Sie jemanden täuschen, es zieht immer irgendwelche Folgen nach sich. Sie zerstören einen Teil des Vertrauens, entweder das Ihres Gesprächspartners oder Ihr eigenes. Ist dieses erst einmal beschädigt, lässt es sich nur schwer wiederaufbauen. Geschieht dies öfter, entwickeln Menschen eventuell eine zynische Einstellung gegenüber ihren Mitmenschen, der Regierung oder den Medien. Selbst Notlügen oder Lügen aus Höflichkeit können negative Konsequenzen haben. Überlegen Sie sich deshalb, ob Sie nicht lieber eine neutrale Formulierung verwenden, die zwar höflich ist, aber weniger heuchlerisch: „Es hat mich gefreut, Sie kennenzulernen" (vgl. Glass 2005, S. 66).

In engeren Beziehungen, privaten wie geschäftlichen, lohnt sich Ehrlichkeit. Vielleicht lässt sich mit Lügen einmal ein gutes Geschäft abschließen, doch Geschäftsleute, die aufrichtig sind, sind über einen längeren Zeitraum erfolgreich. Ihre Kunden und Geschäftspartner wissen, dass sie sich auf sie verlassen können (vgl. Glass 2005, S. 157).

Doch nicht nur der Getäuschte, auch der Täuschende leidet langfristig unter der mangelnden Ehrlichkeit. Die Lügen lösen beim Täuschenden häufig (leichten) Stress aus. Diese Stimmungstrübung kann selbst nach dem Ende des Gespräches anhalten. Empfindet der Lügner Schuldgefühle, können diese ihn dazu veranlassen, die belogene Person zu meiden, um nicht ertappt oder an die unangenehmen Gefühle erinnert zu werden. Das kann selbst dann passieren, wenn die Lügen mit den besten Absichten geäußert werden, weil Sie jemanden vor einer unangenehmen Wahrheit oder Meinung schützen wollen (vgl. Feldmann 2012, S. 322 ff.). Außerdem erwecken Sie eventuell den Eindruck, dass Sie der Person nicht trauen oder glauben, dass die Person nicht in der Lage ist, die Wahrheit zu verstehen oder zu verkraften. Mit diesem Schutz tun Sie den Betroffenen keinen Gefallen, vor allem, wenn die Wahrheit später doch ans Licht kommt. Hinterfragen Sie, wie altruistisch Ihre Motive wirklich sind, wenn Sie jemanden belügen und sich damit rechtfertigen, dass das nur zu seinem Besten ist.

> **Verstricken Sie sich nicht in Lügen**
>
> Interview mit dem Leiter des Krankenhauses, Norbert Pfeiffer, nach dem Tod eines Säuglings in einer Mainzer Klinik:
> „Wenn man lügt, muss man ein sehr gutes Gedächtnis haben. Wahrscheinlich widerspricht man sich irgendwann. Deshalb ist die Wahrheit zu sagen nicht so gefährlich. (…) Wenn ich Politiker wäre, würde ich es genauso machen, weil ich glaube, dass die Menschen nicht töricht sind" (Ehrliche Antworten über das Versagen (Süddeutsche vom 22.09.2010)).

Bleiben Sie authentisch

Es gibt Situationen, in denen es ratsam ist, nicht die ganze Wahrheit zu sagen. Manchmal sollten Sie die eigene Privatsphäre beziehungsweise die anderer besser schützen, vor allem, wenn diese Ihnen etwas Vertrauliches erzählt haben. Wägen Sie genauestens ab, wer was erfahren muss. Dazu gehört es, keine Andeutungen zu machen, da diese nur Spekulationen anheizen. Außerdem gibt es Situationen, in denen Sie Ihre Meinung besser für sich behalten.

Doch wie finden Sie die richtige Balance zwischen wahrheitsgemäßer und rücksichtsvoller Kommunikation? Ruth Cohn hat für diesen Fall den Begriff der „selektiven Authentizität" geprägt: „Selektive Authentizität beschreibt ein kommunikatives Verhalten, das eine Art Gratwanderung zwischen Offenheit und Diskretion entspricht. Sie müssen nicht alles sagen, was Sie denken oder fühlen. Aber was Sie anderen Menschen mitteilen, sollte mit

Ihrem eigenen Erleben übereinstimmen" (Ruth Cohn, zitiert nach: Auhagen 2006).

> **Unbezweifelbare Tatsachen**
>
> „Ganz zu Anfang seiner Karriere arbeitete der amerikanische Schriftsteller Mark Twain als Lokalreporter. Sein Chefredakteur schärfte ihm ein: ‚In unserer Zeitung dürfen Sie nur Dinge behaupten, von denen Sie sich selbst überzeugt haben, dass es sich um unbezweifelbare Tatsachen handelt. Ich erwarte, dass Sie sich daran halten!' Noch am selben Tag schickte der Redakteur den jungen Reporter zu einer Abendgesellschaft, um darüber zu berichten. Twain schrieb: ‚Eine Frau, die sich Mildred Taylor nannte, hat, wie es heißt, gestern einen sogenannten Gesellschaftsabend für einige Gäste gegeben, von denen behauptet wird, dass sie Damen seien. Über die Gastgeberin wird erzählt, sie sei mit dem Bürgermeister verheiratet'" (Quelle: Nöllke (2002, S. 29).

Strategem 13: Fragen Sie nach, wenn Sie Antworten suchen

» „Um einen Menschen wirklich kennenzulernen, muss man ihn unter drei verschiedenen Gesichtspunkten beobachten. Zuerst muss man die Wirkungen in Betracht ziehen, die von seiner äußeren Tätigkeit ausgehen.

Das ist am leichtesten, lässt aber auch die am wenigsten bindenden Schlüsse zu. Wichtiger und schwieriger ist es, die psychologischen Motive festzustellen, von denen er in seinem Handeln bestimmt wird. Um einen Menschen aber seinem Wesen nach kennenzulernen, ist auch das letzte und schwierigste noch nötig: dass man ihn erkennt, wie er an sich ist. Das einzige Hilfsmittel hierzu ist, zu beobachten, wie und wo er sich wohl fühlt, was seine moralische Lebensluft ist" (Quelle: Konfuzius (551–479 v. Chr.), zitiert nach: Konfuzius – Kungfutse 2005, Buch II, 10, S. 64).

Viele Menschen neigen dazu, das Verhalten anderer zu interpretieren, auch wenn sie nicht dazu in der Lage sind. Wir alle haben die Tendenz, vorschnell über andere zu urteilen. Dabei beurteilen wir das Verhalten anderer Menschen nach unseren eigenen Maßstäben, die vielleicht für die Situation des anderen gar nicht angemessen sind.

Sagen Sie im Zweifelsfalle nichts, sondern fragen Sie lieber, wenn Sie in einer Situation nicht weiterwissen. Denn Fragen haben viele Vorteile:

- Mithilfe von Fragen zeigen Sie, dass Sie sich für den anderen interessieren und dass Ihnen seine Meinung wichtig ist. Jede Frage zeigt Anerkennung und Respekt für den anderen. Auf diese Weise bauen Sie eine Brücke zu Ihrem Gegenüber. Die positiven Signale von Fragen verbessern die Beziehungsebene und verhindern, dass Sie aneinander vorbeireden.
- Fragen geben Anreize zum Nachdenken und beheben auf diese Weise Denkblockaden.
- Fragen können, wenn sie ruhig und offen gestellt werden, nicht als Angriff aufgefasst werden.
- Durch Fragen können Sie die Informationen des Gesprächspartners überprüfen und frühzeitig Missverständnisse erkennen.
- Sie erkennen Vorbehalte des anderen, ehe dieser verärgert ist, falls Ihre Informationen ihn angreifen.
- Sie erfahren, welche Argumente Ihr Gegenüber noch in der Hinterhand hat, ehe Sie Ihre Karten offen gezeigt haben.
- Wollen Sie jemanden zu etwas bewegen, können Sie mit Hilfe von Fragen erkennen, ob Ihr Angebot für ihn attraktiv ist. Dies ermöglicht es Ihnen, aus verschiedenen möglichen Angeboten das passende auszuwählen.
- Mithilfe von Fragen führen Sie den anderen gedanklich dahin, wo Sie ihn gerne haben wollen. Damit ersparen Sie sich lange Erzählungen, die oft nur schwer zu bremsen sind.

- Während der andere antwortet, können Sie in Ruhe nachdenken: Über das, was er sagt und darüber, was die Information in Bezug auf Ihr Angebot bedeutet (vgl. Birkenbihl 2007, S. 150 f.).

So können Sie das Strategem für Ihre Ziele nutzen

Fragen Sie nach, bevor Sie sich ein Urteil bilden
Egal, wie gut Sie jemanden kennen, Sie können nicht erraten, was er denkt oder wie er etwas meint. Vermeiden Sie es deshalb, das Verhalten anderer über zu interpretieren. Die Wahrscheinlichkeit, dass Sie dabei falsch liegen, ist groß. Dies kann schnell dazu führen (aus Unsicherheit oder Angst, etwas falsch gemacht zu haben), dass Sie das Verhalten anderer auf sich zu beziehen, ohne zu wissen, ob es tatsächlich so gemeint war.

Versuchen Sie, den anderen besser zu verstehen. Hierzu ist es absolut notwendig, Fragen zu stellen. Nur wenn Sie anderen Fragen stellen und ihnen die Gelegenheit geben, ihr Verhalten, ihre Äußerungen oder ihre Entscheidungen zu erklären, werden Sie andere besser kennenlernen. So können Sie aktuelle Missverständnisse klären und ähnliche Missverständnisse in Zukunft vermeiden. Nöllke veranschaulicht dies mithilfe des Gleichnisses vom Ferkel und den Schafen:

> **Von Schafen und Ferkeln**
>
> „Ein Ferkel begab sich zu einer Schafherde auf die Weide und fraß dort mit den anderen Gras. Nach einiger Zeit erschien der Hirte und wollte das Ferkel einfangen. Das aber wehrte sich und quiekte laut. Die Schafe schüttelten nur den Kopf und fragten: „Was quiekst du so? Uns fängt der Hirte oft ein. Und wir schreien auch nicht herum." Darauf sagte das Ferkel: „Das ist ja auch etwas Anderes. Wenn der Hirte euch einfängt, so will er eure Wolle und eure Milch. Wenn er mich fängt, dann will er mein Fleisch"" (Quelle: Nöllke 2002, S. 124).

Schafe und Ferkel befinden sich nur auf den ersten Blick in der gleichen Situation. Bei näherer Betrachtung wird jedoch deutlich, dass die Situation für das Ferkel viel gefährlicher ist als für die Schafe. Dessen panische Reaktion ist somit durchaus berechtigt. Das verstehen die Schafe jedoch erst, nachdem sie gefragt haben.

Aber auch Fragen will gelernt sein. Sind Sie aufrichtig an einem guten gegenseitigen Verständnis interessiert? Dann gehen Sie sorgfältig und umsichtig zu Werke:

- Achten Sie darauf, in Ihren Fragen keine Vorwürfe zu verstecken.
- Vermeiden Sie möglichst aggressive Fragen.
- Verzichten Sie in Fragen komplett auf Unterstellungen: Setzen Sie nichts voraus, was Sie noch gar nicht wissen können (vgl. Birkenbihl 2007, S. 108).

Die bemalten Wandschirme

„Der große japanische Maler Kano Tannyu wurde einmal gebeten, zwei große, goldene Wandschirme zu bemalen. Er sah sie sich an, dachte lange nach und begab sich schließlich nach Hause, um zu ruhen. Am nächsten Morgen kam er mit einem Hufeisen, mehreren Pinseln und einem großen Gefäß Tusche wieder zurück. Das Hufeisen tauchte er in die Tusche und verteilte die Abdrücke überall auf einem der Wandschirme. Dann malte er mit einem dicken Pinsel einige Linien darüber. Unterdessen war sein Auftraggeber Masamune eingetreten. Als er den Maler so herumfuhrwerken sah, war er schockiert. „Was für ein entsetzliches Durcheinander", murmelte er und zog sich in seine Gemächer zurück. Tannyu hatte das gar nicht bemerkt, erst ein Diener machte ihn darauf aufmerksam, dass Masamune sehr verärgert über seine Arbeit gewesen sei. „Warum sieht er mir auch bei der Arbeit zu?", bemerkte Tannyu, „Er soll warten, bis ich fertig bin." Dann nahm er einen feinen Pinsel und zeichnete einzelne Striche ein. Aus den Abdrücken der Hufeisen wurden Krabben und die breiten Striche verwandelte er in Pflanzen. Daraufhin spritzte er Tuschetropfen auf den zweiten Wandschirm. Und als er die feinen Pinselstriche hinzufügte, wurden Schwalben daraus, die über Weidebäume flogen. Als Masamune die fertigen Wandschirme erblickte, war er entzückt und bewunderte die Fertigkeiten des Künstlers" (Quelle: ohne Quellenangabe, zitiert nach Nöllke 2002, S. 116).

In dieser Geschichte urteilt der Auftraggeber über ein noch unfertiges Werk. Hätte er den Künstler gefragt, ob er schon fertig ist, hätte er sich seinen Ärger ersparen können.

Wer fragt, führt!

Wer die Kunst des Fragens beherrscht, der kann ein Gespräch in jede beliebige Richtung führen. Der Fragende befindet sich generell im Vorteil, denn er gewinnt einen besseren Überblick als der Antwortende. Der Fragende steuert das Gespräch. Dies bedeutet jedoch, dass das Gelingen oder Scheitern des Gesprächs davon abhängt, ob er die richtigen Fragen stellt. Wenn Sie falsch fragen (zum Beispiel zu aggressiv oder ungeduldig), nützt auch die beste Fragetechnik nichts. Zudem führt kein Weg daran vorbei, dass Sie sich vorher überlegen, wohin Sie den anderen führen möchten. Es ist wichtig, Ihren Fragen eine Richtung zu geben, damit der Gesprächspartner auf neue Ideen kommt und gedanklich neue Wege gehen kann.

Sie kennen bestimmt die unangenehme Situation, wenn andere einen Ihrer Vorschläge ablehnen und Sie das Gefühl haben, Ihr Gegenüber versteckt sich hinter Vorwänden und will seine wahren Absichten oder Motive nicht preisgeben. Reagieren Sie nicht verärgert, falls Sie auf Ablehnung treffen. Versuchen Sie lieber, zu verstehen, warum der andere etwas ablehnt. Hierzu eignen sich unter anderem folgende Fragen:

- „Warum bist Du dagegen?"
- „Wie siehst Du das denn?"
- „Was genau gefällt Dir nicht?"

Falls Sie den Eindruck haben, dass der andere nur Vorwände vorschiebt, und Sie gerne den wahren Grund für die Ablehnung erfahren möchten, dann sind folgende Fragen hilfreich:

- „Gesetzt den Fall, das ‚(‚der Vorwand') wäre nicht so, würdest du dann…?"
- „Wenn das Problem nicht bestünde…?"
- „Sagen wir mal, theoretisch, das ‚(‚der Vorwand') wäre lösbar, was spräche denn dann noch dagegen?"

Stellen Sie offene Fragen
Es gibt zwei Arten von Fragen, offene und geschlossene. Bei beiden Varianten kommt es in unserem Gehirn zu bestimmten Prozessen, die unterschiedliche Ergebnisse zur Folge haben. Auf geschlossene Fragen können Sie entweder mit ja oder mit nein antworten. Beispielsweise „Kannst Du die Aufgabe erledigen?" oder „Hast Du schon eine Lösung für das Problem gefunden?" Es gibt also nur zwei Möglichkeiten, auf eine geschlossene Frage zu antworten. Und in beiden Fällen befinden wir uns kommunikationstechnisch in Schwierigkeiten: Denn wir erhalten keine neuen Informationen oder unser Gespräch befindet sich sogar in einer Sackgasse.

Offene Fragen lassen dagegen die Antwort so weit offen, dass sie auf jeden Fall vom Gesprächspartner kommen muss: „Welche Informationen benötigst Du noch, um die Aufgabe zu erledigen?" oder „Wie könnte eine mögliche Lösung für das Problem aussehen?" Um die Frage beantworten zu können, muss Ihr Gegenüber auf jeden Fall darüber nachdenken. Der Gesprächspartner kommt ins Denken und muss über eine Lösung nachdenken, denn sonst kann er die Frage nicht beantworten. Sie erhalten somit nicht nur wichtige Informationen, sondern geben dem Antwortenden auch neue Wahlmöglichkeiten.

Hören Sie aktiv und aufmerksam zu

Hören Sie Ihrem Gegenüber aufmerksam zu! Tun Sie das nicht, verpuffen die Antworten und Sie hätten sich das ganze Gespräch sparen können. Hören Sie aktiv zu und achten sie auf die Details. Jede Information, die Sie erhalten, kann später Gold wert sein. Für das aktive Zuhören können Sie sich eine Faustregel merken: 20 % Reden und 80 % Zuhören.

Nicken Sie beim Zuhören ab und an, um dem Gesprächspartner zu signalisieren, dass Sie ihn verstehen. Mit dieser Form der nonverbalen Kommunikation spiegeln Sie Ihr Gegenüber, Sie holen ihn dort ab, wo er gerade ist. In Kombination mit dem aktiven Zuhören führt ein gelegentliches Nicken dazu, dass sich Ihr Gesprächspartner verstanden fühlt und sich Ihnen noch mehr öffnet.

Stellen Sie außerdem keine Fragen, wenn Sie die Antwort nicht interessiert. Dies ist eine wichtige Voraussetzung, um eine stabile Beziehung, den sogenannten Rapport, zu ihrem Gesprächspartner aufzubauen. Wenn Sie sich wirklich für Ihr Gegenüber interessieren, dann wird dieser das unbewusst spüren. Lassen Sie ihn in Ruhe Ihre Fragen beantworten. Der andere wird sich öffnen und Ihnen vertrauen.

Strategem 14: Üben Sie sich in Kritikfähigkeit

> » „Für mich gibt es nur ein Mittel, um die Achtung vor mir selbst nicht einzubüßen: fortwährende Kritik" (Christian Morgenstern (1871–1914)).

Sowohl im Beruf als im Privatleben ist es manchmal wichtig, andere auf Fehler hinzuweisen beziehungsweise anderen mitzuteilen, was uns gut oder weniger gut an seinem Verhalten gefällt. Solche Rückmeldungen werden als Feedback bezeichnet. Gleichzeitig beschreibt der Begriff „Feedback" die Technik, anderen zu sagen, wie wir sie sehen beziehungsweise zu erfahren, wie andere uns sehen. Feedback hat zwei Seiten: das Feedback-Geben und das Feedback-Nehmen. Wir lernen auf diese Weise, wie wir auf andere wirken und sehen, was unser Verhalten bei anderen auslöst. Ziel von Feedback ist es, dass wir uns unserer Verhaltensweisen, aber auch unserer Stärken und Schwächen bewusst werden.

Es kommt häufiger vor, dass wir kritisiert werden. Die beiden entscheidenden Fragen sind, wie wir mit dieser Kritik umgehen, und ob wir dazu in der Lage sind, die Kritik anzunehmen und daraus zu lernen. Zudem ist es wichtig, das eigene Urteil regelmäßig der Kritik von Dritten auszusetzen. Geschieht dies nicht, werden wir auf

Dauer neue Informationen durch unsere alte „Urteilsbrille" sehen und deuten. In diesem Fall werden wir so lange auf unseren Meinungen beharren, bis sich die Welt (und damit die Rahmenbedingungen) weiterentwickelt hat und wir plötzlich auf einem Abstellgleis stehen.

Kritikfähigkeit bezeichnet jedoch nicht nur die Kompetenz, Kritik anzunehmen, sondern Kritik angemessen auszuüben. Gerade in Bereichen, wo Teamarbeit gefragt ist und Menschen eng zusammenarbeiten, besteht großes Konfliktpotenzial. Kritikfähigkeit ist deshalb eine zentrale Voraussetzung für ein produktives Arbeitsumfeld. Feedback-Situationen sind oft heikel, da niemand gerne in seinem Selbstbild korrigiert wird und viele Menschen Schwierigkeiten damit haben, Verbesserungsvorschläge offen anzusprechen. Daher ist es wichtig, dass Feedback-Geber und -Nehmer bestimmte Regeln einhalten (vgl. Schulé 2014).

So können Sie das Strategem für Ihre Ziele nutzen

Beweisen Sie Fingerspitzengefühl

Kritik bedroht das Gesicht des Empfängers und ist somit eine potenzielle Ursache für Konflikte. Dennoch kann es erforderlich sein, Kritik zu äußern und andere auf Fehler oder Schwächen hinzuweisen. Achten Sie dabei darauf, andere auf eine Weise zu kritisieren, die nur eine geringe Bedrohung für das Gesicht des Gegenübers darstellt:

- Klagen Sie Ihr Gegenüber nicht an.
- Unterscheiden Sie zwischen Kritik und Polemik.
- Vermeiden Sie auf jeden Fall Schimpfwörter! Verletzende Beleidigungen oder Gesten bleiben auf immer im Gedächtnis eingebrannt. Die beschimpfte Person wird sich vielleicht noch Jahre später fragen, ob der Schimpfende ihr gegenüber nicht doch sein wahres Ich gezeigt hat. Außenstehende werden sich fragen, ob der Schimpfende hier sein wahres Gesicht gezeigt hat. Außerdem bringt jemand, der einen anderen beschimpft, diesen in die Defensive. Dies fördert nicht dessen Bereitschaft zuzuhören (vgl. Glass 2005, S. 330).
- Formulieren Sie Ihre Botschaften so, dass Sie von sich und von Ihren Gefühlen ausgehen. Statt zu sagen: „Nie gehst du mit mir aus, ewig sitzt du mit deinen Freunden abends in der Kneipe", sagen Sie besser „Ich wäre so glücklich, wenn wir wieder mehr Zeit zusammen verbringen würden." Wenn Sie erklären, welche Gefühle der andere bei Ihnen auslöst, erhöht das die Wahrscheinlichkeit, dass die Person Ihre Kritik annimmt und ihr Verhalten ändert, denn da sie nicht direkt angegriffen wurde, bleibt ihr Gesicht geschützt (vgl. Glass 2005, S. 330).
- Wenn Sie jemanden kritisieren wollen, ohne sein Gesicht zu bedrohen, ist das ‚Wie' entscheidend. Benutzen Sie am besten Formulierungen wie „Darf ich dir einen Vorschlag machen?" (vgl. Glass 2005, S. 136).

- Vermeiden Sie die direkte Konfrontation. Beobachten Sie Ihr Gegenüber sorgfältig und wägen Sie im Verlauf des Gespräches immer wieder ab, wann Sie zustimmen und das Verhalten Ihres Gegenübers spiegeln und wann Sie einen neuen Gesprächsschritt machen, um Ihr Gegenüber für Ihre Gedanken zu gewinnen.

Ähnlich herausfordernd wie Kritikgespräche sind Gespräche über ein heikles Thema. In diesem Fall ist es zwar nicht Ihr Ziel, die andere Person direkt oder indirekt zu kritisieren, aber Sie müssen dennoch ein Thema ansprechen, dass für den anderen potenziell verletzend ist. Entscheidend ist, wie Sie das Thema ansprechen beziehungsweise rahmen *(framing)* und ob Sie Ihr Anliegen so vortragen, dass der andere davon profitiert. Außerdem empfiehlt es sich hier, dabei von der eigenen Person auszugehen: „Ich habe das Gefühl, dass…"

Beachten Sie Feedbackregeln
Die größte Kunst beim Feedback-Geben ist es, einem anderen Menschen zu sagen, wie wir ihn sehen, ohne ihn dabei zu verletzen. Feedback sollte deshalb zielorientiert sein: Was war gut? Was sollte verbessert werden? Und was kann derjenige, der Feedback erhält, in Zukunft aus den aufgedeckten Fehlern lernen? Feedback macht nur Sinn, wenn es auf diese Fragen eine Antwort gibt. Um dies zu erreichen, müssen einige Grundsätze beachtet werden:

- Seien Sie konstruktiv: Ihr Feedback sollte Lösungs- und Verbesserungsvorschläge für künftige Situationen bieten. Konstruktive Kritik beinhaltet neben dem Verweis auf ein Problem gleichsam einen Vorschlag zur Verbesserung. Damit trägt der Kritisierende produktiv zur Problemlösung bei. Der Kritisierte hingegen hat die Möglichkeit, den Verbesserungsvorschlag aktiv anzunehmen und umzusetzen.
- Seien Sie konkret: Durch Verallgemeinerungen und pauschale Aussagen weiß der Betreffende nicht, wie er das Problem lösen kann. Für die Beteiligten ist es einfacher, das Feedback nachzuvollziehen, wenn die Situation möglichst konkret beschrieben oder mithilfe eines Beispiels erläutert wird.
- Seien Sie beschreibend: Lassen Sie Bewertungen und Interpretationen außen vor. Vermutungen und Unterstellungen sind unangebracht und werden von Ihrem Gegenüber nicht als konstruktive Kritik wahrgenommen. Äußern Sie deshalb Kritik immer sachlich.
- Formulieren Sie subjektiv: Wenn Sie von Ihren eigenen Beobachtungen und Eindrücken sprechen und nicht von denen anderer, fällt es dem Beteiligten leichter, das Feedback anzunehmen, zum Beispiel „Ich finde, dass Du …", „Meiner Meinung nach solltest Du …", „Mir gefällt …".
- Seien Sie positiv: Für die Beteiligten ist es leichter, Verbesserungsvorschläge zu akzeptieren, wenn sie merken, dass sie nicht nur kritisiert werden, sondern dass Ihre positiven Seiten gesehen werden. Bei dieser Technik ist jedoch bei äußerst selbstbewussten Personen Vorsicht angebracht. Diese hören oft nur das Lob, nicht jedoch die Verbesserungsvorschläge heraus.

Hören Sie anderen aufmerksam zu

Beim Entgegennehmen des Feedbacks befinden wir uns in einer passiven Rolle. Wir sind der Kritik erst einmal hilflos ausgesetzt. Feedback bietet uns die Chance, zu erfahren, wie wir auf andere wirken. Beachten Sie als Empfänger deshalb folgende Regeln:

- Lassen Sie den anderen ausreden: Sie wissen nicht, was der andere Ihnen sagen möchte, bevor er nicht zu Ende gesprochen hat. Sie können es nur vermuten.
- Nehmen Sie die Kritik nicht persönlich: Gerade im Berufsleben ist es wichtig, eine klare Grenze zwischen Beruflichem und Privatem zu ziehen und sich nicht auf eine emotionale Ebene zu begeben. Deswegen sind Sachlichkeit und Diplomatie bei der Kritikfähigkeit besonders gefragt.
- Rechtfertigen oder verteidigen Sie sich nicht: Sie müssen sich klarmachen, dass der andere nicht beschreiben kann, wie Sie sind, sondern nur, wie Sie auf ihn wirken. Diese Wahrnehmung lässt sich aber durch keine Klarstellung revidieren. Nehmen Sie die Meinung des anderen hin und lernen Sie daraus. Es ist wichtig zu verstehen, was der andere meint. Scheuen Sie sich nicht, Verständnisfragen zu stellen.
- Seien Sie für das Feedback dankbar: Dies gilt für den Fall, wenn das Feedback nicht in der richtigen Form gegeben wurde. Es hilft Ihnen, sich selbst und Ihre Wirkung auf andere zu verstehen und dadurch sicherer und kompetenter aufzutreten (vgl. Glass 2005, S. 136.).

Trainieren Sie Ihre Kritikfähigkeit

Feedback-Geben und Kritikfähigkeit können erlernt werden. Jeder Konflikt und jede Diskussion bieten Ihnen Möglichkeiten zu üben. Dazu ist es wichtig, sich gegenseitig zuzuhören und ausreden zu lassen. Überprüfen Sie außerdem erst einmal für sich selbst, ob die Kritik des anderen berechtigt ist und ob seine Argumente Hand und Fuß haben. Nehmen Sie die Kritik an und setzen Sie seine Verbesserungsvorschläge in ähnlichen Situationen oder bei ähnlichen Aufgaben um, wenn der andere mit seinen Kritikpunkten Recht hat.

Kritikfähigkeit bedeutet jedoch nicht nur, Fehler einzugestehen und daraus zu lernen, sondern auch, ungerechtfertigte Anschuldigungen sachlich zurückweisen zu können. Die Schuld nur bei anderen zu suchen, aber Fehler einzugestehen, die Sie nicht zu verantworten haben, sind Zeichen schlechter Kritikfähigkeit beziehungsweise mangelnden Selbstvertrauens.

Strategem 15: Achten Sie die Persönlichkeit und Meinung anderer

》 „Wenn ich nicht glaube, was Sie glauben, und Sie nicht glauben, was ich glaube, dann ist das nur ein Zeichen dafür, dass ich nicht glaube, was Sie glauben und

> dass Sie nicht glauben, was ich glaube" (Ralph Waldo Emerson (1803–1882)).

Jeder Mensch möchte, dass seine Meinung ernst genommen und geachtet wird, dennoch fällt es uns oft schwer, die Meinung anderer zu akzeptieren. Die Fähigkeit, seine eigene Meinung kritisch zu hinterfragen und respektvoll zu formulieren, ist entscheidend, um bei Meinungsverschiedenheiten eine respektvolle und konstruktive Kommunikation aufrecht zu erhalten.

In der westlichen Kultur betrachten wir jeden Menschen als Individuum. Jeder von uns ist einzigartig und unterscheidet sich auf seine Weise von anderen Menschen. Entsprechend möchten die Menschen als Individuen gesehen und in ihrer Individualität geachtet werden. Individualität drückt sich in vielen Facetten aus – Charaktereigenschaften, Stilvorlieben, Interessen etc. Ein Merkmal, dass die Individualität eines Menschen symbolisch repräsentiert, ist sein Name.

So können Sie das Strategem für Ihre Ziele nutzen

Hinterfragen Sie Ihre eigene Meinung
Um respektvoll mit der Meinung anderer umgehen zu können, müssen Sie eine kritische oder distanzierte Haltung zu Ihrer eigenen Meinung entwickeln. Das bedeutet nicht, dass Sie keine eigene Meinung haben dürfen oder dass Sie Ihre Meinung nicht äußern dürfen.

Gehen Sie nicht davon aus, dass Sie Ihren Freunden einen Dienst erweisen, wenn Sie ihnen Ihre Meinung ungeschönt ins Gesicht sagen. Fragen Sie lieber, bevor Sie Ihre Meinung kundtun. In diesem Fall müssen Sie auch ein Nein akzeptieren. Bedenken Sie außerdem, dass Ihre Meinung nicht immer wichtig oder qualifiziert ist. Ihre Wahrnehmung von anderen Leuten kann oberflächlich und unzulänglich sein – selbst wenn es sich um Menschen handelt, von denen Sie glauben, dass Sie sie gut kennen (vgl. Glass 2005, S. 345).

Bevor Sie also Ihre (negative) Meinung zu einem Thema äußern, fragen Sie sich selbst: Ist es sinnvoll zu riskieren, jemanden vor den Kopf zu stoßen? Angenommen, Ihre Kollegin hat eine neue Frisur, die Sie ganz furchtbar finden. Müssen Sie ihr das dann wirklich ins Gesicht sagen? Vielleicht gefällt Ihr die Frisur ja und das ist die Hauptsache. Oder aber, Sie ist selbst mit dem Ergebnis des Friseurbesuches nicht zufrieden, dann ist es wirklich nicht nötig, dass Sie noch Salz in die Wunde streuen.

Fragen Sie sich außerdem, ob Sie eine Person gut genug kennen, um zu den Angelegenheiten der betreffenden Person etwas zu sagen. Stellen Sie sich vor, ein Bekannter teilt Ihnen mit, dass er einen bestimmten Beruf ergreifen möchte und Sie können sich diesen Bekannten überhaupt nicht in diesem Beruf vorstellen. Steht es Ihnen dann zu, ihm das so zu sagen und seine Ambitionen zu dämpfen? Bedenken Sie, dass das Bild, das Sie von ihm haben, vielleicht nicht richtig oder vollständig ist. Kennen Sie seine Talente und Fähigkeiten wirklich so genau? Können Sie vorhersagen, welches Potenzial in ihm steckt? Und wer weiß, ob das Bild, das *Sie* von seinem Wunschberuf haben, korrekt ist.

Formulieren Sie Ihre Meinung immer respektvoll
Prüfen Sie vorsichtig, ob Ihre Meinung angebracht ist. Das bedeutet natürlich nicht, dass Sie Ihre Meinung geheim halten müssen. Achten Sie auf das Wie, wenn Sie eine abweichende oder negative Meinung äußern.

> **Sich selbst sehen**
>
> „Einer meiner Klienten war der eigensinnigste, dickköpfigste Mensch, dem ich jemals begegnete war. Er meinte, er wüsste alles und hätte immer Recht. Er war so voller Hass, dass sich dies beim Sprechen auf seine Stimmbänder auswirkte. Seine lebenslange Gewohnheit, seine Mitmenschen wütend anzuschreien, hatte seine Stimmbänder geschädigt. Seine dauernden Streitereien mit anderen beeinträchtigten seine emotionale, geistige und körperliche Gesundheit. Nachdem ich ihm nahegelegt hatte, einen positiveren Ton anzuschlagen, nicht immer Recht haben zu wollen und mit jedermann kämpfen zu müssen, begann sein Leben sich zu verändern. Die Wende kam, als ich ihn einmal auf Video aufgenommen hatte und er sich selbst beim Streiten beobachten konnte. Er war schockiert, als er sah, wie er durch sein feindseliges, kämpferisches Gehabe seine Gesprächspartner vor den Kopf stieß und wie er alle Themen, auch die harmlosesten, mit Feindseligkeiten und mit Wut anging. Nachdem er sich einmal selbst gesehen hatte, veränderte er sein Verhalten schlagartig" (Quelle: Glass (2005, S. 334)).

Doch wie bekunden Sie Ihre Meinung, ohne den anderen zu verletzen? Beachten Sie bei Meinungsverschiedenheiten folgende drei Ratschläge:

Strategem 15: Achten Sie die Persönlichkeit ...

- Verzichten Sie auf rechthaberische Aussagen, damit provozieren Sie den anderen nur – und es könnte peinlich für Sie werden, falls sich herausstellt, dass Sie doch im Unrecht sind.
- Streiten Sie nicht um Worte, sondern um Probleme. Das bedeutet, dass Sie die Meinung des anderen ernst nehmen und sich nicht an Kleinigkeiten oder Formalitäten aufhängen.
- Vermeiden Sie Schimpfwörter, Unterstellung und Demütigungen.

Machen Sie sich noch einmal das Ziel des Gespräches bewusst. Worum geht es Ihnen wirklich? Und dient es Ihrem Ziel, wenn Sie dem anderen Ihre Meinung mitteilen? Falls nicht, verzichten Sie am besten darauf.

Lernen Sie Ihren Diskussionspartner – wenn möglich – erst ein bisschen kennen, bevor Sie Ihre Meinung äußern. Egal, ob Sie Ihren Gesprächspartner schon lange kennen oder gerade erst kennen gelernt haben, hören Sie ihm aufmerksam zu, wenn er seine Meinung darlegt. Besonders wenn Sie eine Meinung haben, die für den anderen bedrohlich ist, müssen Sie sensibel vorgehen. Halten Sie Blickkontakt, sprechen Sie mit weicher Stimme und schaffen Sie eine Atmosphäre, in der der andere Ihren Rat annehmen kann. Berücksichtigen Sie den Kontext und die Gefühle des anderen. Wenn jemand Sie nach Ihrer Meinung zu einem Thema befragt, mit dem Sie sich nicht so gut auskennen oder das heikel ist, müssen Sie vielleicht erst einmal nachdenken. Bitten Sie ruhig um etwas Bedenkzeit.

Die folgenden Schlüsselsätze können die Situation entschärfen:

- „Ich verstehe gut, was Sie meinen…"
- „Versuchen Sie es bitte einmal von meinem Standpunkt aus zu betrachten…"
- „Vielleicht können wir noch etwas mehr Klarheit in die Angelegenheit bringen. Schauen wir mal, ob wir irgendwelche Gemeinsamkeiten entdecken" (vgl. Glass 2005, S. 335).
- „Wir sollten jetzt einfach mal so tun, als ginge es jetzt um eine dritte, unbeteiligte Person. Ich beabsichtige nicht, Sie vor den Kopf zu stoßen oder Ihre Gefühle zu verletzen. Ich bin auf Ihrer Seite" (Glass 2005, S. 343).

Merken Sie sich die Namen Ihrer Mitmenschen

> „Vergessen Sie nie, dass für jeden Menschen sein Name das schönste und wichtigste Wort ist" (Quelle: Carnegie (1888–1955)).

Namen und eventuell Titel zu vergessen oder zu verwechseln ist ein Zeichen von Desinteresse und Achtlosigkeit (vgl. Lorenzoni und Bernhard 2001, S. 162). Sich die Namen anderer zu merken, hingegen zeigt, dass Sie an ihnen interessiert sind und auf ihren Namen achten. Außerdem weckt es Sympathie, wenn Sie jemanden mit Namen ansprechen. Der andere registriert dadurch unbewusst, dass Sie an ihm interessiert sind. Übertreiben Sie es aber nicht, wenn Sie ständig den Namen Ihres

Gesprächspartners fallen lassen, wirkt das aufdringlich oder künstlich (vgl. Glass 2005).

> **Freundlichkeit gewinnt**
>
> „Eine meiner Klientinnen, Vera, ist die beliebteste Kassiererin in einer Bank, bei der sie schon seit über dreißig Jahren arbeitet. An Veras Kasse steht immer die längste Schlange, weil sie jeden Kunden aufmerksam behandelt. Sie schaut ihm oder ihr freundlich ins Gesicht, redet ein paar Worte und spricht alle immer mit Namen und Titel an. „Danke, Herr Dr. Mohr", sagt Vera dann etwa, oder: „Wie geht es Ihnen heute Frau Jones?" Die Kunden empfinden Veras freundliche Art als so angenehm, dass sie es auch in Kauf nehmen, etwas länger zu warten, selbst wenn an den anderen Kassen weniger Leute anstehen" (Quelle: Glass 2005, S. 50)).

Machen Sie sich nicht über die Namen anderer lustig. Respektieren Sie die Namenswünsche Ihrer Mitmenschen, zum Beispiel, wenn jemand einen Spitznamen nicht mag oder gerne mit beziehungsweise ohne Titel angesprochen werden möchte.

> **Ein neuer Name**
>
> „Jahrelang kannte man Robert Lamb, einen Sänger der Popgruppe Chicago, nur unter dem Namen Bobby Lamb – bis er eines Tages beschloss, sich Robert nennen zu lassen. Er hatte erkannt, dass er sich im Laufe der Jahre stark verändert hatte. Er war inzwischen ein reifer Mann und Vater dreier Kinder. Plötzlich erschien ihm der Name Robert passender. Bobby war in der Vergangenheit sein Name gewesen – heute heißt er Robert" (Quelle: Glass 2005, S. 53)).

Strategem 16: Zeigen Sie anderen Ihre Dankbarkeit

> „Dankbarkeit ist das Gedächtnis des Herzens" (Jean-Baptiste Massillon (1663–1742))

Dank spielt eine wichtige Rolle für das Zusammenleben und Zusammenarbeiten von Menschen. Dank beweist und erneuert die Kooperationsbereitschaft der Betroffenen. Dank zu empfangen, hebt die Stimmung, denn Dank hat positive Auswirkungen auf die Psyche sowie auf das soziale Miteinander. Wer Dank empfängt, fühlt sich als Individuum ernst genommen. Er weiß, dass seine Leistung beziehungsweise sein Beitrag wahrgenommen und geschätzt wird.

Außerdem bedeutet Dank einen Gewinn an sozialer Sicherheit. Es verstärkt Ihr Gefühl der Zugehörigkeit, wenn Sie etwas getan haben, was Ihnen von anderen gedankt wird. Zudem wächst die Überzeugung, dass Sie den richtigen Partner – privat oder geschäftlich – gewählt haben. Denn das Wort Danken stammt vom Verb denken ab: Wer seinem Mitmenschen dankt, denkt an ihn.

Darüber hinaus kann Dank wertvolles Feedback enthalten, zum Beispiel, wenn Kunden, die sich für eine Dienstleistung bedanken, sagen, was ihnen so gut gefallen hat. Generell bedeutet Dank, dass sich jemand bemüht, seine

Strategem 16: Zeigen Sie anderen Ihre Dankbarkeit

Wertschätzung für die erhaltene Hilfe, ein Geschenk etc. zum Ausdruck zu bringen.

Aber nicht nur derjenige, der Dank empfängt, profitiert davon, sondern auch derjenige, der sich bedankt. Er hebt sich positiv von anderen Menschen ab, die es nicht wichtig finden, sich zu bedanken, dies vergessen oder denen dies einfach schwerfällt. Eine Person, die sich bedankt, wird als sympathisch wahrgenommen. Neben dem Wohlbefinden der beteiligten Individuen kann eine Dankeshandlung die Kommunikation zwischen den Beteiligten verbessern, indem neue Kommunikationswege eröffnet werden. Der Wunsch nach Kontakt zu dem anderen wird geweckt oder sogar noch verstärkt. Wenn die Stimmung angespannt ist, kann Dank zur Entspannung beitragen (vgl. Gross 2003, S. 20–22).

Gelegenheiten schaffen, sich zu bedanken

„Es gab eine Zeit, in der in den Krankenhäusern Reibungen zwischen Chefärzten und Verwaltungsdirektoren bestanden. Einer der Chefärzte befreite sich davon auf kluge Weise. (…) Er bat den Verwaltungsdirektor darum, einmal einen halben Tag bei ihm zu Gast sein zu dürfen, um mehr über Probleme zu erfahren, mit denen sich ein Verwaltungsdirektor herumschlagen muss. Dem Chefarzt wurde ein freundschaftlicher Empfang bereitet. Er selbst schuf sich mit seinem Besuch die Möglichkeit, sich für diesen Empfang, die Zuwendung und die Gastfreundschaft herzlich bedanken zu können" (Quelle: Gross 2003, S. 20 f.).

So können Sie das Strategem für Ihre Ziele nutzen

Bedanken Sie sich richtig
Anlässe, sich zu bedanken, gibt es genug: der gewährte Termin, die geschenkte Zeit, der freundliche Empfang, wertvolle Informationen, Ideen, Ratschläge, Wohlwollen, Vertrauen etc. Aber wie bedanken Sie sich richtig?

- Bedanken Sie sich persönlich und zügig. Lassen Sie nicht zu viel Zeit verstreichen, bevor Sie sich bedanken. Empfänger von Spenden sollten sich deshalb so schnell wie möglich bedanken. Schon ein um wenige Tage verzögerter Dank kann vom Spender als Desinteresse oder sogar als Affront aufgefasst werden.
- Gestalten Sie den Dank individuell, wenn Sie sich bei jemandem bedanken, den Sie besser kennen. Konzentrieren Sie sich auf Ihren Dank, vermischen Sie ihn nicht mit anderen Themen, sondern räumen Sie dem Dank, beziehungsweise der Person, bei der Sie sich bedanken, die nötige Aufmerksamkeit ein (vgl. Gross 2003, S. 20–22).
- Verzichten Sie als Dankempfänger auf Phrasen wie „das wäre doch nicht nötig gewesen." Dieser Ausspruch soll zwar die besondere Überraschung oder Dankbarkeit ausdrücken, aber er kann dem Empfänger auch das Gefühl geben, dass sein Einsatz überflüssig war (vgl. Gross 2003, S. 20–22).
- Wenn Sie mehreren Personen etwas verdanken, bedanken Sie sich bei allen, auch wenn es viele sind. Kennedy zum Beispiel bedankte sich bei allen, die zu seinen

Tee-Einladungen kamen, indem er ihnen Dankesbriefe schrieb (vgl. Barnes 2005, S. 37).
- Dankesschreiben sind eine Investition in gute Beziehungen. Dies gilt vor allem für die Empfänger von Spenden. Die mit dem Dank verbundene soziale Anerkennung ist für viele Spender das eigentliche „Produkt". Aber auch ein Kunde, der sich für ein Produkt entschieden hat, freut sich über einen Dank, der die Richtigkeit seiner Entscheidung bestätigt. Authentisch ist der Dank, wenn er persönlich ausgesprochen wird und nicht – wie zum Teil üblich – von einem anonymen „Funktionskollektiv" (wie z. B. „Ihr Kundenbindungsteam").

Dankbarkeit im Wirtschaftsleben
Der Dank spielt in der Unternehmenskommunikation eine wichtige Rolle. Ein Unternehmen, das die Kunst des Dankens beherrscht, kann unter Umständen wirksam die Inflation materieller Anreize bekämpfen oder zumindest gezielter mit finanziellen Anreizen umgehen. Dies setzt allerdings voraus, dass das Unternehmen klar und deutlich kommuniziert, was es von seinen Mitarbeitern im Normalfall erwartet: Was sind außergewöhnliche Leistungen, und was sind Leistungen, zu denen die Mitarbeiter verpflichtet sind?

> „Wir schreiben auch Gratulationsbriefe bei Beförderungen oder wenn eine Aufgabe hervorragend gelöst worden ist" (Quelle: Watson Jr. 1964, S. 80).

Erfolgreiche Unternehmer zeichnen sich dadurch aus, dass sie den sozialen Wert des Dankes erkannt haben. So ist es kein Zufall, dass wir in der ersten deutschen Unternehmensverfassung, dem Generalregulativ von Alfred Krupp (1872), folgende Äußerungen lesen können, mit denen Alfred Krupp das erste betriebliche Vorschlagwesen weltweit begründete:

Die Einführung des betrieblichen Vorschlagwesens

Generalregulativ der Firma Fried. Krupp (1872):
„§ 13 Anregungen und Vorschläge zu Verbesserungen, auf solche abzielende Neuerungen, Erweiterungen, Vorstellungen über und Bedenken gegen die Zweckmäßigkeit getroffener Anordnungen sind aus allen Kreisen der Mitarbeiter dankbar entgegen zu nehmen und durch Vermittlung des nächsten Vorgesetzten an die Prokura zu befördern, damit diese ihre Prüfung veranlasse (...)" (Quelle: Alfred Krupp, Generalregulativ (1872), § 13, zitiert nach: Ebert 1997, S. 299).

Dankbarkeit im Privatleben

Auch Freunde, Familie und Bekannte verdienen unsere Dankbarkeit, wenn sie uns geholfen haben. Wenn Sie Ihren Dank nicht mündlich ausdrücken wollen, können Sie auch eine Dankeskarte verschicken (vgl. Glass 2005, S. 78).

Briefe schreiben

„Der Generalvertreter Norman Brokaw ist Präsident und geschäftsführender Direktor der William-Morris-Talentagentur und einer der kommunikativsten Menschen, die mir jemals begegnet sind. Er schreibt seinen Bekannten

Strategem 16: Zeigen Sie anderen Ihre Dankbarkeit 219

> und Freunden regelmäßig kleine Briefe und gratuliert ihnen, beispielsweise zum Erfolg eines bestimmten Projekts oder dafür, dass sie einen Preis gewonnen haben. Seine Mitmenschen freuen sich darüber und schätzen ihn deswegen sehr" (Quelle: Glass 2005, S. 78).

Bedanken Sie sich auch für das Angebot, wenn Sie etwas ablehnen. Derjenige, der das Angebot gemacht hat, weiß auf diese Weise, dass Sie das Angebot trotzdem zu schätzen wissen. Nehmen Sie kleinere Dienstleistungen und Hilfeleistungen nicht als selbstverständlich hin, auch nicht, wenn Sie dafür bezahlen. Die Menschen müssen sich trotzdem anstrengen und Dankbarkeit tut jedem gut, der sie erhält (vgl. Kluge 1999, S. 196). Fragen Sie sich ab und zu, ob Sie das Engagement Ihrer Freunde und Bekannten ausreichend würdigen. Wir nehmen vieles als selbstverständlich hin, was nicht selbstverständlich ist. Wenn die Dankbarkeit fehlt, stellt sich schnell Resignation ein. Häufig lernen Sie eine Leistung erst zu schätzen, wenn sie Ihnen nicht mehr zur Verfügung steht (vgl. Romhardt 2004, S. 150).

Ganz besonders wichtig ist Dankbarkeit, wenn die Leistung unsichtbar ist, also hinter den Kulissen abläuft. Jedes gelungene Event ist gründlich vorbereitet worden. Aber oft werden Bemühungen, die in die Vorbereitung gesteckt werden, übersehen oder vergessen, wenn das fertige Produkt präsentiert wird. Einem Event, wie zum Beispiel einer Museumseröffnung, gehen viele Handlungen voraus, von der Idee, über die Planung, die Auftragsvergabe, die Bauphase, die Konzeption der Eröffnungsveranstaltung oder die Einladungen. Hinzu kommt eine Vielzahl

Kleinigkeiten, die zwar schnell vergessen werden, aber für das Gelingen des Projektes unabdingbar sind. Wenn Sie sich verdeutlichen, was alles für einen Erfolg erforderlich ist und wer alles daran mitgearbeitet hat, werden Sie für die Dinge, die gut gegangen sind, dankbar sein (vgl. Romhardt 2004, S. 39).

Strategem 17: Spenden Sie Ihren Mitmenschen Anerkennung

> „Es braucht der Mensch so dann und wann – ein Lob. Denn echtes Lob spornt an" Ralph Waldo Emerson (1803–1882).

Anerkennung ist ein menschliches Grundbedürfnis. Sie ist zudem eine Voraussetzung für das Reifen der Persönlichkeit und das Hineinwachsen in die Gesellschaft. Dabei wird zwischen drei Grundformen der Anerkennung unterschieden (vgl. Honneth 2013):

- Die Anerkennung des Menschen in Form von Fürsorge und Liebe, die uns ermöglicht, elementares Selbstvertrauen zu entwickeln.
- Die rechtliche Anerkennung, die uns dazu bringt, uns wechselseitig als gleichgestellte Personen mit denselben Rechtsansprüchen wahrzunehmen und anzuerkennen.

- Soziale Wertschätzung, die wir sowohl im Hinblick auf unsere Person als auch im Hinblick auf unsere Fähigkeiten, Begabungen und Handlungen erfahren: „Wir erwarten als autonome Personen für uns selbst dieselbe Art von Respekt von allen anderen, die wir ihnen unsererseits entgegenbringen" (vgl. Honneth 2013).

Jeder Mensch wünscht sich von seinen Mitmenschen Anerkennung – sowohl für seine Leistungen als auch für seine Person. Je sicherer sich ein Mensch der Befriedigung seiner materiellen Grundbedürfnisse ist, desto wichtiger ist für ihn die persönliche Anerkennung. Jemand, dessen Taten oder Worte falsch gedeutet und kritisiert werden, fühlt sich missverstanden, nicht respektiert und nicht geachtet. Er hat das Gefühl, dass Sie ihn nicht ernst nehmen und nicht auf ihn eingehen (vgl. Birkenbihl 2007, S. 140).

Wenn Sie anderen Menschen nicht die Anerkennung schenken, die ihnen zusteht, sinkt nicht nur deren Motivation, sondern es verschlechtert sich auch das Bild, das diese von Ihnen haben. Damit sinkt die Achtung, die andere Ihnen entgegenbringen. Dies gilt nicht nur für das Privat-, sondern auch für das Geschäftsleben. Die Verbundenheit von Mitarbeitern mit ihrem Betrieb hängt stark von den Führungsqualitäten des Vorgesetzten ab. Wer sich von seinen Vorgesetzten nicht geachtet fühlt, wird die nächstbeste Chance nutzen, um das Unternehmen zu verlassen.

So können Sie das Strategem für Ihre Ziele nutzen

Wertschätzen Sie die Leistungen anderer

> **Trinkgeld**
>
> „Kürzlich konnte ich beobachten, wie eine Frau im Theater die Damentoilette aufsuchte. Eine alte Dame reinigte dort nach jeder Toilettenbenutzung die Kabine. Am Eingang des Waschraums hatte sie ein Schälchen für Trinkgeld aufgestellt. Die Theaterbesucherin, elegant gekleidet und mit teurem Schmuck ausgestattet, verließ den Raum mit der gemurmelten Bemerkung: „Im Theater muss man doch wohl nicht auch noch für die Toilette bezahlen." Sie ließ kein Geldstück zurück. Betreten legten zwei andere Frauen, die Zeuge dieser Szene geworden waren, etwas mehr Geld in das Schälchen" (Quelle: Sanders 2001, S. 26).

Schenken Sie Ihren Mitmenschen aufrichtige Anerkennung. Denn Anerkennung motiviert. Anerkennung für gute Leistungen spornt dazu an, diese Leistungen aufrecht zu erhalten oder sogar noch zu verbessern. Kritik an schlechten Leistungen wird zwar meistens mit dem Ziel ausgesprochen, dass der Kritisierte seine Leistungen verbessert, bewirkt aber eher das Gegenteil, denn Kritik lähmt (vgl. Carnegie 2000, S. 59). Wenn Sie Ihren Mitmenschen dagegen signalisieren, dass Sie Vertrauen in ihre Begabungen und Fähigkeiten haben, dann ist es genau dieser Vertrauensvorschuss beziehungsweise die Anerkennung, die Ihre Mitmenschen motiviert, ihre Begabungen und Fähigkeiten zu entwickeln. Dabei ist es nicht nur wichtig, was Sie sagen, sondern vor allem, wie Sie es sagen. Beachten Sie bei Feedbackgesprächen deshalb folgende Dinge:

- Loben Sie konkret und begründet. Sie zeigen so, dass Sie sich wirklich Gedanken gemacht haben, warum der andere etwas gut gemacht hat. Das ist ein Ausdruck von Wertschätzung.
- Bestärken Sie den anderen in seinem Selbstbewusstsein: Loben Sie auch kleine Erfolge (vgl. Carnegie 2000, S. 272).
- Beginnen Sie Ihre Kritik mit einem Lob: Wenn Kritik nicht zu vermeiden ist, überlegen Sie, ob sie mit Lob anfangen können. „Beginnen Sie mit Lob, wie der Zahnarzt mit Schmerzmittel. Zwar wird nachher trotzdem gebohrt, aber es tut nicht mehr so weh" (Carnegie 2000, S. 251).
- Ermutigen Sie den anderen: Geben Sie ihm das Gefühl, dass er seine Leistung spielend leicht verbessern kann (vgl. Carnegie 2000, S. 282).

Achten Sie außerdem darauf, wen Sie wie oft loben. Seltene Ereignisse – oder Leistungen – ernten oft viel mehr Beachtung und Applaus als solche, die permanent zuverlässig erbracht werden. Wenn Sie aber die Leistungen zuverlässiger Personen als Selbstverständlichkeit behandeln, senken Sie auf Dauer deren Motivation (vgl. Carnegie 2000, S. 146). Im schlimmsten Falle kann ungerechte Behandlung dazu führen, dass zuverlässige Mitarbeiter verbittert werden und das Handtuch werfen.

Bestätigende Anerkennung

In Unternehmen spielt bestätigende Anerkennung (Confirmation) gegenüber Kunden und Mitarbeitern eine wichtige Rolle. Beispielsweise kann eine Bank durch umfassende und gründliche Beratung am Telefon oder am Schalter dem Kunden das Gefühl der Wertschätzung vermitteln. Solche Bestätigungen tragen erheblich zur Zufriedenheit des Kunden bei.

> **Bestätigung muss von Herzen kommen**
>
> „Wird Confirmation nur als Technik, nur als Mittel zum Zweck, nur als angelernte Methode eingesetzt, dann wird die Absicht erkennbar und der Erfolg wird entsprechend gering sein. Kommt Confirmation vom Herzen und wird sie auch als Selbstzweck eingesetzt, dann zeigt sie Wirkung und fördert das Wohlbefinden des Kunden" (Quelle: Müller-Merbach 1991, S. 7).

Bestätigende Anerkennung ist ein Stilelement professioneller Höflichkeit und nicht auf das Marketing beschränkt. Sie lässt sich auch auf das Personalmanagement übertragen und sollte in der Mitarbeiterführung täglich gelebt werden.

> **Bestätigung im Arbeitsalltag**
>
> „Jeder Mitarbeiter soll an jedem Arbeitstag die Unternehmung in der Überzeugung verlassen, dass es keinen besseren Arbeitgeber für ihn gäbe, und den nächsten Arbeitstag in dem Bewusstsein beginnen, dass dieser Arbeitgeber immer noch der Beste für ihn sei". Das bedeutet nicht, „dass weniger Leistung verlangt wird als in anderen

Unternehmungen, auch nicht, dass geringere Qualitätsanforderungen gelten, auch nicht, dass weniger Disziplin herrscht, auch nicht, dass Leistung nicht kontrolliert wird. Vielmehr bedeutet es: Gediegenheit des Umganges miteinander, Anerkennung, menschliche Nähe, Vertrauen, Offenheit bei Lob und Tadel, Einbindung in das Unternehmensgeschehen und die wiederholte persönliche Bestätigung, dass es auf den einzelnen, auf jeden einzelnen, ankomme" (Quelle: Müller-Merbach 1991, S. 7).

Strategem 18: Geben Sie anderen die Möglichkeit, ihr Gesicht zu wahren

» „Wer sein Gesicht wahren will, muss sich sein Rückgrat bewahren" (André Brie).

Beim persönlichen Umgang ist es wichtig, das Gesicht des Gegenübers zu wahren – mit anderen Worten: ihn nicht bloß zu stellen. Ein Gesichtsverlust kann die Kommunikation nachhaltig beeinträchtigen oder sogar zu ihrem Abbruch führen. Mit Gesicht ist das „ideale Spiegelbild" gemeint, von dem wir hoffen, dass andere es von uns haben. Der Gesichtsverlust stellt dementsprechend eine Gefährdung des idealen Spiegelbilds dar. Wer sein Gesicht verliert – sei es, weil er sich selbst blamiert oder von anderen bloßgestellt wird – dem wird bewusst beziehungsweise der befürchtet, dass andere ein schlechtes Bild von ihm haben (vgl. Springorum 2003, S. 88).

Besonders in der chinesischen Kultur spielt das Gesicht eine wichtige Rolle: Durch soziale Anerkennung gewinnt ein Mensch sein Gesicht, durch Missachtung wird ihm sein Gesicht genommen. Darum ist der Gesichtsverlust das Schlimmste, was einem passieren kann – und auch das Schlimmste, was Sie einem anderen antun können. Deswegen verliert derjenige, der anderen das Gesicht nimmt, auch sein eigenes Gesicht. Tun Sie deshalb möglichst alles, um das Gesicht Ihres Gegenübers zu wahren.

Ruhe ist das oberste Gebot beim Umgang mit chinesischen Geschäftspartnern. Lassen Sie sich Zeit, in Ruhe eine persönliche Beziehung und ein Vertrauensverhältnis aufzubauen. Druck und Lautstärke führen in der Regel zum Scheitern der Verhandlungen. Die Gespräche sollten höflich und harmonisch verlaufen. Chinesen kommunizieren dabei nicht auf die direkte Art der Europäer. Das Gemeinte ist aus dem Kontext zu erraten. Viele Chinesen geben nicht gerne offen zu, etwas nicht zu wissen oder etwas zu wollen.

Sie vermeiden zudem offene Konfrontationen. Ein Ungeschick wird deshalb oft mit einem kollektiven Lachen ungeschehen gemacht: Schüttet zum Beispiel ein Kellner aus Versehen etwas Kaffee auf Ihre Kleidung, kann es geschehen, dass er lacht und alle Anwesenden stimmen in sein Lachen ein. Deuten Sie das Lachen nicht als Häme, falls Ihnen so etwas passieren sollte. Es wäre so, als würden Sie sich über das Bemühen beschweren, dass andere Sie respektieren und Ihr Gesicht schützen.

So können Sie das Strategem für Ihre Ziele nutzen

Verletzen Sie nicht die Würde und das Gesicht anderer

> **Wie Sie das Gesicht von Mitarbeitern wahren**
>
> „Vor Jahren stand die General Electric vor der heiklen Aufgabe, Charles Steinmetz seines Postens als Abteilungsleiter zu entheben. Steinmetz war auf dem Gebiet der Elektrizität ein Genie ersten Ranges – als Chef der Kalkulation hingegen ein völliger Versager. Dennoch wollte man ihn nicht vor den Kopf stoßen, denn er war unentbehrlich – aber leider auch sehr empfindlich. Also gab ihm die Gesellschaft einen neuen Titel. Sie ernannte ihn zum beratenden Ingenieur – das war nichts weiter als ein neuer Name für eine Tätigkeit, die er ohnehin bereits ausübte – und übertrug die Leitung der Kalkulation einem anderen Mann. Steinmetz war zufrieden, desgleichen die Gesellschaft. Sie hatte ihren temperamentvollen Star mit sanfter Hand und ohne Aufregung von der Bühne geholt, weil sie dafür gesorgt hatte, dass er sein Gesicht wahren konnte!" (Quelle: Carnegie 2000, S. 263)

Gesichtsverlust erzeugt häufig starke Schamgefühle. Diese sind selten produktiv, sondern führen eher zu Abwehrreaktionen und verschlechtern langfristig die physische und psychische Gesundheit der Betroffenen (vgl. Marks 2011). Scham ist ein Gefühl, das nicht auf einem objektiven Grund basieren muss. Eine Person, die sich schämt, ist weniger der Meinung, dass sie einen Fehler *gemacht* hat, als dass sie ein Fehler *ist* (vgl. Marks 2011, S. 51 f.). Kein Wunder, dass Menschen starke Schutzmechanismen entwickelt haben, um Scham abzuwehren. Eine Strategie besteht darin, sich zu verstecken und die persönlichen Gefühle, Interessen und Ziele hinter einer Maske zu verbergen. Andere übertragen ihre negativen Gefühle auf andere Menschen, indem sie entweder Eigenschaften, für die sie sich schämen, auf andere projizieren oder indem sie andere beschämen, um sich auf deren Kosten besser fühlen zu können. Zyniker und Pessimisten haben sich eine negative Lebenseinstellung angewöhnt, die dafür sorgt, dass sie nicht mehr enttäuscht werden. Wiederum andere reagieren offen aggressiv oder treten lieber die Flucht an (vgl. Marks 2011, S. 73 f.).

Umso wichtiger ist es, anderen die Möglichkeit zu geben, ihr Gesicht zu wahren. Wenn sie andere ihr Gesicht wahren lassen, steigert dies die Wahrscheinlichkeit, dass sich die Kommunikation für alle Beteiligten positiv entwickeln wird und in Folge wieder Interaktion oder gar Kooperation möglich wird.

Nehmen Sie Rücksicht auf die Fehler und Schwächen anderer

Die Gefahr, das Gesicht zu verlieren, ist besonders groß, wenn wir einen Fehler machen oder auf eine andere Weise eine unserer Schwächen bloßgestellt wird. Nehmen Sie deshalb auch auf denjenigen Rücksicht, dem ein Missgeschick passiert. Erkundigen Sie sich bei Unfällen, bei denen sowohl Dinge als auch Menschen in Mitleidenschaft gezogen wurden, zuerst nach dem Befinden der Menschen. Ansonsten wirkt es so, als würden Sie böse Absicht unterstellen oder als seien Ihnen die materiellen Dinge wichtiger (vgl. Lorenzoni und Bernhard 2001,

S. 125). Gehen Sie diskret mit den Schwächen anderer um und bieten Sie ihnen, wenn möglich und nötig, Ihre Hilfe an. Ob der andere seine Schwächen ansprechen will, bleibt ihm selbst überlassen (vgl. Lorenzoni und Bernhard 2001, S. 133).

Machen Sie sich nicht über andere aufgrund ihrer Schwächen oder Fehler lustig. Urteilen Sie nie, bevor Sie nicht die ganze Situation kennen. Jemand, von dem Sie annehmen, dass er sich für Ihre Ideen nicht interessiert, hat eventuell mit ganz anderen Problemen zu kämpfen. Jemand, der nicht pünktlich zu einer Besprechung kommt, kann durch einen Krankheitsfall in der Familie aufgehalten worden sein, möchte dies aber nicht sagen. Bewerten Sie nie einen Menschen als faul, unzuverlässig, dumm etc., bevor Sie nicht die Gründe für sein Verhalten kennen. Sprechen Sie über Tatsachen, Ihre Wahrnehmung der Tatsachen und die Gründe für diese Tatsachen. Genau hier liegt der Unterschied zwischen gesichtsverletzendem Abstempeln von Verhalten und der sorgfältigen Beobachtung und Beschreibung von Verhaltensmustern. Es wird Ihnen nicht gelingen, das Verhalten anderer Menschen zu beeinflussen, wenn Sie diese mit Ihrer Kritik abstempeln (vgl. Eunson 1990, S. 105–107).

Im Großen wie im Kleinen bemisst sich der Wert einer Gesellschaft oder Gemeinschaft daran, wie sie mit ihren schwächsten Mitgliedern umgeht (vgl. Lorenzoni und Bernhard 2001, S. 157). Behalten Sie die Situation im Auge, etwa, wenn jemand eine neue Tätigkeit erlernen muss, denn am Anfang ist es normal, Fehler zu machen. Wer schon lange nichts Neues mehr lernen musste oder wer schnell lernt, findet es manchmal schwer, die Geduld dafür aufzubringen. Bedenken Sie, dass nicht jede Handlung, die auf uns wie eine Schwäche wirkt, tatsächlich eine Schwäche ist (vgl. Lorenzoni und Bernhard 2001, S. 134).

Setzen Sie Grenzen, ohne die Grenzen anderer zu überschreiten

Nicht immer geht es aber darum, das Gesicht anderer zu schützen, manchmal müssen Sie auch die eigenen Grenzen schützen. Die Frage ist, wie können Sie das effektiv bewerkstelligen, ohne den anderen zu brüskieren? Oft fällt uns das nicht leicht, denn wir möchten anderen keine Szene machen oder sie vor den Kopf stoßen. Das endet meistens damit, dass wir uns über uns selbst ärgern oder, im schlimmsten Fall, einen Teil unserer Selbstachtung einbüßen. Deshalb ist es besser, Sie zeigen ihre Grenzen höflich, aber direkt an. Machen Sie den Kommentar der Person zum Thema der Unterhaltung. Wenn jemand zum Beispiel eine Frage stellt, die Sie für nicht angebracht halten, fragen Sie ihn: „Warum interessiert Sie das?" Die Antwort gibt Ihnen Aufschluss über die Motive der Person: Vielleicht ist jemand ein bisschen neugierig, aber kein unangenehmer Gesprächspartner. Vielleicht bleibt jemand aber auch unverschämt. Dann steht es Ihnen frei, das Thema indirekt zu wechseln oder direkt zu sagen, dass Sie dieses Thema nicht besprechen möchten – mit dieser Strategie fahren Sie besser als mit Feindseligkeit und Aggression. Außerdem verschafft es Ihnen mehr Respekt und Selbstachtung (vgl. Glass 2005, S. 136).

Streiten Sie ohne Gesichtsverlust
Es spricht nichts gegen eine hitzige Diskussion, aber respektieren Sie die Würde Ihrer Kontrahenten und vermeiden Sie Beschuldigungen. Wenn Sie sich verletzt fühlen, sagen Sie lieber, welche Gefühle die Handlungen und Äußerungen Ihres Kontrahenten bei Ihnen hervorrufen. Warten Sie den richtigen Augenblick ab, um es anzusprechen, wenn Sie etwas am Verhalten des anderen stört. Schieben Sie es aber auch nicht auf die lange Bank. Je schneller Sie die Sache bereinigen können, desto besser und desto geringer das Risiko, dass Sie oder der andere Frust aufbauen und das Problem in der Erinnerung immer größer wird. Ganz wichtig: Triumphieren Sie nicht, wenn Sie Recht behalten. Seien Sie großzügig und taktvoll. So vermitteln Sie demjenigen, der sich Ihrem Standpunkt angenähert hat, ein gutes Gefühl (vgl. Glass 2005, S. 339).

Literatur

Auhagen, A. E. (2006). *Positive Kommunikation: Das Gute in sich entdecken und besser mit sich und anderen umgehen.* Gütersloh: Gütersloher Verlagshaus.

Barnes, J. (2005). *John F. Kennedy over Leiderschap.* Zaltbommel: Thema.

Birkenbihl, V. (2007). *Psycho-Logisch richtig verhandeln. Professionelle Verhandlungstechniken mit Experimenten und Übungen.* Heidelberg: mvg.

Carnegie, D. (2000). *Wie man Freunde gewinnt. Die Kunst beliebt und einflussreich zu werden.* Bern: Scherz. Englische Ausgabe: Carnegie, D. (1936). *How to win friends and influence people.*

Dörner, D. (1999). *Die Logik des Misslingens*. Reinbek bei Hamburg: Rororo.

Ebert, H. (1997). *Textfunktionen und Textstrukturen von Führungs- und Unternehmensgrundsätzen der Gegenwart*. Frankfurt a. M.: Lang.

Eunson, B. (1990). *Betriebspsychologie*. Hamburg: McGraw-Hill.

Feldmann, R. (2012). *Lügner – die Wahrheit übers Lügen*. Berlin: Springer Spectrum.

Flammer, A. (1997). *Einführung in die Gesprächspsychologie*. Bern: Huber.

Glass, L. (2005). *Sprich doch einfach Klartext! Wie man selbstbewusst kommuniziert und die Initiative ergreift*. München: Goldmann.

Gross, G. (2003). Die Kunst des Bedankens. *Bulletin des Direktvertriebs, 1*, 20–22.

Honneth, A. (2013). *Strukturwandel der Anerkennung. Paradoxien sozialer Integration in der Gegenwart*. Frankfurt a. M: Campus.

Kluge, H. (1999). *Optimisten leben länger: Die große Macht des kleinen Lächelns*. München.

Konfuzius – Kungfutse. (2005). *Gespräche – Lunyü* (Deutsch von Richard Wilhelm) (2. Aufl.). Wiesbaden: marix.

Lay, R. (1999). *Führen durch das Wort* (7. Aufl.). Frankfurt a. M.: Ullstein.

Lorenzoni, B., & Bernhard, W. (2001). *Professional Politeness. Die Anti-Ellbogen-Strategie für Ihren persönlichen Auftritt im Beruf und im Privatleben*. Düsseldorf: Metropolitan.

Marks, S. (2011). *Scham – die tabuisierte Emotion*. Düsseldorf: Patmos.

Müller-Merbach, H. (1991). *Philosophie-Splitter für das Management*. Friedrichshafen: DIE.

Müller-Merbach, H. (2002). Das vergessene C. Über Persönlichkeiten mit Stil und vom Stil sozialer Systeme. *Technologie & Management, 4,* 6–8.

Nöllke, M. (2002). *Anekdoten, Geschichten, Metaphern für Führungskräfte.* Freiburg: Haufe.

Romhardt, K. (2004). *Slow down your life.* Berlin: Edition steinrich.

Sanders, D. (2001). *Der Natürliche Knigge. Die sanfte Revolution der Ellbogengesellschaft.* München: Integral.

Schulé, S. (2014). Gutes Feedback – Regeln für eine wirksame Rückmeldung. http://arbeitsblaetter.stangl-taller.at/KOMMUNIKATION/Feedback.shtml. Zugegriffen: 3. Dez. 2016.

Schulz von Thun, F. (2007). *Miteinander Reden 1. Störungen und Klärungen. Psychologie der zwischenmenschlichen Kommunikation.* Reinbek bei Hamburg: Rororo.

Schulz von Thun, F. (2010). *Miteinander Reden 2. Stile, Werte und Persönlichkeitsentwicklung.* Reinbek bei Hamburg: Rororo.

Springorum, D. (2003). *Strategisch communiceren. Interactiestrategien in het taalverkeer.* Bussum: Coutinho.

Süddeutsche Zeitung. (2010). Ehrliche Antworten über das Versagen. Nach Säuglingstod in Mainz: Gespräch mit Klinikchef, 22. Sept. 2010.

Watson, T. Jr. (1964). *IBM – Ein Unternehmen und seine Grundsätze.* München: Moderne Industrie.

Sich Integrieren

Strategem 19: Beachten Sie die Codes und Normen der anderen

> » „Wir interessieren uns für andere, wenn andere sich für uns interessieren" (Publilius Syrus (ca. 90–43 v. Chr.)).

Die Regeln und Normen einer Gesellschaft zu beachten, ist eine zentrale Voraussetzung für ein respektvolles Miteinander. In jeder Gesellschaft gibt es feste Regeln, die jedes Mitglied der Gesellschaft beachten muss und von denen erwartet

© Springer Fachmedien Wiesbaden GmbH 2018
H. Ebert und S. Pastoors, *Respekt,*
DOI 10.1007/978-3-658-17237-4_6

wird, dass auch neue Mitglieder oder Besucher sie respektieren. Respekt und Höflichkeit geben uns gewisse Verhaltensregeln an die Hand, die es zu beachten gilt. Zwar gelten für unterschiedliche Personen und unter unterschiedlichen Bedingungen unterschiedliche Regeln, dennoch bieten diese gesellschaftlichen Normen eine Art des kleinsten gemeinsamen Nenners für unser Miteinander. Dabei wird zwischen verschiedenen Formen der Höflichkeit unterschieden:

- Elementare Höflichkeit wird durch Brauch und Sitte geprägt. Die Gruppe wacht über ihre Einhaltung und reagiert bei Verstößen mit unmittelbarer Sanktionierung. Wer gegen die Grundsätze der elementaren Höflichkeit verstößt, präsentiert sich als Fremder oder als jemand, der über keinerlei soziale Kompetenz verfügt.
- Kodifizierte Höflichkeit wird durch Etikette, Protokoll oder ähnliches vorgegeben. Sie schreibt ein Verhalten in bestimmten Situationen oder gegenüber einem bestimmten Personenstatus explizit vor. Über ihre Einhaltung wacht eine soziale Gruppe, der wir gerne angehören möchten oder von der gesellschaftliche Macht ausgeht. Wer gegen die Etikette verstößt, disqualifiziert sich vor den Augen dieser Gruppe. Die Regeln der kodifizierten Höflichkeit werden oft mithilfe unpersönlicher Aussagen zum Ausdruck gebracht: „Man sitzt beim Bewerbungsgespräch aufrecht".

Reflektierte Höflichkeit: Die meisten Regeln befolgen wir intuitiv. Dieses intuitive Verhalten – im Sinne von automatisch beziehungsweise selbstverständlich – äußert sich unter anderem im sicheren Gebrauch von Höflichkeitsritualen („Wie geht es Ihnen?" – „Danke, gut. Und Ihnen?" etc.) und in der sicheren Beherrschung kommunikativer Routinen. Reflektiertes Höflichkeitsverhalten geht über die Beherrschung von Ritualen und Routinen hinaus und verlangt souveränes Verhalten – auch in problematischen Situationen, in denen wir mit Routinelösungen nicht weiterkommen.

So können Sie das Strategem für Ihre Ziele nutzen

Seien Sie aufmerksam

Eine wichtige Voraussetzung für reflektierte Höflichkeit ist die Fähigkeit zur sozialen Selbst- und Fremdwahrnehmung. Dazu ist es wichtig, für die Normen der anderen sensibel zu sein. Bemühen Sie sich zum Beispiel, ein Gesprächsthema zu finden, das für den anderen interessant ist oder die Dinge vom Standpunkt des anderen aus zu sehen. Oft befolgen wir solche Normen unbewusst. Sie treten erst zutage, wenn sie verletzt werden.

Beobachten Sie erst einmal alles genau, wenn Sie irgendwo neu hinzukommen, damit Sie sich den neuen Gepflogenheiten anpassen können. Fragen Sie einfach nach, falls die offiziellen Normen, wie etwa die Kleiderordnung oder die Erwartungen, die mit einer bestimmten Position verbunden sind, nicht offen kommuniziert werden.

Stellen Sie sich auf Ihr Gegenüber ein

Ein wesentliches Motiv, die Normen anderer kennenzulernen, ist der Wunsch, Anschluss zu finden: Wir möchten gerne dazu gehören oder uns nicht als Außenseiter fühlen beziehungsweise als solche erkannt werden. Dazu ist es wichtig, Kontakt mit den anderen herzustellen und zu erkennen, was Anderen wichtig ist:

> **Sich auf die Kunden einstellen**
>
> Ein überdurchschnittlich erfolgreicher Vertreter berichtet: „Manchmal gehe ich ohne Aktentasche rein und sage: ‚Na, wie geht's? Hätten Sie Lust auf ein heißes Würstchen an der Bude gegenüber? Gehen wir doch hin und holen uns eins.' Und wenn ich den Mann in Jeans und Flanellhemd besuche, ziehe ich natürlich nicht meinen Dreiteiler an" (Quelle: Beckmann und Frankel 1984, zitiert nach: Goleman 1999, S. 208).

Dieses Prinzip erweist sich nicht nur in der Wirtschaft, sondern auch in der Politik als erfolgreich. Die meisten Unternehmen können eine oder wenige Zielgruppen auswählen, Politiker müssen dagegen einen möglichst großen Teil der Bevölkerung erreichen. Da ist es von Vorteil, die unterschiedlichen Normen zu kennen und zwischen ihnen hin- und herwechseln zu können, damit sich jeder angesprochen fühlt (vgl. Barnes 2005, S. 73).

Versetzen Sie sich in Ihr Gegenüber
Besonders wichtig ist es, die Normen anderer zu kennen, wenn Sie jemanden von etwas überzeugen möchten. Warum sollte dieser das Risiko eingehen, Ihnen zu vertrauen, wenn Sie sich nicht die Mühe machen, seine Sprache zu sprechen und es richtig zu erklären? Eine Technik, mit der Sie sich der Denkweise anderer annähern können, ist das Spiegeln: „Sie zeigen der Person, dass Sie so

sind wie sie: Ich bin wie du. In meiner Gegenwart bist du sicher, du kannst mir vertrauen" (Richardson 1992, S. 27). Nutzen Sie folgende Fragen, um die Wahrnehmung und das Denken des anderen besser zu verstehen:

- Wie viele Informationen benötigt der andere?
- Welche Alternativen gibt es?
- Erhalte ich Bestätigung durch Dritte?
- Habe ich genügend Zeit, um eine Entscheidung zu treffen? Wie lange braucht jemand, um eine Entscheidung zu treffen? Wenn jemand normalerweise lange braucht, um sich zu entscheiden, können Sie nicht erwarten, dass die Person sich gut fühlt, wenn sie auf Ihren Vorschlag schnell reagieren muss (vgl. Richardson 1992, S. 86).
- Auf welche Weise nimmt Ihr Gegenüber sein Umfeld wahr? Ist die Person auditiv, visuell oder intuitiv (vgl. Richardson 1992, S. 86)?

Die Art der Wahrnehmung einer Person zu berücksichtigen, kann die generelle Kommunikation mit der betreffenden Person verbessern. Sie verstehen besser, wie die andere Person die Welt wahrnimmt und wie Sie sich ausdrücken müssen, damit Sie verstanden werden. Folgende Beispiele sind Signale für die unterschiedlichen Wahrnehmungsmodi:

- Visuell: „Ich sehe, was du *meinst.*", „Das *sieht* gut aus."
- Auditiv: *„Beschreib* noch mal, was du meinst. Ich bin mir nicht sicher, ob ich das beim ersten Mal richtig *gehört* habe."
- Intuitiv: „Ich habe ein *Gefühl* für das, was Sie meinen."

Wenn Sie sich nicht sicher sind, wie Sie selber oder eine andere Person Ihr Umfeld wahrnehmen, stellen Sie sich oder anderen die Frage: „Wie würden Sie Informationen am liebsten präsentiert bekommen?" Würden Sie die Information lieber lesen, von einer anderen Person erklärt bekommen etc.? (Richardson 1992, S. 58).

Fragen Sie sich, was dem anderen wichtig sein könnte
Oft bemühen wir uns nicht oder nur unzureichend, mehr über die Menschen, die uns wichtig sind, herauszufinden. Wir halten wenige Informationen für ausreichend oder glauben, schon alles über sie zu wissen. Fragen Sie sich: „Was ist dem anderen wichtig?" Auf diese Weise wird es für Sie einfacher, neue Ideen und Gewohnheiten anderer zu erkennen und zu akzeptieren. Dies ist schon schwierig genug, wenn Sie sich des Mangels an Informationen bewusst sind (vgl. Fisher und Brown 1992, S. 96).

Strategem 20: Respektieren Sie andere Kulturen

» „Wenn du in ein Land eintrittst, erkundige dich nach dem, was verboten ist; wenn du eine Grenze überschreitest, frage nach den Gebräuchen" (Chinesisches Sprichwort).

Die Umgangsformen sind von Kultur zu Kultur verschieden. In allen sozialen Gruppen, Gesellschaften und Ländern gelten andere Regeln und Maßstäbe, was als höflich gilt und was nicht. Daher kommt es gelegentlich zu Missverständnissen, wenn unterschiedliche Kulturen aufeinandertreffen. Beachten Sie deshalb die Unterschiede in der Denkweise Ihrer Partner. Falls Sie diese nicht rechtzeitig erkennen, entstehen Missverständnisse, die letztendlich bis zum Scheitern der (Geschäfts-)Beziehungen führen können. Übertragen Sie deshalb nicht die Normen, Codes oder Regeln einer Person, Gruppe oder Gesellschaft bedenkenlos auf eine andere.

Andererseits können Sie andere Menschen nur kennenlernen, wenn Sie offen auf sie zugehen. Dazu gehört die Bereitschaft, kommunikative Risiken (des Scheiterns) einzugehen. Nur wenn es uns gelingt, aufeinander zuzugehen und einander zu verstehen, sind wir in der Lage, Gemeinsamkeiten zu schaffen.

So können Sie das Strategem für Ihre Ziele nutzen

Beachten Sie die Kultur der anderen

Die Art, wie sich Leute begrüßen, Visitenkarten austauschen, miteinander essen oder sich wieder verabschieden, ist von Land zu Land, von Region zu Region, sogar von Gruppe zu Gruppe unterschiedlich. Auch wenn Ihnen nicht jede Abweichung von diesen Umgangsformen negativ ausgelegt wird, können Sie punkten, wenn Sie die örtlichen Gepflogenheiten kennen. Beobachten Sie einfach, wie Leute woanders miteinander umgehen. Wenn Sie mit den Verhaltensweisen zurechtkommen und dies mit Ihren Werten vereinbaren können, können Sie diese ruhigen Gewissens übernehmen. Machen Sie sich diese auf jeden Fall bewusst.

Dabei sollten Sie sich jedoch nicht verrenken. Für einen zurückhaltenden und respektvollen Umgang mit anderen Leuten brauchen Sie Ihre eigene Persönlichkeit nicht aufgeben. Verbiegen Sie sich zu sehr, wirkt es unecht und aufgesetzt.

Reden Sie verständlich und respektvoll
Jede Kultur besitzt eine eigene Tradition des Sprechens. Wer sich dessen nicht bewusst ist, riskiert, missverstanden zu werden. Gerade im Fall von Höflichkeit und Takt können Missverständnisse schnell zu Konflikten führen, wenn verschiedene kulturelle Vorstellungen aufeinandertreffen.

Missverständnissen vorbeugen

- Hören Sie Ihrem Partner aufmerksam zu. Fassen Sie das Gesagte zusammen, um Missverständnisse zu vermeiden. Wenn Sie etwas nicht verstehen, fragen Sie einfach nach. Es gibt viele Dinge, die Sie dabei lernen können.
- Je sachlicher Sie bleiben, desto einfacher ist das Gespräch. Am besten sprechen Sie nur über Dinge, von denen Sie etwas verstehen.
- Packen Sie nicht mehrere Fragen in eine, wenn Sie Fragen stellen. Stellen Sie Ihre Fragen der Reihe nach und lassen Sie diese auch einzeln beantworten.
- Verzichten Sie auf negative Fragestellungen wie „Kommst du nicht...?", die zu Verwirrungen führen, weil ein Ja ebenso für „Ja, ich komme" oder „Ja, ich komme nicht" stehen kann.

Strategem 20: Respektieren Sie andere Kulturen

- Ermutigen Sie andere Leute, in Fremdsprachen zu sprechen. Auch wenn ihre Kenntnisse gering sind, erhalten diese dadurch mehr Selbstvertrauen.
- Wenn Sie einige Brocken in deren Sprache kennen, lassen Sie diese in die Gespräche einfließen. Die Worte Danke, Hallo oder Auf Wiedersehen in der anderen Sprache lassen sich schnell lernen.
- Benutzen Sie bei Personen, die nur über geringe Sprachkenntnisse verfügen, möglichst nur einfache Wörter. Nicht-Muttersprachler freuen sich zudem darüber, wenn Sie Ihr Sprechtempo drosseln, ohne dabei demonstrativ langsam zu sprechen. Es sollte natürlich wirken.
- Verzichten Sie möglichst auf Dialekte, umgangssprachliche Ausdrücke und Slang. Selbst Personen mit den besten Kenntnissen Ihrer Sprache sind nicht alle Dialekte und Redewendungen geläufig.

Schätzen Sie die Wirkung von Humor gründlich ab

Auch der Sinn für Humor ist von Kultur zu Kultur unterschiedlich. Sarkasmus und Witze bereichern zwar viele Gespräche. Beim ersten Kennenlernen können sie jedoch schnell nach hinten losgehen. Wenn Sie Witze machen, denken Sie darüber nach, ob Ihr Gegenüber diese auch versteht. Machen Sie sich nicht darüber lustig, wenn Ihr gegenüber etwas nicht versteht. Sie haben Ihre Sprachkenntnisse auch über Jahre erworben.

Ironische Bemerkungen und ihre Folgen

„Es war ein ganz normaler Morgen mit einem routinemäßigen, informellen Treffen. Alle saßen um den Besprechungstisch herum und stellten fest, dass ein Stuhl fehlte. Markus, einer der indonesischen Manager, ging durch die Verbindungstür in das Büro nebenan, um nachzuschauen, ob dort ein freier Stuhl war. Dieses Büro gehörte Frans, einem

> holländischen Manager. Er war nicht da, aber er würde nichts dagegen haben, einen Stuhl auszuleihen. Die ganzen Möbel gehörten sowieso der Firma. Markus schob gerade einen Stuhl aus Frans' Büro durch die Verbindungstür, als Frans von der anderen Seite hereinkam. Frans war gut aufgelegt. Er ging hinüber zu seinem Schreibtisch, um einige Papiere einzusammeln und war gerade dabei, das Büro wieder zu verlassen. Im Vorbeigehen warf er Markus ein freundliches Grinsen zu und rief ihm über die Schulter zu: „Du bist mir ja ein reizender Dieb, Markus". Er ging hinaus, ohne eine Antwort abzuwarten. Als Frans nach dem Mittagessen in sein Büro zurückkam, wartete Markus schon auf ihn. Frans fiel auf, dass Markus eine Krawatte angezogen hatte, was ungewöhnlich war. „Markus, mein Lieber, was kann ich für dich tun?", fragte er. Markus schaute ihn bedrückt an, saß kerzengerade auf seinem Stuhl und sagte mit fester und ernster Stimme: „Frans, ich erkläre hiermit, dass ich kein Dieb bin". Verdutzt fragte Frans, was zum Teufel er ihm da erzähle. Er brauchte dann weitere fünfundvierzig Minuten, um das Missverständnis zu klären" (Quelle: Hofstede 2001, S. 303).

Was ist in diesem Beispiel geschehen? Ein Niederländer will seinen indonesischen Kollegen, in dessen Kultur der Status und das förmliche Wahren des Gesichts einen anderen Stellenwert einnehmen als in der niederländischen Kultur, freundlich necken. Für ihn sind ironische Spitzen, solange sie freundlich vorgetragen und richtig betont werden, nichts Negatives, sondern ein Ausdruck echter Sympathie. Der indonesische Manager interpretiert dies jedoch anders, da in seiner Kultur der Status einer Person heilig ist. Er nimmt deshalb die Beleidigung wörtlich.

Missverständnisse wie diese können im interkulturellen Kontext leicht passieren und zu größeren Problemen und Konflikten führen. Nur eine respektvolle Basis ermöglicht es den Betroffenen, Missverständnisse im Gespräch zu klären. Erstens sind die Betroffenen bereit und fähig, sich über ihre Kommunikationsabsichten und -erwartungen auszutauschen. Zweitens vermittelt gegenseitiger Respekt den beteiligten Personen die Sicherheit, dass der andere ihnen nichts Böses will.

Strategem 21: Respektieren Sie Ihr Gegenüber

> „Weine mit dem Weinenden: Wenn der Meister zufällig mit einem Manne, der in tiefer Trauer um Vater oder Mutter war, zusammen eine Mahlzeit einnahm, so erlegte er sich beim Essen eine taktvolle Zurückhaltung auf. Ebenso nahm er einen Kondolenzbesuch so ernst, dass er an demselben Tag, an dem er einen gemacht, nicht wieder sang" (Quelle: Konfuzius (551–479 v. Chr.), zitiert nach: Konfuzius – Kungfutse 2005, XVII, 21, S. 253).

In der westlichen Kultur besitze Vernunft und vernunftorientiertes Handeln einen hohen Stellenwert. Mit Rationalität werden weitere positive Werte wie Entschlusskraft, Professionalität oder Objektivität verbunden. Nur rationale Entscheidungen oder Motive gelten als gut. Emotionen hingegen sind oft negativ besetzt (Küpers und Weibler 2005, S. 27 f.) und gelten als Zeichen von Schwäche, Unvernunft – und vor allem als schlechte Entscheidungsbasis.

Das negative Bild, das wir von Emotionen haben, führt dazu, dass wir Emotionen häufig missachten. Das schadet uns, sowohl beruflich als auch privat. Emotionen machen einen wichtigen Teil des Mensch-Seins aus. Wissenschaftliche Untersuchungen belegen, dass Emotionen die wichtigste Grundlage menschlichen Handelns sowie von Veränderungs-, Entscheidungs- und Lernprozessen sind. Nur positive Gefühle vermitteln Sicherheit, Stabilität und Geborgenheit (vgl. Bergler 1997, S. 119 f.).

Emotionen setzen die Energie frei, die wir brauchen, um zu handeln. Auch das Lernen wird größtenteils von Emotionen gesteuert. Das Glückshormon trägt einen wesentlichen Teil zu unseren Lernerfolgen bei. Ohne Dopamin ist Lernen nicht möglich, denn es sorgt entscheidend dafür, dass Neues mit Altem verbunden wird. Nur auf diese Weise können wir Zusammenhänge verstehen und behalten (vgl. Reins 2006, S. 52). Dies gilt genauso für den Fall, wenn Sie möchten, dass jemand seine Meinung ändert. Der Weg zur Vernunft führt über das Herz. Niemand lässt sich gern vorschreiben, wie er zu denken oder zu handeln hat. Druck führt eher dazu, dass Menschen sich stärker an ihren alten Denk- und

Handlungsweisen festhalten. Freundlichkeit verspricht da mehr Erfolg (vgl. Carnegie 2000, S. 181).

So können Sie das Strategem für Ihre Ziele nutzen

Stehen Sie zu Ihren Emotionen

Das Unterdrücken von Emotionen, insbesondere, wenn dies chronisch geschieht, hat eine Reihe unangenehmer Konsequenzen. Die Kommunikation zwischen Menschen verarmt, denn Informationen und Strategien, die nicht auf Werten und Gefühlen beruhen, sind tot. Sie liefern nicht die Triebkraft, die nötig wäre, um die Idee in konkrete Entscheidungen und Verhaltensweisen umzusetzen. Wenn die Vernunft den Emotionen keinen Raum lässt, geht das auf Kosten der Kreativität. Durch Zweckrationalität kommt alle Motivation – dass schließt auch Leistungsmotivation ein – zum Erliegen (vgl. Bergler 1997, S. 117):

> „Der Ehe zwischen Verstand und Emotionen entspringt Klarheit und Leidenschaft. Ein Verstand ohne Emotionen wäre kraftlos, Emotionen ohne Verstand wären blind" (Quelle: Silvan Tomkins (1911–1991), zitiert nach: Bergler 1997, S. 120).

Gefühle sind oft ein Resultat der Bedingungen und Erfahrungen, die jemand in seinem Leben (oder bei seiner Arbeit) vorfindet. Entsprechend müssen wir die äußeren Umstände, unter denen andere leben, anerkennen und respektieren. Das gilt besonders in Fällen, in denen eine der beteiligten Personen sich in ihrem Leben auf bessere Bedingungen verlassen kann als andere. Je größer das Privilegien-Gefälle zwischen zwei (oder mehreren) Personen ist, desto mehr Sensibilität ist im Umgang mit diesen Unterschieden geboten. Das gilt für die privilegiertere Person, aber auch für die weniger privilegierte.

Respektieren Sie die Emotionen anderer
Der respektvolle Umgang mit Personen, deren Lebensbedingungen einem selbst nicht vertraut sind, erfordert viel Fingerspitzengefühl und Einfühlungsvermögen. In seinem Buch „Respekt im Zeitalter der Ungleichheit" beschreibt Richard Sennett das schwierige Verhältnis zwischen den armen Einwohnern eines heruntergekommenen Stadtviertels und den Sozialarbeitern aus der Mittelschicht, deren Aufgabe es war, sich um die Einwohner des Viertels zu kümmern. Er erzählt, dass die Sozialarbeiterinnen zuerst eher kalt auf ihn wirkten, zumal sie sich, wenn sie von ihrer Arbeit berichteten, häufig ihrer Fachsprache bedienten, anstatt, wie er anfänglich erwartet hatte, mütterlich zu sein. Auf den zweiten Blick erkannte er, dass das, was er als Kälte interpretierte, eine respektvolle und professionelle Distanz war:

Zurückhaltung als ein Zeichen der Achtung

„Wenn jemand sein Leben den Armen widmet, kann Mildtätigkeit leicht verletzend werden und Mitleid in Verachtung umschlagen, zwischen Mitgefühl und Ungleichheit besteht ein enger Zusammenhang. Vielleicht müssen Gefühle zurückgedrängt werden, wenn Mitgefühl wirksam werden soll; vielleicht muss man den anderen mit einer

> gewissen Kühle behandeln. Wer als der Stärkere die Grenze der Ungleichheit überschreitet, sollte möglicherweise Zurückhaltung üben. Zurückhaltung bedeutet Anerkennung der Schwierigkeit, und Distanz wäre ein – wenn auch ein recht eigenartiges – Zeichen der Achtung" (Quelle: Sennett 2002, S. 34 f.).

Mangelnder Respekt für Emotionen im Unternehmen

Wenn das Management dazu neigt, Emotionen und Stimmungen der Mitarbeiter nur als Störfaktoren wahrzunehmen, beeinträchtigt dies auf Dauer die Leistungsfähigkeit und -bereitschaft der Mitarbeiter. Die Mitarbeiter bringen ihr Potenzial in Abhängigkeit von ihrer Befindlichkeit ein. Dem Ernstnehmen von Emotionen kommt aber nicht nur eine funktionale, zweckhafte Beziehung zu. Es bringt auch Wertschätzung zum Ausdruck: Die Emotionen seiner Mitarbeiter ernst zu nehmen, heißt, sie als Menschen anzuerkennen. Bleibt Mitarbeitern diese Anerkennung verwehrt, dann werden sie besonders in Veränderungssituationen mit Angst und Misstrauen reagieren. Im schlimmsten Falle entfremdet sich der Mitarbeiter vom Management und von der Firma. Die Loyalität zur Firma nimmt ab. Die Fluktuation nimmt zu. Der Rückzug von der Firma heißt nicht, dass nicht mehr engagiert gearbeitet würde. Nur wird weniger mit Blick auf die Firma gearbeitet, sondern mehr mit Blick auf den eigenen Anspruch und die soziale Integration. Positive Gefühle wie Freude, Stolz, Zutrauen etc. beziehen sich auf das unmittelbare Betätigungsfeld und das soziale Umfeld. Aber starkes Misstrauen gegenüber Firma und Management zerstört auf Dauer diese Grundlage des Engagements für die Arbeit.

Strategem 22: Schließen Sie nicht von sich selbst auf andere

> „Man sollte nie von sich auf andere schließen: es gibt einige anständig denkende Menschen" (Detlev von Liliencron (1844–1909)).

Sowohl im Beruf, als auch im Privatleben schließen wir regelmäßig von uns auf andere. Wir legen unsere eigenen Erfahrungen zugrunde, wenn wir andere Menschen oder deren Verhalten beurteilen. Dabei vergessen wir schnell, dass andere ganz andere Erfahrungen gemacht haben, die sie zu einer ganz anderen Sichtweise führen. Auf diese Weise projizieren wir unsere Absichten auf das Verhalten anderer Menschen. Wir unterstellen ihnen somit, dass sie genau das beabsichtigt hätten, was wir von ihnen erwarten.

Der ständige Kontakt mit Gleichgesinnten im Beruf oder im Freundeskreis, verführt uns zu der Annahme, alle oder zumindest die Mehrheit der Menschen hätten die gleiche Sicht auf ein Problem wie wir. Dabei übersehen wir, welches Wissen oder welche Erfahrungen anderen fehlen, um das zu verstehen, was für uns selbstverständlich ist. So überschätzen Experten zum Beispiel das Vorwissen von Laien und neigen deshalb dazu, über deren Köpfe hinweg zu kommunizieren. Hinzu kommt eine grundlegende menschliche Neigung, anderen zu unterstellen, dass diese die Welt ebenso sehen wie wir selbst. Diese Neigung stabilisiert zwar das eigene Ich, untergräbt aber die Fähigkeit, in komplexen Situationen mit anderen zusammenzuarbeiten.

Für das Gelingen einer Kommunikation kommt es entscheidend darauf an, sich in seine Zuhörer hinein zu versetzen und deren Perspektive zu berücksichtigen. Hierzu ist es erforderlich, die Vorkenntnisse, Bewertungsmuster und Gefühlsmuster des anderen so gut wie möglich in Erfahrung zu bringen.

So können Sie das Stratagem für Ihre Ziele nutzen

Versetzen Sie sich in Ihre Mitmenschen

Sowohl im Beruf als im Privatleben ergeben sich immer wieder Situationen, in denen wir von uns auf andere schließen. So legen wir zum Beispiel häufig unsere eigenen Bewertungsstandards an, wenn wir anderen etwas Gutes tun wollen. Wir gehen davon aus, dass der andere das für gut hält, was wir mögen. Aber wenn wir dasjenige, was dem anderen gefällt, falsch einschätzen, wird der mit der Tat verbundene Gedanke nicht wahrgenommen. Dies führt zu Verstimmung auf beiden Seiten. Der Eine hat das Gefühl, dass sein Geschenk (im wörtlichen oder übertragenen Sinne) zurückgewiesen wird, während der andere gar nicht mitbekommt, dass er ein Geschenk erhalten hat. Finden Sie deshalb im Vorfeld heraus, wie der andere behandelt werden möchte, anstatt ihn so zu behandeln, wie Sie selbst gerne behandelt werden möchten (vgl. Covey 2005, S. 211).

Eine andere Ausprägung der Tendenz, von sich auf andere zu schließen, ist die Überzeugung, wir selbst seien objektiv. Durch diese Sicht verallgemeinern wir unsere Wahrnehmung. Da eine einzelne Sichtweise eine Situation niemals ausreichend abbilden kann und von unserer Perzeption geprägt ist, bleiben uns wesentliche Facetten der Situation verborgen (vgl. Covey 2005, S. 303).

Ein ähnliches Phänomen ist die Neigung, die Wahrnehmung der Umwelt in Kausalketten zu organisieren. Dies bietet viele Vorteile und dient dazu, Sinn zu konstruieren und Zusammenhänge zu verstehen. Das Denken in Kausalketten erlaubt es, Einfluss auf den Gang der Dinge zu nehmen. Dies wird jedoch zum Problem, wenn es zu logischen Kurzschlüssen kommt. Dann ist es ratsam, die Kausalkette zu entkoppeln und zu fragen, ob die Ursache, die wir vermuten, tatsächlich einer Handlung beziehungsweise einem Effekt zugrunde liegen *muss* (vgl. Flammer 1997, S. 159).

> „Wenn du den Diener rufst, so denke: er kann dich vielleicht nicht hören, oder wenn er dich hört, so kann er vielleicht nicht tun, was du willst. Jedenfalls soll es nicht von ihm abhängen, ob du deine Ruhe bewahrst oder verlierst" (Quelle: Epiktet (ca. 50–138 n. Chr.), zitiert nach: Flammer 1997, S. 159).

Berücksichtigen Sie das Vorwissen Ihres Gegenübers
Wir sagen immer nur so viel, wie in einer gegebenen Situation zum Verstehen notwendig ist. Für den Rest verlassen

wir uns auf den Kontext und darauf, dass die Gesprächsteilnehmer die Lücken mit ihrem eigenen Vor- und Kontextwissen auffüllen. Ein Beispiel: „Ich würde meinen Gast gerne mit dem Auto zum Bahnhof fahren, aber ich habe den Autoschlüssel versehentlich im Büro gelassen." Um diese Mitteilung zu verstehen, müssen wir wissen, dass wir Autos nur mit dem Schlüssel starten können, dass das Büro zu weit entfernt ist, um den Schlüssel zu holen etc. Wenn der Gesprächspartner nicht über das nötige Vorwissen verfügt oder, wenn er anderes Vorwissen mitbringt und darum die Lücken falsch auffüllt, können Missverständnisse entstehen. Eine kurze, klare und relevante Ausdrucksweise beugt solchen Missverständnissen vor. Denn Menschen gehen davon aus, dass ein Gesprächspartner nur das äußert, was für ihn relevant ist. Diese Annahme befähigt uns, auf die Botschaft zu schließen. In unseren Kommunikationen sind Prozesse automatischer Fehlerkorrekturen eingebaut. Wir hören und lesen, was für uns einen Sinn ergibt (vgl. Dams und Dams 2011, S. 52).

Im Gespräch mit anderen ist es also sinnvoll, sich zu überlegen, über welche Informationen der andere wahrscheinlich verfügt, oder welche Informationen ihm vielleicht fehlen könnten. Im Zweifelsfall können Sie nachfragen, ob Ihrem Gegenüber ein bestimmter Sachverhalt bekannt ist (vgl. Flammer 1997, S. 159 f.).

Strategem 23: Vermeiden Sie es, zu verallgemeinern

> „Das Geheimnis, mit allen Menschen in Frieden zu leben, besteht in der Kunst, jeden seiner Individualität nach zu verstehen" (Friedrich Ludwig Jahn (1778–1852)).

Sind Sie in der Lage und dazu bereit, sich in die Situation des anderen hineinzuversetzen? Das ist gut. Denn falls nicht, kann dies schnell dazu führen, dass Sie andere Menschen nicht mehr als Persönlichkeit wahrnehmen, sondern nur auf ihre Herkunft oder äußerliche Merkmale reduzieren und entsprechend oberflächlich bewerten.

Stereotypisierung geschieht häufig ohne böse Absichten. Doch gerade das macht sie so gefährlich und so einflussreich. Stereotypisierung findet oft statt, ohne dass derjenige, der andere stereotypiert, sich dessen bewusst ist. Manchmal glaubt er oder sie sogar, in guter Absicht zu handeln oder Stereotypen zu kontern, trägt aber dennoch zu ihrer Verbreitung bei.

Der fröhliche Busfahrer

„Ich erzähle oft von meiner Begegnung mit einem extrovertierten Busfahrer in New York, der es fertigbrachte, seine Fahrgäste bei guter Laune zu halten, während er

> durch die Straßen der Stadt steuerte. Wenn die Leute ausstiegen, war ihre schlechte Laune verflogen, weil sie von seiner übersprudelnden Fröhlichkeit mitgerissen wurden. (...) Ich habe den Busfahrer als ‚einen Schwarzen um die sechzig' beschrieben. Doch nach einem Vortrag meldete sich eine Afroamerikanerin zu Wort und fragte mich: ‚Weshalb erwähnen Sie, dass er Schwarzer war? Hätten Sie es auch erwähnt, wenn er Jude oder Japaner gewesen wäre?' Ihre Frage verblüffte mich. Als ich darüber nachdachte, wurde mir klar, dass die Erwähnung der Rasse (...) für mich unausgesprochener Bestandteil einer Erwiderung auf das Buch *The Bell Curve* war, in dem behauptet wurde, der IQ sei entscheidend für den Lebenserfolg, und in diesem Bereich seien Afroamerikaner (...) benachteiligt. (...) Ich wollte unterstreichen, dass der Afroamerikaner auf diesem Gebiet begabt war. Die Frau hielt mir jedoch entgegen, dass ich das nicht deutlich ausgesprochen hätte und es ihr so vorkam, als hätte ich jemanden beschrieben, der vorankommt, weil er allzu beflissen Weißen gefällig ist. Seine Hautfarbe spiele jedenfalls keine Rolle, meinte sie. Und sie hatte Recht" (Quelle: Goleman 1999, S. 189).

Daniel Goleman erfasst in diesem Beispiel nicht den eigentlichen Kern des Problems. Denn nicht nur, was er sagt ist entscheidend, sondern auch das „Wie" und „Wo" einer solchen Geschichte. So kann je nach Kontext und Rahmen, in dem die Geschichte erzählt wird, nicht nur der Umstand, dass es sich bei dem Busfahrer um einen Schwarzen handelt, für Missstimmung sorgen. Die Informationen „aus New York" oder „um die sechzig" können je nach Publikum die gleichen Reaktionen hervorrufen wie bei der Afroamerikanerin in unserem Beispiel. Dies soll Sie nicht davon abhalten, bei Ihren Erzählungen

Bilder zu verwenden. Aber verzichten Sie dabei möglichst auf Verallgemeinerungen und wägen Sie gut ab, was Sie wem erzählen wollen.

So können Sie das Strategem für Ihre Ziele nutzen

Lassen Sie sich nicht von Vorurteilen blenden

Jemanden auf der Basis von Stereotypen zu beurteilen, ist für alle Beteiligten mit Nachteilen verbunden. Unternehmen, die solche Verhaltensweisen zulassen, sabotieren sich auf lange Sicht selbst. Goleman weist darauf hin, dass sich exzellente Manager dadurch auszeichnen, dass sie Menschen anhand ihrer Leistungen einschätzen und sich nicht von Vorurteilen blenden lassen (vgl. Goleman 1999, S. 193). Nur so kann Vielfalt genutzt werden. Wenn sie genutzt und gefördert wird, kann sie zu einer wesentlichen Quelle von Stärke werden, die ein Unternehmen oder eine Organisation entscheidend voranbringt:

> **Diversifizierung einer Anwaltskanzlei**
>
> Vielfalt ist wichtig für Unternehmen, wenn man sie ernst nimmt und sich auch nach anderen Menschen richten kann und nicht immer nur von ihnen erwartet, dass sie sich assimilieren:
>
> „Da ist das Beispiel einer im öffentlichen Interesse tätigen Anwaltskanzlei im Nordosten der USA. Die Mitarbeiter, allesamt Weiße, machten sich in den achtziger Jahren Sorgen darüber, dass ihre wichtigsten Klienten, Frauen mit arbeitsrechtlichen Klagen, ebenfalls allesamt Weiße waren. Sie glaubten verpflichtet zu sein, ihren Klientenstamm zu diversifizieren. Man stellte also eine Anwältin hispanischer

> Herkunft ein, in der Hoffnung, sie werde hispanische Klienten einbringen. Sie brachte jedoch mehr als nur das ein, nämlich eine neue Auffassung von den grundlegenden Aufgaben der Kanzlei. Das führte dazu, dass die Kanzlei nicht nur die Klagen von Frauen vertrat, sondern auch Präzedenzfälle schaffende Prozesse führte, in denen gegen Englisch als einzige Unterrichtssprache gefochten wurde. Die Kanzlei nahm weitere nicht-weiße Anwälte auf, und das, so sagte einer ihrer Partner, ‚hatte Einfluss auf unsere Arbeit, denn wir erweiterten unsere Vorstellung über das, was relevante Probleme sind (…)'" (Quelle: Goleman 1999, S. 195).

Vermeiden Sie Verallgemeinerungen

Viele Missverständnisse basieren auf Verallgemeinerungen, unter denen jeder etwas Anderes versteht. Das passiert oft schon in der eigenen Muttersprache. Wie viel schwieriger ist es dann für Leute, die Ihre Sprache erst in der Schule oder später gelernt haben? Drücken Sie sich daher konkret aus, wenn Sie etwas besprechen möchten.

Durch Verallgemeinerungen entstehen schnell Fettnäpfchen. Selbst einzelne Worte können als Verallgemeinerung Ablehnungen auslösen. Wenn Sie beispielsweise über die USA sprechen, sagen Sie USA und nicht Amerika. Es erleichtert die Gespräche mit den rund 600 Mio. anderen Amerikanern, die in Brasilien, Kanada, Mexiko oder einem der anderen amerikanischen Länder leben. Gleiches gilt für Verallgemeinerungen über bestimmte Länder, Gruppen oder Kulturen. Verzichten Sie generell auf Stereotype. Es gibt keine homogenen Gruppen, die Sie problemlos über einen Kamm scheren können.

Strategem 24: Beachten Sie die Privatsphäre der anderen

> „Enthülle nie auf unedle Art die Schwächen Deiner Nebenmenschen, um Dich zu erheben!" (Adolph Freiherr von Knigge (1752–1796))

Diskretion ist ein wesentlicher Bestandteil von Respekt. Vermeidet Sie es deshalb, Grenzen zu verletzen. Dabei geht es sowohl um die Grenzen anderer als auch um die eigenen Grenzen: Eine diskrete Person wird weder andere ausfragen, noch ungefiltert persönliche Informationen von sich selbst preisgeben.

Diskretion erfüllt eine dreifache Schutzfunktion: Sie schützt das Selbst, das Gegenüber und Dritte. Dabei ist Diskretion nicht auf die verbale Kommunikation beschränkt, sondern kann sich auch auf nonverbale Kommunikation beziehen.

Mit Diskretion können Sie sich selbst schützen: Wer ein Gespür dafür entwickelt, wann es angebracht ist, über Persönliches zu sprechen, und mit wem, der macht sich weniger angreifbar, denn wer ungefiltert alles hinausposaunt, wird leicht zur Zielscheibe von Lästereien. Umgekehrt verspielt eine Person, die nichts für sich behalten kann, das Vertrauen anderer. Wenn Sie einmal erlebt haben, wie ein

Gesprächspartner vertrauliche Informationen anderer ausplaudert oder über die – vermeintlichen – Fehler Dritter herzieht, werden Sie sich genau überlegen, wie Sie sich in Zukunft dieser Person gegenüber verhalten.

Doch beachten Sie dabei kulturelle Unterschiede. Je nachdem, wo Sie sind und mit wem Sie es zu tun haben, kann zu viel Diskretion schnell als Arroganz oder Desinteresse gedeutet werden.

So können Sie das Strategem für Ihre Ziele nutzen

Nehmen Sie Rücksicht auf Ihren Gesprächspartner
Nehmen Sie Rücksicht auf Ihr Gegenüber: Sie sollten weder zu viele Informationen über den anderen verlangen, noch ihm zu viele Informationen aufdrängen. Gerade wenn andere von ihren Problemen berichten, ist Aufmerksamkeit und Sensibilität gefragt: Wägen Sie sorgfältig ab, welche Fragen Sie stellen können und welche Fragen neugierig oder aufdringlich wirken. Falls Sie sich nicht sicher sind, fragen Sie einfach einmal nach.

Halten Sie sich auch mit der Erzählung von eigenen Schwierigkeiten zurück. Drängen Sie anderen nicht Ihre eigene Meinung oder Ihre Lösungsvorschläge ungefragt auf. Was genau angebracht ist, hängt von der Situation und der Beziehung zwischen den Gesprächspartnern ab, doch besonders im beruflichen Kontext ist Zurückhaltung im Zweifelsfalle die sicherere Lösung. Letztendlich bedeutet Diskretion, dass Sie anderen ihren Freiraum lassen.

Diskretes Verhalten bezieht sich aber nicht nur auf die verbale Kommunikation, sondern auch auf die nonverbale

Kommunikation. Jemanden anzustarren ist wahrscheinlich das deutlichste und häufigste Zeichen nonverbaler Indiskretion.

Achten Sie die Privatsphäre Dritter
Dass Diskretion den abwesenden Dritten schützt, versteht sich von selbst. Ein diskreter Mensch behält Vertrauliches für sich. Er hat es nicht nötig, sich an sensationellen Storys zu erfreuen oder sich auf Kosten anderer besser zu fühlen. Aber auch die Privatsphäre des anwesenden Dritten muss geschützt werden. Das ist zum Beispiel der Fall, wenn jemandem im Beisein von anderen etwas Unangenehmes mitgeteilt wird, etwa, wenn ein Mitarbeiter vor den Kollegen kritisiert wird. Wenden Sie sich so ab oder beschäftigen Sie sich auf eine Weise, dass dem anderen möglichst viel Raum – wenn nicht physisch, dann psychisch – gelassen wird.

Verzichten Sie außerdem darauf, unbeteiligte Dritte in persönliche Streitigkeiten zu verwickeln. Damit zwingen Sie andere, eine Position zu beziehen, die sie vielleicht gar nicht wollen, in einer Sache, die sie vielleicht gar nicht interessiert. Außerdem erschwert es die Lösung des Konflikts. Je mehr Personen Sie mit einbeziehen, desto komplizierter wird die Situation und desto mehr verhärten sich die Fronten. Passiert dies am Arbeitsplatz, kann diese Dynamik dazu führen, dass das Betriebsklima vergiftet wird und es für alle Beteiligten (und Unbeteiligten) immer schwerer wird, ihre Arbeit zu erledigen.

Small Talk

Es mag so scheinen, als ob die Forderung, die Privatsphäre anderer zu achten, die Kommunikation erschwert, da jetzt ein beliebtes Thema von Alltagsgesprächen – das Leben anderer Leute – tabu oder zumindest nur noch mit Einschränkung akzeptabel ist. Dafür lässt sich jedoch ein angenehmer und effektiver Ersatz finden: Small Talk. Small Talk bietet Ihnen die Möglichkeit, sich zu unterhalten und Beziehungen zu anderen zu knüpfen beziehungsweise aufrecht zu erhalten, ohne dass Sie dafür die Privatsphäre, sei es die eigene oder die anderer, opfern müssen. Auf diese Weise bleibt die Kommunikation auch zwischen oberflächlichen Bekannten oder zwischen Geschäftspartnern im Fluss, ohne dass etwas Vertrauliches oder Verfängliches gesagt werden muss.

- Die erste Regel des Small Talks lautet: „Sei diskret!": Sagen Sie niemals etwas über einen Dritten, der nicht anwesend ist, was Sie nicht in seiner Gegenwart sagen würden. Diskretion ist das Siegel jeder engen Beziehung. Dazu gehört, sich mit Blicken zu mäßigen und Diskretion zu wahren.
- Die zweite Regel lautet: „Entziehe der Sucht des Lästerns die Nahrung!" Wer alles hinausposaunt, von dem fordern die Menschen bald Rechenschaft über seine nächsten Schritte. Wer extrem verschwiegen ist, nährt Spekulationen über sein Denken und Streben (vgl. Lorenzoni und Bernhard 2001, S. 201).

Wägen Sie sorgfältig ab, welche Geschichten ans Ohr eines Dritten kommen sollen und welche unter dem

Deckmantel der Diskretion bleiben sollen. Die Fähigkeit, unterscheiden zu können, was geht und was nicht geht, trennt den diskreten Menschen vom indiskreten. Um die geknüpften Beziehungen zur vertrauensvollen Grundlage für geschäftliche oder berufliche Angelegenheiten zu machen, sollten Sie mit diesen nicht wie mit der Tür ins Haus zu fallen (vgl. Lorenzoni und Bernhard 2001, S. 196).

Geeignete Themen für Small Talk sind zum Beispiel Wetter, Anreise, Sport, Börse, Internet, Reisen, Restaurants, Konzerte, Literatur oder Theater. Tabus sind Politik, Religion, Geld, Ehekrisen und Krankheit. Aber nicht jedem fällt es leicht, mit Fremden gepflegten Small Talk zu betreiben. Zu einem souveränen Auftritt auf dem gesellschaftlichen Parkett gehört neben den entsprechenden Umgangsformen ein Grundwissen an kultureller und historischer Bildung. Deswegen bieten manche Unternehmen, zum Beispiel die Deutsch Bank, Kurse in „Culture Talk" an, damit ihre Mitarbeiter bei Messen und anderen Anlässen souverän auftreten und sich niveauvoll mit Kunden unterhalten können (vgl. Hermani 28. Dezember 2002, S. 45).

Strategem 25: Gehen Sie freundlich auf andere zu

》 „Versuchen Sie es stets mit Freundlichkeit: ‚Mit einem Tropfen Honig fängt man mehr

Strategem 25: Gehen Sie freundlich auf andere zu

Fliegen als mit einer Kanne voll Galle'" (Quelle: Abraham Lincoln (1809–1865), zitiert nach: Carnegie 2000, S. 190).

Wenn Sie freundlich und offen auf Menschen zugehen, überträgt sich ihre Offen- und Gelassenheit auf andere Menschen. Sollten Sie dagegen verärgert sein, wird sich das auch auf andere Menschen übertragen. Wie Sie auf andere Menschen wirken, ist immer eine Momentaufnahme. Das gilt andersherum gleichermaßen. Die anderen Menschen zeigen auch nur ein kurzes Bild von sich, das Sie wahrnehmen. Sie wissen nicht, was Ihrer Begegnung gerade vorausging und was dem anderen Menschen gerade bevorsteht. Deshalb lohnt es sich, anderen freundlich zu begegnen.

Ein respektvolles Miteinander erfordert jedoch die richtige Balance zwischen Freundlichkeit auf der einen und dem richtigen Abstand auf der anderen Seite. Gehen Sie deshalb freundlich auf Ihre Mitmenschen zu, ohne sich aufzudrängen oder die Grenzen der anderen zu verletzen.

So können Sie das Strategem für Ihre Ziele nutzen

Schaffen Sie ein freundliches Gesprächsklima
Wenn Sie eine freundliche und angenehme Gesprächsatmosphäre schaffen möchten, helfen Ihnen die folgenden Tipps weiter:

- Merken Sie sich den Namen Ihres Gesprächspartners und benutzen Sie ihn. Damit signalisieren Sie Interesse und Wertschätzung.
- Bereiten Sie sich sorgfältig vor. Sammeln Sie Informationen über Ihren Gesprächspartner. So finden Sie genügend Stoff für den Begrüßungs-Small-Talk.
- Schaffen sie ein positives Gesprächsklima: zum Beispiel ein freundlicher, ungestörter Besprechungsraum und eine gute Schreibgelegenheit für den Gast. Achten Sie darauf, dass zwischen Ihnen und dem Gast keine Barriere ist. Bleiben Sie zum Beispiel hinter Ihrem Schreibtisch sitzen, degradieren Sie Ihren Gast zum Bittsteller.
- Brechen Sie das Eis: Lächeln, freundlicher Willkommensgruß. Sie signalisieren auf diese Weise, dass Ihnen dieses Treffen wichtig ist.
- Konzentrieren Sie sich auf das Gespräch. Keine Anrufe, keine Besucher, kein Handy.
- Vermeiden Sie Monologe. Achten Sie auf das Feedback und prüfen Sie, ob Ihre Worte den Gesprächspartner noch fesseln.
- Lassen Sie sich nicht von Ihren Emotionen lenken, wenn Ihnen das Verhalten Ihres Gastes missfällt. Auf

Strategem 25: Gehen Sie freundlich auf andere zu

Regelübertretungen dürfen Sie hinweisen – ruhig und sachlich. Grenzen ziehen ist erlaubt und bringt Ihnen sogar Respekt ein.
- Vermeiden Sie Belehrungen, Herabsetzungen und Killersätze wie etwa „Da fehlt Ihnen die Erfahrung" oder „Ich sehe, Sie müssen noch viel lernen."

Gehen Sie auch im Beruf freundlich auf andere zu

> » „Lächeln Sie! Ein Lächeln ist die Botschaft des guten Willens. Ein Lächeln kostet nichts, aber bringt viel. Es bereichert den Empfänger, ohne den Geber ärmer zu machen" (Quelle: Carnegie 2000, S. 105).

Auch im Beruf sind Menschlichkeit und freundliches Verhalten von Vorteil. Beachten Sie deshalb folgende Punkte, wenn Sie zum Beispiel an einem neuen Arbeitsplatz anfangen:

- Begegnen Sie neuen Kollegen offen und freundlich.
- Nehmen Sie sich die Zeit, um die neuen Gepflogenheiten kennenzulernen und sich allmählich zu integrieren.
- Respekt erwerben Sie am besten durch gute Leistungen und indem Sie sich an vereinbarte Regeln halten.

- Mit Hilfsbereitschaft und Kollegialität hinterlassen Sie einen guten Eindruck.
- Sie wirken freundlicher und selbstbewusster, wenn Sie ruhig, klar und deutlich sprechen.

Wahren Sie den rechten Abstand
Wenn Ihnen der nötige Abstand fehlt, kann freundliches Verhalten schnell aufdringlich wirken. Welchen Abstand wir als angemessen empfinden, ist dabei unterschiedlich. Wie groß der persönliche Raum ist, hängt unter anderem von kulturellen Faktoren ab. Außerdem ist es wichtig, in welchem Verhältnis die Personen zu Ihnen stehen, die an einer Interaktion beteiligt sind. Gute Freunde dürfen Ihnen zum Beispiel näherkommen als entfernte Bekannte. Zu große Nähe wird schnell als unangenehm oder bedrohlich empfunden und lässt sich schlecht wieder rückgängig machen.

Kommen Sie einer anderen Person zu nahe, löst das oft Misstrauen aus. Andersherum wirken Sie vielleicht unfreundlich und unnahbar, wenn Sie auch gute Freunde auf Distanz halten. Achten Sie deshalb aufmerksam auf die Signale anderer. Im Zweifelsfalle können Sie besser etwas zu viel, als zu wenig Abstand lassen. Verringern können Sie den Abstand hinterher immer noch, aber eine Grenzverletzung lässt sich nicht mehr rückgängig machen. Auch in Gesprächen ist Vorsicht geboten. Halten Sie generell einen gesunden Abstand ein. Damit wahren Sie die Würde des anderen und geben sich selbst die Zeit, ruhig zu entscheiden, welche Distanz Sie selbst angemessen und angenehm empfinden (vgl. Lorenzoni und Bernhard 2001, S. 135).

> „Höflichkeit ist der dritte Arm, der uns erlaubt, Zudringliche auf Distanz zu halten" (Walther Kiaulehn (1900–1968)).

Strategem 26: Wahren Sie das rechte Maß

> » „Moral ist das Maß; wo sie fehlt, da erschöpfen sich alle Kräfte in Maßlosigkeit, denn das Maß ist das Erhaltende in der Natur wie im Leben" (Quelle: Wilhelmine von Hillern (1836–1906)).

Bei der Forderung Maß zu halten, handelt es sich folglich nicht nur um eine Grundregel des Lebens. Sie ist gleichzeitig eine wichtige Grundlage für Ethik und Moral. Maß zu halten – im privaten wie im öffentlichen Leben –, galt deshalb in der Antike als eine Kardinaltugend. Ihre Einhaltung war sowohl für die griechischen Denker und die fernöstlichen Weisen der Antike als auch für die großen Lehrmeister der christlichen Ethik eine wesentliche Voraussetzung für eine gute gesellschaftliche Entwicklung. Maßhalten zählt zu den Kardinaltugenden, weil sie eine notwendige Eigenschaft für alle anderen Tugenden darstellt. Jede Tugend wird durch Übertreibung oder durch Maßlosigkeit zur Untugend.

Maßhalten ist heute schwieriger denn je, denn den modernen Menschen wird „eine zunehmende Individualisierung der Lebensführung als Chance angeboten und als Zwang auferlegt. Überlieferte Bilder von Gott und der Welt, Traditionen und Konventionen gaben ehedem Halt, gaben Maßstäbe zur Hand und dem Leben für selbstverständlich erachtete Richtungen" (Doehlemann 2001, S. 39). Gesellschaftliche Maßstäbe können nicht von jeder Person individuell und willkürlich festgelegt werden. Orientieren Sie sich stattdessen an Werten, die weltweit als Grundlagen für das menschliche Miteinander anerkannt sind (vgl. Hillmann 1989, S. 72).

In der heutigen Welt, in der viele nach immer mehr Wohlstand und Wachstum streben, ist Maß halten aus der Mode geraten. Das rechte Maß zu wahren, klingt unzeitgemäß und nach erhobenem Zeigefinger. Eine Rückbesinnung auf diese Tugend ist heutzutage jedoch wichtiger denn je. Gerade die dramatische Banken- und Schuldenkrise in Europa hat mit einem Mangel an realistischen Maßstäben zu tun.

So können Sie das Strategem für Ihre Ziele nutzen

Streben Sie nicht nach grenzenloser Vermehrung Ihres Gewinns auf Kosten anderer

Überzogene Managergehälter und Boni, Sexskandale und Korruptionsfälle, Patentverletzungen und Zinsmanipulationen zeugen nicht nur von Maßlosigkeit, sondern gehören heute zu den häufigsten Reputationsrisiken für

Organisationen und Personen. In allen Fällen äußert sich eine Mentalität, die die „Verrohung der Wertschöpfung ohne Wert" (vgl. Dahrendorf 12. Juli 2009) fördert und die Sitten des ehrbaren Kaufmanns und guten Haushaltens missachtet. „Was hat das mit Wirtschaftsordnung zu tun? Viel, denn soziale Marktwirtschaft ist mehr als nur Wettbewerb plus Sozialversicherung. Aus gutem Grund hat Ludwig Erhard in seinen Reden immer wieder zum Maßhalten aufgerufen. Wohlstand für alle setzt eine Gesellschaft voraus, in der der Beitrag des Einzelnen zum allgemeinen Wohl hoch bewertet wird" (Dahrendorf 12. Juli 2009).

Machen Sie sich selbst nicht zum Maß aller Dinge
All unser Tun und Handeln ist grundsätzlich begrenzt. Das Gefühl der Scham trägt dazu bei, dass wir uns unserer eigenen Grenzen bewusst werden. Damit sind sowohl physische wie auch seelische Grenzen gemeint (Was ist uns heilig? In welchen Situationen sind wir leicht zu verunsichern? Wo sind wir zu weit gegangen und haben andere verletzt?). Ohne das Gefühl für diese Grenzen werden wir arrogant und rücksichtslos.

Sowohl der Verherrlichung der eigenen Person als auch dem Verherrlichen einer Gemeinschaft fehlt die rechte Verbindung von Einzelperson und Gesellschaft. Auch die Verherrlichung des anderen in Form von Anhimmeln, Unterwerfung oder grenzenloser Bewunderung verfehlt das rechte Maß einer gesunden Beziehung zwischen autonomen Personen. Wenn menschliches Maß und Werte nicht gegeben sind und kein innerer Kompass vorhanden ist, laufen Sie Gefahr, die Freiheit Andersdenkender beschneiden zu wollen. Dann kommt es zum moralischen

Dünkel und zu Abgrenzungsritualen der selbsternannten Anständigen oder Sittenwächtern. Denn aus zu viel Tugend wird Untugend.

Werten Sie sich weder über Gebühr auf noch ab
Zurückhaltung macht beliebt und erleichtert die Kooperation mit anderen. Sie kann aber auch dazu führen, dass andere unseren wahren Wert nicht erkennen. Es kommt deshalb darauf an, bescheiden zu sein und gleichzeitig anderen zu ermöglichen, unsere Vorzüge zu erkennen. Denn wir haben auch eine Verantwortung, unsere Kompetenzen in den Dienst der gemeinsamen Sache zu stellen. Eine zu große Bescheidenheit bis hin zu einem Mangel an Selbstwert schadet am Ende allen Beteiligten. Der deutsche Jesuitenmönch Rupert Lay erklärte in diesem Zusammenhang: „Sie haben das Recht, Ihre eigenen Angelegenheiten für wichtiger zu halten als die anderer Menschen oder Institutionen" (Lay 1999, S. 69).

Das bedeutet nicht, dass Sie frei sind, sich egoistisch zu verhalten und sich auf Kosten anderer durchzusetzen. Aber es ist legitim, die eigenen Interessen zu vertreten. Dies kann ohne Schuldgefühle geschehen. Wünsche und Bedürfnisse können Sie ruhig anmelden. Es bedarf aber Mut, sie klar zu formulieren (vgl. Lay 1999, S. 69). Ebenso, sollten Sie zu Ihren Stärken und Schwächen stehen, wenn Sie wie im folgenden Beispiel darauf angesprochen werden:

> **Der beste Mittelfeldspieler aller Zeiten**
>
> In den vierziger Jahren musste der amerikanische Footballspieler Franz Szymanski als Zeuge vor Gericht aussagen. Szymanski war Mittelfeldspieler, ein zurückhaltender, bescheidener Footballprofi, der bei seinen Mitspielern sehr beliebt war. „Sie sind dieses Jahr beim Notre-Dame-Footballteam?", fragte ihn der Richter. „Ja, Euer Ehren", nickte Szymanski. „Auf welcher Position?", wollte der Richter wissen. „Mittelfeld, Euer Ehren." – „Aha", sagte der Richter, „und wie gut sind Sie im Mittelfeld?" Szymanski antwortete nicht gleich, sondern rutschte ein wenig auf seinem Stuhl herum. Doch dann verkündete er mit lauter Stimme: „Sir, ich bin der beste Mittelfeldspieler, den Notre Dame je hatte." Sein Trainer, der auch im Gerichtssaal saß, war überrascht. Sonst war Szymanski doch nicht so ein Angeber. Als die Verhandlung vorüber war, nahm er den Spießer beiseite und fragte ihn, warum er so eine Aussage gemacht hatte. Szymanski wurde rot. „Ich fand es grauenhaft. Aber was sollte ich denn machen? Ich stand doch unter Eid!" (Quelle: ohne Quellenangabe, zitiert nach Nöllke 2002, S. 112 f.).

Strategem 27: Nutzen Sie den rechten Moment, um Ihr Können und Ihr Talent zu zeigen

>> „Wer weiß, wann er kämpfen muss und wann nicht, wird siegen" (Quelle: Sun Tzu 2005, 3.12, S. 44).

Im Leben kommt es oft darauf an, die richtige Balance und den richtigen Zeitpunkt zu finden: Wie und wann können wir unsere Talente am besten zur Geltung bringen? Dabei geht es darum, sich selbst zwar ernst, aber nicht zu wichtig zu nehmen. Denn wenn Sie sich selber zu wichtig nehmen, laufen Sie schnell Gefahr, sich lächerlich zu machen. Eventuell präsentieren Sie anderen Kostproben Ihres (vermeintlichen) Könnens, für die sich diese gar nicht interessieren – oder vielleicht sogar unter anderen Umständen interessieren würden, aber nicht gerade jetzt. Besonders riskant wird es, wenn Sie Ihre Kunst vorführen möchten, wenn Sie das Talent oder die Erfahrung Ihrer Zuschauer falsch einschätzen.

Wer immer danach strebt, seine Talente und sein Können unter Beweis zu stellen und nicht die richtige Gelegenheit abwarten kann, wird entweder andere verärgern oder langfristig nicht mehr ernst genommen. Großer Geltungsdrang kann dazu führen, dass Sie andere in den Hintergrund drängen, damit Sie sich selbst in den Vordergrund stellen können. Auf diese Weise berauben Sie andere der Chance, ihre Talente, die vielleicht genauso groß oder größer sind als Ihre eigenen, zu zeigen. Jemand, dem es extrem wichtig ist, sich zu profilieren, schafft unnötig Hierarchien und Konkurrenzkämpfe.

So können Sie das Strategem für Ihre Ziele nutzen

Begrenzen Sie Ihre Ratschläge auf ein sinnvolles Maß
Wer sich selbst ständig produziert, weil er immer im Mittelpunkt stehen möchte, und andere dabei in die Rolle der Zuschauer drängt, hält diese davon ab, etwas selbst zu erlernen. Begrenzen Sie Ihre Ratschläge deshalb auf ein sinnvolles Maß, selbst wenn Sie etwas gut können und einem anderen beim Erlernen der neuen Fertigkeit helfen wollen. Auch hier ist weniger mehr. Um etwas erlernen zu können, brauchen wir vor allem die Gelegenheit, es auszuprobieren und zu verstehen. Gut gemeinte Ratschläge stören dabei eher. Wenn Sie immer wieder ungefragt Ratschläge von anderen erhalten, wirkt sich das negativ auf Ihr Verantwortungsgefühl, Ihr Verständnis, Ihr Interesse und Ihr Engagement aus. Sie helfen anderen Menschen besser, wenn Sie ihnen Zeit und Raum geben, ihre eigenen Erfahrungen zu machen und eigene Motivation zu entwickeln (vgl. Topf 2010, S. 24 f.).

Stellen Sie Ihr Licht nicht unter den Scheffel
Das bedeutet aber nicht, dass Sie Ihr Können oder Wissen grundsätzlich zurückstellen müssen. Manche Situationen verlangen danach, dass Sie sich wie die Krankenschwester in der folgenden Geschichte über die übliche Bescheidenheit oder geltende Regeln hinwegsetzen:

Im Notfall ist Handeln wichtiger als Etikette

„Weil er versäumt hatte, sein Blutdruckmittel zu nehmen, war der Blutdruck des älteren Mannes außer Kontrolle geraten, und er hatte einen massiven Schlaganfall erlitten. Jetzt lag er in einem Fachkrankenhaus für Hirnschäden auf der Intensivstation, und in wenigen Tagen würde sich entscheiden, ob er weiterleben oder sterben würde. Die Ärzte waren hektisch bemüht, das Ausmaß der Hirnschädigung abzuschätzen und eine weitere Blutung nach Möglichkeit zu unterbinden. Seine Besucherin, (…), die im selben Krankenhaus als (…) Krankenschwester tätig war, warf zufällig einen Blick auf das Krankenblatt des Mannes und bemerkte, dass unter den vielen Medikamenten (…) keines gegen Bluthochdruck war. Besorgt fragte sie den neurologischen Assistenzarzt (…): ‚Nimmt er denn auch sein Blutdruckmittel?' Verärgert (…) fuhr der Hirnspezialist sie an: ‚Wir behandeln sie hier nur vom Hals an aufwärts.' (…) Nunmehr beunruhigt, dass man ein für die Genesung ihres Freundes wichtiges Medikament anscheinend übersehen hatte, marschierte die Krankenschwester ins Büro des Chefarztes. Sie wartete bis er ein Telefongespräch beendet hatte, entschuldigte sich für die Störung und trug ihr Anliegen vor. Die Anweisung, die Blutdruckbehandlung des Patienten wiederaufzunehmen, erging unverzüglich. ‚Dass ich mich nicht an den Dienstweg hielt, als ich direkt zum Chefarzt ging, war mir klar', sagte die Schwester. ‚Aber ich hatte schon erlebt, dass Patienten mit Schlaganfall starben, weil man ihren Blutdruck nicht unter Kontrolle hielt. Es war viel zu dringend, um auf Fragen der Etikette Rücksicht zu nehmen'" (Quelle: Goleman 1999, S. 91).

Achten Sie auf den richtigen Zeitpunkt

> „Jeder kann wütend werden, das ist einfach. Aber wütend auf den Richtigen zu sein, im richtigen Maß, zur richtigen Zeit, zum richtigen Zweck und auf die richtige Art, das ist schwer" (Quelle: Aristoteles (350 v. Chr.): Nikomachische Ethik, Reclam Ausgabe 1992).

Das richtige Timing ist nicht nur in Bezug auf unser Können oder unsere Handlungen wichtig, sondern auch auf unsere Stimmungen und das, was wir anderen von uns mitteilen. Guter Laune zu sein, ist schön. Meistens gelingt es Ihnen, andere dabei mitzureißen, aber das ist nicht immer der Fall. Nehmen Sie Rücksicht auf die Stimmungen anderer und versuchen Sie nicht, sie zur guten Laune zu zwingen.

Jeder von uns hat seinen eigenen Tagesrhythmus. Deshalb sollten Sie sich überlegen, wann der beste Zeitpunkt ist, um andere von Ihren Ideen zu überzeugen. Warten Sie auf einen geeigneten Augenblick – vielleicht nach dem Mittagessen oder auf den Freitag –, wenn diese gut gestimmt sind. Doch was ist, wenn Sie ein wichtiges Anliegen haben, das Sie ohne Rücksicht auf den geeigneten Zeitpunkt vorbringen müssen? Achten Sie in diesem Fall unbedingt darauf, dass Sie dem anderen zu erkennen geben, dass Sie seinen inneren Gemütszustand respektieren (vgl. Richardson 1992 S. 26 f.).

Wägen Sie gut ab, wem Sie was erzählen

Ähnliches trifft auf gute Nachrichten zu. Haben Sie etwas Positives erlebt oder wendet sich Ihr eigenes Leben zum Besseren, möchten Sie anderen davon berichten. Diese guten Neuigkeiten werden aber nicht immer freudig aufgenommen. Andere sind vielleicht neidisch auf Ihr Glück oder es bereitet ihnen Unbehagen, ihre mentalen Schubladen neu sortieren zu müssen.

Wenn Sie mit guten Neuigkeiten regelmäßig auf Ablehnung treffen, zum Beispiel bei Kollegen oder entfernten Bekannten, ist es klüger, positive Ereignisse für sich zu behalten beziehungsweise nur mit ausgewählten Personen zu besprechen. Auf diese Weise schützen Sie Ihr eigenes Glück und lassen es sich nicht von der Missgunst, dem Neid oder dem Unbehagen anderer verderben.

Literatur

Aristoteles. (1992). *Nikomachische Ethik*. Stuttgart: Reclam.
Barnes, J. (2005). *John F. Kennedy over Leiderschap*. Zaltbommel: Thema.
Beckmann, H. B., & Frankel, R. M. (1984). The effect of physician behavior on the collection of data. *Annals of Internal Medicine, 101*(5), 692-696.
Bergler, R. (1997). Sympathie und Kommunikation. In M. Piwinger (Hrsg.), *Stimmungen, Skandale, Vorurteile* (S. 116–153). Frankfurt a. M.: IMK.
Carnegie, D. (2000). *Wie man Freunde gewinnt. Die Kunst beliebt und einflussreich zu werden*. Bern: Scherz. (How to Win Friends and Influence People, Original aus dem Jahr 1936).
Covey, S. (2005). *Die 7 Wege zur Effektivität. Prinzipien für persönlichen und beruflichen Erfolg*. Offenbach: Gabal.
Dahrendorf, R. (12. Juli 2009). Die verlorene Ehre des Kaufmanns. Tagesspiegel. http://www.tagesspiegel.de/wirtschaft/dahrendorf-essay-die-verlorene-ehre-des-kaufmanns/1555814.html. Zugegriffen: 03. Dez. 2016.

Dams, V., & Dams, C. (2011). *Code Rouge. Gesetze des Erfolgs für Events und Live-Marketing.* Frankfurt a. M.: Frankfurter Allgemeine Buch.

Doehlemann, M. (2001). Dumme Sinnsysteme. Ausflucht und Zuflucht. In J. Wertheimer & P. V. Zima (Hrsg.), *Strategien der Verdummung* (S. 30–45). München: Beck.

Fisher, R., & Brown, S. (1992). *Gute Beziehungen – Die Kunst der Konfliktvermeidung, Konfliktlösung und Kooperation.* München: Heyne.

Flammer, A. (1997). *Einführung in die Gesprächspsychologie.* Bern: Huber.

Goleman, D. (1999). *EQ2 – Der Erfolgsquotient.* München: dtv.

Hermani, G. (28. Dezember 2002). Auf dem gesellschaftlichen Parkett sind Geld und Politik tabu. *Frankfurter Allgemeine Zeitung,* 45.

Hillern, W. von. (1906). *Ein Arzt der Seele.* Berlin: Janke.

Hillmann, K.-H. (1989). *Wertewandel.* Darmstadt: WBG.

Hofstede, G. (2001). *Lokales Denken, globales Handeln. Interkulturelle Zusammenarbeit und globales Management.* München: dtv.

Knigge, Av. (1850). *Über den Umgang mit Menschen.* Leipzig: Reprint-Verlag. (Reprint).

Konfuzius – Kungfutse Richard Wilhelm (Hrsg). (2005). *Gespräche – Lunyü* (2. Aufl.). Wiesbaden: marix. (Deutsch von Richard Wilhelm).

Küpers, W., & Weibler, J. (2005). *Emotionen in Organisationen.* Stuttgart: Kohlhammer.

Lay, R. (1999). *Führen durch das Wort* (7. Aufl.). Frankfurt a. M.: Ullstein.

Lorenzoni, B., & Bernhard, W. (2001). *Professional Politeness. Die Anti-Ellbogen-Strategie für Ihren persönlichen Auftritt im Beruf und im Privatleben.* Düsseldorf: Metropolitan.

Nöllke, M. (2002). *Anekdoten, Geschichten, Metaphern für Führungskräfte.* Freiburg: Haufe.

Reins, A. (2006). *Corporate Language. Wie Sprache über Erfolg und Misserfolg von Marken und Unternehmen entscheidet.* Frankfurt a. M.: Schmidt.

Richardson, J. (1992). *Erfolgreich kommunizieren.* München: Kösel.

Sennett, R. (2002). *Respekt im Zeitalter der Ungleichheit.* Berlin: Berliner Taschenbuch-Verlag.

Topf, C. (2010). *Einfach mal die Klappe halten – warum Schweigen besser ist als Reden.* Offenbach: Gabal.

Tzu, S. (2005). *Über die Kriegskunst. Wahrhaft siegt, wer nicht kämpft.* Wiesbaden: marix. (Original von ca. 500 v. Chr.) Deutsch von Patrick Lindley.

Sich selbst treu bleiben

Strategem 28: Seien Sie, wer Sie sind

> „Eigentlich bin ich ganz anders, ich komm nur viel zu selten dazu. Du machst hier bald mit einem Bekanntschaft, den ich genauso wenig kenne wie du" (Songtext „Ganz anders" (2008) von Udo Lindenberg und Jan Delay).

Kinder sind offen und authentisch. Sie verstellen sich nicht, folgen ihren Impulsen und sind spontan. Doch mit der Zeit verlieren viele Menschen diese Fähigkeit, wie Udo

Lindenberg und Jan Delay es in ihrem Lied „Ganz anders" besungen haben. Jeder Mensch wünscht sich Respekt und Anerkennung. Aber aus Angst, diese nicht zu erhalten und von den Mitmenschen abgelehnt zu werden, beginnen wir, uns zu verstellen und Schwächen zu verbergen.

Erfolgreiche Kommunikation und Führung von Menschen beginnt mit der Kenntnis der eigenen Stärken und Schwächen sowie mit der Arbeit an der eigenen Persönlichkeit. Jeder kann zu einer Persönlichkeit heranreifen. Persönlichkeiten sind Menschen mit Ecken und Kanten, die in sich selbst ruhen, überraschend sind und einen Instinkt dafür haben, was der Mensch „wesenhaft braucht, um er selber zu bleiben – so elementar, wie Pflanzen und Tiere Wasser, Sonne, Tag und Nacht brauchen, um sie selber sein zu können" (vgl. Lützeler 1978, S. 23).

So können Sie das Strategem für Ihre Ziele nutzen

Bleiben Sie authentisch

Seien Sie ganz Sie selbst. Dies ist die wichtigste Regel, um von anderen respektvoll behandelt zu werden. Ein selbstbewusstes, authentisches (und somit schlüssiges) Verhalten beinhaltet, dass Sie sich selbst treu bleiben und dass Sie zu Ihren eigenen Werten und Überzeugungen und somit zu sich selbst stehen. Ein in sich schlüssiges Verhalten ist in vielen verschiedenen Situationen von großer Bedeutung: Verhalten Sie sich unterschiedlichen Personen gegenüber gleich? Ist Ihr Verhalten im Einklang mit Ihrer Persönlichkeit und Ihren Überzeugungen? Entspricht das Image, das Sie von sich selbst vermitteln, Ihrem wahren Naturell?

Strategem 28: Seien Sie, wer Sie sind 281

Deshalb ist es wichtig, dass Sie Ihre eigenen Überzeugungen nicht verleugnen. Lassen Sie sich nicht auf Dinge ein, bei denen Sie ein ungutes Gefühl haben. Lassen Sie sich nicht auf Dinge ein, die unter Ihrer Würde sind, nur um in anderen Kreisen akzeptiert zu werden. Es gibt Ausnahmesituationen, in denen ein solches Verhalten Sinn machen kann. Doch wenn Sie sich regelmäßig auf ein anderes Niveau begeben, um nicht als Außenseiter zu gelten, verleugnen Sie einen Teil Ihrer selbst und können Ihre eigenen Talente und Fähigkeiten nicht mehr zum Ausdruck bringen. Sie bringen sich so um die Möglichkeit, Ihre Arbeit so gut zu erledigen, wie Sie es unter anderen Rahmenbedingungen könnten.

Viele Menschen neigen dazu, höhergestellten Personen mehr Respekt entgegen zu bringen als Personen mit einem geringeren Status. So sind zum Beispiel einige Menschen im Geschäftsleben zuvorkommend und korrekt, verhalten sich aber privat ganz anders. Sie vermitteln so den Eindruck, dass sie sich gegenüber ihrer Familie und ihren Freunden ein nachlässiges Verhalten leisten können. Solche Verhaltensweisen sind nicht nur frustrierend für die Betroffenen. Sie bergen die Gefahr, dass das vermeintlich perfekte Verhalten am Arbeitsplatz als Fassade enttarnt wird und die betreffende Person das Vertrauen der anderen verliert (Lorenzoni und Bernhard 2001, S. 119).

Wenn Sie sich selber und Ihren Überzeugungen treu bleiben, gewinnen Sie mehr Sicherheit und das Vertrauen anderer. Die anderen Menschen wissen, woran sie bei Ihnen sind und bekommen so die Chance, es Ihnen recht machen zu können. Ein selbstbewusstes Auftreten gibt somit eine klare Linie für Entscheidungen und

Handlungen, sowohl für Sie selbst als auch für andere (vgl. Lorenzoni und Bernhard 2001, S. 147).

> „Der Mensch lebt durch Geradheit. Ohne sie lebt er von glücklichen Zufällen und Ausweichen" (Quelle: Konfuzius – Kungfutse 2005, Buch VI, 17, S. 111).

Selbstbewusstsein und Authentizität beginnen bei uns selbst. Authentische Menschen haben eine besondere Ausstrahlung. Sie wirken echt, ungekünstelt, offen und entspannt. Ein authentischer Mensch strahlt aus, dass er mit sich selbst im Reinen ist. Er steht zu seinen Stärken und Schwächen.

Stehen Sie zu sich selbst
Manchmal möchten wir uns selbst in besonders gutes Licht rücken und bedienen uns dazu „kosmetischer Lügen" (Feldmann 2012, S. 186). Der Wahrnehmung durch andere messen wir großes Gewicht bei. Vielen Menschen ist es wichtig, wie sie von anderen gesehen werden. Deshalb können wir der Versuchung, uns selbst besser darzustellen, oft kaum widerstehen. Diese Art der Lüge zielt vor allem darauf ab, sich selber aufzuwerten und Unsicherheiten zu überspielen. Oder wie Robert Feldmann es ausdrückt: Wenn wir dem, was andere denken, so viel Aufmerksamkeit schenken, ist es schwierig, nicht zu versuchen, dieses Denken auf verschiedensten Wegen zu beeinflussen. Unser wahres Ich bleibt womöglich hinter dem zurück, was wir als unser bestes Ich empfinden. Und diese

Tendenz ist vielleicht in solchen Situationen besonders ausgeprägt, in denen wir einen anderen nicht nur nebenbei beeindrucken wollen, sondern ausschließlich aus diesem Grund interagieren (Feldmann 2012, S. 187 f.). Doch je weiter wir uns von der Wahrheit entfernen, umso größer ist das Risiko, dass wir uns mit solchen kosmetischen Lügen in Schwierigkeiten bringen, wie das folgende Beispiel von Robert Feldmann zeigt:

Denken Sie sich nichts aus, um andere zu beeindrucken

„Einer meiner Studenten gewährte mir mal einen interessanten Einblick in ein desaströses Blind Date, bei dem er, wie er gestand, das Desaster selbst zu verantworten hatte. Er aß mit einer attraktiven, intelligenten jungen Dame zu Abend – und hörte sich plötzlich von einem Fahrradtrip quer durch Südamerika schwafeln, den er im nächsten Sommer unternehmen wolle. Er beschrieb die Route, die er fahren, und das Fahrrad, das er dafür kaufen wollte. Das Problem dabei war, dass er eine solche Tour gar nicht vorhatte. Er hatte zwar schon mal ansatzweise eine Radtour durch Südamerika erwogen, doch konkreter waren seine Pläne nicht geworden. Leider war die junge Dame eine begeisterte Radfahrerin, und als sie ihn nach Einzelheiten befragte, wurde immer klarer, dass er sich alles nur ausgedacht hatte" (Quelle: Feldmann 2012, S. 189).

Ihr Image sollte mit Ihrer Identität im Einklang stehen. Das bedeutet, dass Sie gegenüber Dritten ein Wahrnehmungsbild (Image) erzeugen, das Ihrem eigenen Selbstbild nahekommt. Sie wollen nicht anders scheinen, als Sie sind.

Stimmen Image und Identität nicht überein, droht Gefahr für Ihren guten Ruf (Reputation). Es droht Ihnen die gleiche Gefahr, wie jedem anderen, der versucht, seinen wahren Charakter hinter einer Maske zu verstecken: Kommt die Wahrheit ans Licht – was früher oder später der Fall sein wird –, dann sind die Empörung und Enttäuschung umso größer. Sie können nicht dauerhaft nach außen etwas vortäuschen, das es innen nicht gibt (vgl. Ebert 2003, S. 59). Eine imaginäre Maske kann bestimmte Wesenszüge zwar zeitweise verbergen, aber dafür können diese Eigenschaften dann plötzlich und unerwartet zum Vorschein kommen.

Strategem 29: Achten Sie sich selbst

» „Habe stets Respekt vor Dir selbst, Respekt vor anderen und übernimm Verantwortung für Deine Taten" (Tendzin Gyatsho, 14. Dalai-Lama (Oktober 2004), zitiert nach: Lienhart 2011).

Die wichtigste Voraussetzung, um anderen respektvoll begegnen zu können, ist Selbstrespekt. Nur wer sich selbst schätzt und respektiert, kann anderen Respekt entgegen bringen. Oder anders herum betrachtet: Warum verwehren Sie sich selbst den Respekt, den Ihnen andere entgegenbringen?

Selbstrespekt beruht im Wesentlichen auf drei Pfeilern:

- Wer will, dass andere ihn achten, muss sich selbst achten.
- Bleiben Sie sich selbst und Ihren eigenen Überzeugungen treu. Lassen Sie sich nicht je nach Situation oder Umgebung verbiegen.
- Seien Sie bereit, das zu leisten, was Sie von anderen fordern. Dies gilt auch in Bezug auf Selbstrespekt und den Respekt, den Sie von anderen erwarten.

Fehlt dem Respekt der Selbstrespekt, dann verkommt Respekt schnell zu einer hilflosen oder verlogenen Geste (vgl. Dorn 2. Oktober 2010, S. 5). Das ist eine schlechte Basis für zwischenmenschliche Beziehungen – egal, ob am Arbeitsplatz, in der Beziehung oder anderswo.

Wenn Sie von anderen respektiert werden wollen, müssen Sie zunächst sich selbst respektieren und zeigen, dass Sie sich nicht alles gefallen lassen. Dazu gehört zum Beispiel, dass Sie auch mal nein sagen, wenn Ihnen beruflich etwas gegen den Strich geht. Nur wenn Sie sich selbst respektieren, können Sie andere respektvoll behandeln, weil Sie unbewusst mit anderen so umgehen wie mit sich selbst. Versuchen Sie, sich selbst mit mehr Respekt und Achtung zu begegnen. Dann werden Sie automatisch Ihr Verhalten anderen gegenüber verändern.

So können Sie das Strategem für Ihre Ziele nutzen

Fordern Sie Respekt ein

Wir alle sind von erlernten, automatischen Verhaltensmustern geprägt, die uns daran hindern, anderen Menschen gegenüber Respekt einzufordern. Diese Verhaltensmuster können Sie sich abgewöhnen und durch neue Muster ersetzen. Dies können Sie in kleinen Schritten üben. Wenn Sie zum Beispiel jemand lächerlich macht, Sie auflaufen lässt, Sie anschreit oder schlecht behandelt, können Sie Folgendes tun:

- Nennen Sie die Fakten: Sagen Sie, was genau der andere getan hat: „Sie haben mir das jetzt zum dritten Mal versprochen und nicht eingelöst."
- Sagen Sie, welche Gefühle dies in Ihnen auslöst: „Das empfinde ich als respektlos." oder „Ich fühle mich nicht ernst genommen."
- Sagen Sie klar und deutlich, dass das Verhalten des anderen nicht in Ordnung ist: „Ich finde Ihr Verhalten nicht in Ordnung. Ich bin nicht bereit, es weiter zu tolerieren."

Verhält sich der andere immer wieder respektlos, dann drohen Sie mit Konsequenzen für den Fall, dass der andere sein Verhalten nicht ändert. Sie müssen jedoch willens und in der Lage sein, die angedrohten Konsequenzen wahr zu machen. Drohen Sie nie mit etwas, was Sie nicht wahr machen können und wollen. Dadurch verlieren Sie noch mehr Respekt und werden noch weniger ernst genommen.

Strategem 29: Achten Sie sich selbst **287**

Es gibt Situationen, bei denen Sie in so klaren Abhängigkeitsverhältnissen stecken, dass Sie sich durch die angekündigten Konsequenzen ins eigene Fleisch schneiden. Drohen Sie nicht leichtfertig mit Kündigung, wenn der Chef Sie respektlos behandelt, Sie aber auch Ihre Familie ernähren müssen. Versuchen Sie stattdessen, Ihrem Gegenüber – zum Beispiel Ihrem Chef – klarzumachen, welche Wirkung sein Verhalten auf sein Umfeld hat: „Sie sind so unfreundlich. Das Betriebsklima liegt komplett am Boden. Alle arbeiten nur noch mit halber Kraft. Das kann ja nicht in Ihrem Interesse sein."

Diese Art, auf Respektlosigkeiten zu reagieren, müssen Sie üben. Es kann vorkommen, dass Sie unterbrochen, ausgelacht oder lächerlich gemacht werden, oder dass Ihr Gegenüber aus dem Raum geht, sodass Sie Ihren Punkt gar nicht rüberbringen können. Üben Sie deshalb Ihr neues Verhalten ein, sonst wird sich wahrscheinlich nichts ändern. Je konfliktscheuer und schüchterner Sie sind, desto mehr Übung werden Sie benötigen:

- Sie können Konfliktgespräche mit einem Freund oder einer Freundin im Rollenspiel üben. Dabei nimmt Ihr Freund die Rolle Ihres Gegenübers ein und ist gespielt gemein zu Ihnen. Und Sie üben Ihr neues Verhalten.
- Sie können auch in der freien Wildbahn, also in realen Situationen üben. Aber möglichst zuerst dort, wo es um nicht so viel geht. Fangen Sie nicht gleich mit Ihrem Chef an, sondern eher mit einer Kassiererin, die pampig zu Ihnen ist.

Es ist nicht schlimm, wenn Sie beim Üben zittern, feuchte Hände bekommen oder Ihre Stimme ein bisschen schwankt. Wichtig ist, dass Sie damit anfangen, sich selbst zu respektieren und für sich und Ihre Interessen einzustehen.

> **Achten Sie auf eine gerade Haltung**
>
> Die Körpersprache ist in vielen Situationen der wichtigste Faktor der Kommunikation. Gleichzeitig lässt sich die Körpersprache nur bis zu einem gewissen Punkt steuern. So haben sich viele Menschen angewöhnt, gebückt oder ungerade zu stehen. Ein gerader Rücken ist jedoch ein vergleichsweise einfaches Mittel, um Selbstrespekt und Sicherheit zu demonstrieren. Eine gerade Haltung ist leicht zu erkennen, wirkt gesund und souverän. Ein alter Trick ist es, sich vorzustellen, wie ein Faden durch den Körper gezogen wird, von den Füßen bis zum Kopf. Stellen Sie sich vor, wie dieser Faden gespannt wird und mit dem straffen Faden auch der Körper sich immer gerader aufrichtet.
>
> Ein Schlüssel für eine sichere und gesunde Körperhaltung ist Entspannung. Machen Sie sich deshalb immer wieder mal Ihre Körperhaltung bewusst. Entspannen Sie mal bewusst Ihre Schultern und Gesichtsmuskeln. Menschen mit angespannter Körperhaltung laufen oft krumm und steif. Sie verraten so Stress, Unwohlsein und mangelnden Selbstrespekt.

Ehren Sie sich selbst, wenn Sie wollen, dass andere Sie ehren

Bei vielen Menschen liegt es an ihrer Einstellung sich selbst gegenüber, dass sie sich alles gefallen lassen. Sie halten sich selbst nicht für wichtig. Sie glauben nicht, dass sie Respekt verdient haben. Falls Sie von anderen nicht ernst genommen werden, könnte das daran liegen, dass Sie sich selbst nicht ernst nehmen.

Ändern Sie Ihre Einstellung zu sich selbst, wenn dies auf Sie zutrifft. Jeder Mensch hat Respekt verdient, auch Sie. Es ist nicht in Ordnung, wenn Sie jemand angreift, übergeht, lächerlich macht oder wie ein Kleinkind behandelt. Machen Sie sich das immer wieder bewusst. Ihre persönliche Haltung zu sich selbst hat großen Einfluss darauf, wie andere Menschen Sie wahrnehmen. Dies ist ein wichtiger Grund, sich selbst mehr zu achten. Eine wohlwollende Selbstwahrnehmung macht es Ihnen leichter, Ihre guten Seiten in den Vordergrund zu stellen (womit nicht „angeben" gemeint ist!), sodass andere Sie ebenfalls in einem besseren Licht sehen (Lorenzoni und Bernhard 2001, S. 152).

> **„Ladies and Gentlemen serving Ladies and Gentlemen"**
>
> „Dies ist das Credo des Ritz Carlton. Ziel dieser Strategie ist es, Respekt durch Selbstrespekt zu schaffen. Das Ritz Carlton ist bekannt geworden für seine besonders herausragende Qualitätsstrategie und für den ausgezeichneten Service, der den Gästen geboten wird. Als Hotel ist das Ritz Carlton besonders von der wahrgenommenen Qualität der Mitarbeiter-Kunden-Interaktion abhängig. Somit ist es darauf angewiesen, einen Weg zu finden, wie sich die Interaktion zwischen beiden Seiten besonders angenehm gestalten lässt. Von den Mitarbeitern wurden ausgezeichnete Leistung und ein besonders zuvorkommendes Verhalten gegenüber den Gästen erwartet. Ein solches Verhalten lässt sich wahrscheinlich nicht lange in einem hierarchischen, autoritären System aufrechterhalten. Deshalb stand das Unternehmen vor der Aufgabe, einen konstruktiven Verhaltensstil, der die ethischen Unternehmenswerte in allen Bereichen gleichermaßen respektiert, im Unternehmen zu etablieren. Ein solcher Verhaltensstil appelliert an die Verantwortung, die der Mitarbeiter für sich und seine

> Kollegen trägt und unterstützt Mitarbeiter bei der effektiven und kooperativen Bewältigung von Problemen. Er dient darüber hinaus bei der fortgesetzten Optimierung im Service- und Produktbereich. Entsprechend motivierte und engagierte Mitarbeiter sind die wesentliche Voraussetzung für ein prosperierendes Unternehmen und exzellenten Service" (Quelle: Ebert 2014, S. 444 f.).

Sie brauchen Ihre guten Seiten nicht zu verstecken. Die eigenen Vorzüge zu schätzen, macht einen Teil des Selbstrespekts aus. Es ist absolut legitim, wenn Sie sich über gute Leistungen freuen. Auch wenn andere klüger, erfolgreicher etc. sind, tut das Ihren Leistungen keinen Abbruch. Konzentrieren Sie sich auf Ihre eigenen Leistungen.

Strategem 30: Verschaffen Sie sich Klarheit über Ihre Ziele

>> „Wer zwei Hasen jagt, lässt einen zurück und verliert den anderen" (Indianisches Sprichwort).

Wenn Sie ein bestimmtes Ziel erreichen möchten, sollten Sie sich darüber im Klaren sein, welche Wünsche und Ängste Sie antreiben. Was sind Ihre wahren Motive und Beweggründe? Werden Sie sich Ihrer Emotionen bewusst. Bedürfnisse, die uns antreiben, sind zum Beispiel das

Streben nach Anerkennung, Freiheit, Harmonie, Rache oder Sicherheit. Verschaffen Sie sich Klarheit über Ihre Ziele und die Grenze Ihrer Kompromissbereitschaft. Wenn Sie keine klaren Ziele vor Augen haben, werden Sie Schwierigkeiten haben, Ihre eigenen Bedürfnisse zu befriedigen.

Beachten Sie deshalb folgende Grundsätze, um Ihre Interessen in Gesprächen erfolgreich vertreten zu können:

- Kommunizieren Sie Ihre Ziele offen und ehrlich.
- Werden Sie sich der Erwartungen Ihres Gegenübers bewusst.
- Schaffen Sie einen gemeinsamen Grundkonsens.

So können Sie das Strategem für Ihre Ziele nutzen

Werden Sie sich Ihrer Bedürfnisse bewusst

Stellen Sie sich vor, Sie wünschen sich von Ihrem Vater mehr Anerkennung und Wertschätzung. Ihr Vater ist Rechtsanwalt und hält dies für den erstrebenswertesten Beruf der Welt. Deswegen entscheiden Sie sich ebenfalls für ein Jurastudium (Ziel), obwohl Sie viel lieber etwas ganz anderes studieren würden. Diese Entscheidung birgt für Sie diverse Risiken:

- Sie arbeiten Ihr Leben lang in einem Beruf, der Ihnen eventuell kaum Freude bereitet.
- Sie gehen der Klärung mit Ihrem Vater aus dem Weg. Vielleicht gibt es für Sie einen viel besseren Weg, Wertschätzung und Anerkennung zu erlangen.

- Am Ende ändert sich vielleicht sogar die Meinung Ihres Vaters. Der Rechtsanwaltsberuf ist für ihn nicht mehr erstrebenswert. Dann haben Sie zwar Ihr Ziel erreicht, aber Ihr Grundbedürfnis nicht befriedigt. Prüfen Sie deshalb genau, ob Ihre Ziele wirklich Ihren Bedürfnissen entsprechen.

Um sich selbst zu motivieren und Ihre Wünsche und Träume zu realisieren, ist es unerlässlich, sich die richtigen Ziele zu setzen. Wenn Sie beginnen, sich mit Ihren Lebenszielen zu beschäftigen, ist die Versuchung groß, gleich in allen Lebensbereichen etwas verändern zu wollen. Das kann nicht gelingen. Und die zwangsläufig damit verbundenen Misserfolge beeinträchtigen mit hoher Wahrscheinlichkeit Ihr Selbstwertgefühl. Werden Sie sich deshalb zuerst Ihrer Bedürfnisse bewusst und beschränken Sie sich auf die Dinge, die Ihnen wirklich wichtig sind. Je besser Sie Ihre wahren Bedürfnisse kennen, umso eher finden Sie geeignete Ziele, die starke Motivation und persönlichen Antrieb auslösen. Je mehr Begeisterung ein Ziel bei Ihnen hervorruft, desto so größer ist die Wahrscheinlichkeit für Ihren Erfolg. Wenn Sie sich Ihrer Emotionen und Bedürfnisse bewusst sind, können Sie von Anfang an klare Bedingungen stellen. Dann wissen Ihre Gesprächspartner, woran sie bei Ihnen sind und unter welchen Bedingungen Sie bereit sind, sich überzeugen zu lassen oder einen Kompromiss einzugehen: Was ist für Sie verhandelbar und was nicht?

Kommunizieren Sie Ihre Ziele offen und ehrlich

Wenn Sie mit anderen erfolgreich zusammenarbeiten möchten, müssen Sie Ihre Ziele offen und ehrlich mit ihnen kommunizieren. Können oder wollen Menschen nicht offen über ihre Ziele miteinander sprechen, führt dies zu Missverständnissen und im schlimmsten Fall zum Scheitern der Kommunikation: Die Beteiligten reden aneinander vorbei und müssen Missverständnisse klären, die sie durch klare Kommunikation vermieden hätten. Im schlimmsten Falle kann es die Beziehung gefährden, wenn etwa falsche Erwartungen geweckt werden, die dann enttäuscht werden. Beim anderen entsteht das Gefühl, betrogen worden zu sein. Natürlich kommt es vor, dass eine Partei bewusst ihre Ziele weniger offen kommuniziert, um dies zu ihrem Vorteil zu nutzen. Wenn aber alle Beteiligten gemeinsame Interessen verfolgen und erfolgreich miteinander zusammenarbeiten wollen, sollten alle offen miteinander kommunizieren.

Werden Sie sich der Erwartungen Ihres Gegenübers bewusst

Fragen Sie sich vor einem wichtigen Gespräch, was für andere relevant ist und was diese von Ihnen erwarten. Informieren Sie sich möglichst gut über den anderen, um das beurteilen zu können. Je länger und besser Sie einander kennen, desto leichter wird es für Sie, die Erwartungen des anderen richtig einzuschätzen. Um den anderen verstehen und richtig einschätzen zu können, müssen Sie auch schwache Signale wahrnehmen. Alle Aktionen des anderen sind Reaktionen auf Ihr eigenes Handeln.

Neben dem Wissen, *was* der andere denkt oder fühlt, müssen Sie auch verstehen, *wie* der andere denkt. Das menschliche Denken und Fühlen wird auch durch die kulturelle Grundprägung beeinflusst. Darum ist es von Vorteil, diese zu kennen.

Schaffen Sie einen gemeinsamen Grundkonsens
Wenn Menschen aus verschiedenen Kulturkreisen zusammenarbeiten, ohne die Höflichkeitsstandards des jeweils anderen zu kennen, können Missverständnisse und Konflikte entstehen. Solche Konflikte oder Missverständnisse können nicht nur zwischen Personen aus unterschiedlichen Kulturkreisen entstehen. Auch in anderen Situationen, zum Beispiel, wenn Personen aus verschiedenen Branchen oder Abteilungen zusammenarbeiten, prallen unterschiedliche Erwartungen aufeinander. In diesem Fall ist es hilfreich, wenn Sie diese Situation erkennen, die eigenen Normen erklären und den Normen des Andern Verständnis entgegenbringen. Einigen Sie sich zudem auf gemeinsame Regeln für die weitere Zusammenarbeit und den persönlichen Umgang.

Strategem 31: Sagen Sie nein, wenn Sie nein meinen

>> „Nichts ist schwieriger und nichts erfordert mehr Charakter, als sich im offenen Gegensatz zu

seiner Zeit zu befinden und laut zu sagen: Nein!" (Kurt Tucholsky 1890–1935).

Jemandem eine Bitte oder Forderung abzuschlagen, ist nicht jedermanns Sache. Wer nein sagt, stößt anderen eventuell vor den Kopf. Mit einem halbherzigen Ja erkaufen wir uns gerne eine kurze Atempause. Wenn uns die Erledigung der übertragenen Aufgabe nicht gelingt, riskieren wir jedoch, dass andere uns für inkompetent oder unzuverlässig halten. Erledigen wir die Aufgabe dagegen erfolgreich, kann das dazu führen, dass wir wieder und wieder gefragt werden. Unser Ja wird als selbstverständlich vorausgesetzt.

Nein-Sagen ist eine Kunst, die Sie in der Kommunikation mit Kollegen und Vorgesetzten ebenso weiterbringt wie im privaten Bereich. Dazu ist es wichtig, dass Sie in der Lage sind, Grenzen zu ziehen, ohne dem anderen gegenüber respektlos zu werden.

„Die Fähigkeit, nein zu sagen, ist die Geburt der Individualität" (René Arpad Spitz 1887–1974).

So können Sie das Strategem für Ihre Ziele nutzen

Sie müssen nicht immer ja sagen
Wenn es Ihnen schwerfällt, nein zu sagen, hilft Ihnen vielleicht die folgende Überlegung: Für jedes Ja,

beziehungsweise jedes Mal, wenn Sie sich bereit erklären, für jemand anderen etwas zu erledigen, zahlen Sie einen Preis dafür. Sie zahlen mit Ihrer Zeit, Energie und Kraft. Diese Ressourcen hätten Sie vielleicht dringender an anderer Stelle gebraucht oder lieber in etwas Anderes investiert. Das Gleichgewicht von Geben und Nehmen spielt in diesem Kontext eine wichtige Rolle: Müssen Sie langfristig mehr geben als Sie zurückbekommen, führt das zu Stress und Unzufriedenheit.

Rufen Sie sich ins Gedächtnis, dass niemand immer zu Verfügung stehen kann! Es lohnt sich deshalb, kurz abzuwägen, ob Sie einer Bitte nachgehen oder Sie abweisen. Stellen Sie sich folgende Fragen:

- Was genau wird von mir verlangt? Was soll ich tun?
- Möchte ich das wirklich tun oder geben – oder ist es mir vielleicht zuwider?
- Wie viel Zeit, Energie und Motivation habe ich?
- Steht die Bitte im Konflikt mit anderen Aufgaben, die ich erledigen muss? Was muss eventuell darunter leiden oder zurücktreten, wenn ich der Bitte nachkomme?
- Wer bittet mich um einen Gefallen? Welche Bedeutung hat dieser Mensch für mich? In welchem Verhältnis stehen wir zueinander?
- Wie oft hat diese Person schon etwas für Sie getan? Und wie oft habe ich schon etwas für diese Person getan? Und – wenn das schon öfter der Fall war – möchte ich es tatsächlich noch einmal tun?

Erbitten Sie sich Bedenkzeit, bevor Sie eine wichtige Entscheidung treffen

Bitten Sie um Bedenkzeit. Sie müssen nicht auf der Stelle ja oder nein sagen, auch wenn der andere das gerne möchte. Sagen Sie ruhig: „Ich muss darüber einen Moment nachdenken. Ich komme in fünf Minuten zu dir und sage dir Bescheid."

Oft sagen wir vorschnell ja zu etwas, weil wir uns schlicht und einfach überrumpeln lassen. Anliegen und Bitten werden häufig eben mal kurz zwischendurch an uns herangetragen. Bevor wir es uns versehen, haben wir etwas zugesagt, was uns Stunden kostet oder uns keinen Spaß macht. Deshalb ist es hilfreich, sich einen kleinen Moment Zeit zu nehmen, um die Situation kurz zu analysieren.

Lassen Sie sich nicht unter Druck setzen

Die anderen machen es uns oft nicht leicht, nein zu sagen. Schließlich möchten sie ja, dass wir ihrer Bitte nachkommen. Dabei legen einige Menschen eine große Kreativität an den Tag. Zu den beliebtesten Strategien, uns gegen unseren Willen zu etwas zu bewegen, zählen das Auslösen von Schuldgefühlen, Erpressung, Druck, Überrumpelung und Schmeicheleien.

Hier hilft nur eines: die Strategien erkennen und entlarven. Schauen Sie genau hin, wer etwas von Ihnen will und welche Mittel diese Person einsetzt, um es zu erreichen. Werden Sie sich bewusst, warum Sie es schwer finden, anderen eine Bitte abzuschlagen. Liegt es daran, dass Sie Schuldgefühle empfinden, wenn Sie jemandem einen

Gefallen verwehren? Werden Sie unter Druck gesetzt? Schmeichelt Ihnen der Bittsteller? Erbeten Sie Bedenkzeit, damit Sie den nötigen Abstand gewinnen und erkennen können, welche Mittel Ihr Gegenüber einsetzt. Wenn Sie seine Strategie durchschauen, können Sie sie entkräften, indem Sie sie direkt thematisieren:

- „Ich fühle mich im Moment überrumpelt. Gib mir ein paar Tage Zeit. Dann sage ich Dir Bescheid."
- „Ich kann verstehen, dass es Dir nicht gefällt, wenn ich jetzt nein sage. Ich lasse mir aber deswegen keine Schuldgefühle machen."
- „Ihr Lob freut mich sehr. Trotzdem kann ich leider diese Aufgabe heute nicht mehr für Sie erledigen."

Absagen respektvoll erteilen
Es gibt verschiedene Möglichkeiten, respektvoll, aber gleichzeitig deutlich nein zu sagen:

- **Begründen:** Wer seine Absage begründet, zeigt, dass der Grund für sein nein in der Sache liegt und nichts mit der Person zu tun hat. Eine Begründung ist nicht dasselbe wie eine Rechtfertigung. Niemand ist gezwungen, über die Verwendung seiner Zeit Rechenschaft abzulegen.
  Beispiel: „Ich kann diese Aufgabe leider nicht mehr übernehmen, da mir sowohl Herr Müller als auch Frau Schmidt schon andere Aufgaben übertragen haben."
- **Mitgefühl zeigen:** Bringen Sie zum Ausdruck, dass Sie verstehen, dass es für den anderen unangenehm ist, dass Sie seine Bitte ablehnen.

Beispiel: „Es tut mir leid, dass ich Ihrer Bitte nicht nachkommen kann."
- **Verständnis zeigen:** Zeigen Sie Verständnis dafür, dass Ihr Gegenüber diese Bitte äußert. Ähnlich wie mit einer Begründung signalisieren Sie damit, dass Ihre Ablehnung nicht persönlich gemeint ist. Außerdem versteht der andere, dass Sie seine Bitte nicht ablehnen, weil Sie seine Anfrage für unangebracht oder unberechtigt halten.
Beispiel: „Ich verstehe, dass Sie zu viel zu tun haben, um diese Aufgabe auch noch zu erledigen, aber ich kann Ihnen im Moment nicht helfen."
- **Bedanken:** Wenn jemand eine Herausforderung an Sie heranträgt, die Sie nicht annehmen können oder wollen, eignet sich diese Strategie.
Beispiel: „Es ehrt mich, dass Sie so viel Vertrauen in mich setzen, aber ich kann diese Aufgabe nicht übernehmen."
- **Mit Einschränkung annehmen:** Manchmal ist es gar nicht notwendig, dass Sie eine Anfrage komplett ablehnen, da Sie einem Teil der Bitte nachkommen können. Oder Sie können die Aufgabe zu einem späteren Zeitpunkt erledigen. Damit signalisieren Sie, dass Sie grundsätzlich bereit sind, zu helfen und das im Rahmen Ihrer Möglichkeiten auch zu tun.
Beispiel: „Heute schaffe ich das nicht mehr. Reicht es Ihnen, wenn ich diese Aufgabe morgen Vormittag erledige?"

- **Alternative:** Wenn Sie die Bitte nicht so ausführen können, wie sie an Sie gerichtet wurde, können Sie eventuell ein Gegenangebot machen, mit dem das gleiche Ziel auf andere Weise erreicht werden kann.
  Beispiel: „Es tut mir leid, ich weiß, wie dringend das ist. Ich kann jedoch unmöglich diese Aufgabe übernehmen. Ich rufe aber gerne Herrn Schmidt an und frage ihn, ob er Ihnen helfen kann."
- **Interesse zeigen:** Gerade, wenn Sie Alternativen anbieten oder einer Bitte nur mit Einschränkung nachkommen können, beweist es Ihren Respekt für den anderen, wenn Sie sich überzeugen, dass Ihre vorgeschlagene Lösung für den anderen annehmbar ist.

Gestehen Sie anderen ein Nein zu

Überprüfen Sie einmal, wie Sie selbst damit umgehen, wenn jemand anders nein sagt. Können Sie das Nein akzeptieren oder neigen Sie selbst dazu, den anderen umstimmen zu wollen? Sind Sie beleidigt oder verletzt, wenn andere Ihren Bitten nicht nachkommen? Können Sie mit Ihrer Enttäuschung gut umgehen oder werden Sie wütend? Wenn Sie sich diese Fragen ehrlich beantworten und etwas an sich arbeiten, wird es Ihnen leichter fallen, sich dieses Recht selbst zu nehmen.

Strategem 32: Stehen Sie zu Ihrem Wort

> » „Lass deine Taten sein wie deine Worte. Und deine Worte wie dein Herz" (Johann Ludwig Uhland 1787–1862).

Glaubwürdigkeit ist ein wichtiger Erfolgsfaktor für eine gute Zusammenarbeit. Dies gilt gleichermaßen für die Zusammenarbeit zwischen Unternehmen als auch für die Kooperation zwischen zwei Menschen. Die wichtigste Voraussetzung, um als vertrauensvoller Kooperationspartner zu gelten, ist somit, dass wir zu unserem Wort stehen.

Wenn wir unser Gegenüber nicht kennen oder ihm misstrauen, setzen wir einen Vertrag auf, bevor wir mit ihm zusammenarbeiten. Bei einer guten Kooperation unter Partnern oder Freunden benötigen wir keinen Vertrag. Es gilt das gesprochene Wort. Wir erwarten, dass der andere auch ohne einen schriftlichen Vertrag seine Zusagen einhält. Dies setzt jedoch Vertrauen voraus, das sich nur langsam entwickelt. Eine Kooperation ist somit langfristig nur dann erfolgreich, wenn sich beide Seiten an ihre Zusagen halten.

Umgekehrt belastet kaum etwas eine Beziehung so sehr wie ein nicht gehaltenes Versprechen (vgl. Covey 2005, S. 213). Jedes Mal, wenn wir ein Versprechen brechen, setzen wir unsere Glaubwürdigkeit aufs Spiel. Überlegen Sie sich darum im Vorfeld gut, was Sie jemanden versprechen und halten Sie sich mit leichtfertigen Versprechungen zurück. Erklären Sie Ihrem Gegenüber die Lage ausführlich, falls Sie einmal ein Versprechen nicht halten können. Auf diese Weise gewinnen Sie wieder an Zuverlässigkeit. Andere verstehen, dass sie Ihnen glauben können, und Ihr Wort gewinnt an Gewicht.

So können Sie das Strategem für Ihre Ziele nutzen

Halten Sie Ihre Versprechen

> „Die beste Möglichkeit, Wort zu halten, ist, es nicht zu geben" (Napoleon Bonaparte 1769–1821).

Nur wer zu seinem Wort steht, gilt als vertrauenswürdig und ehrlich. Das bedeutet, dass Sie Ihre eigenen Versprechen ernst nehmen müssen. Indem Sie sich an Ihre Versprechen halten, beweisen Sie Ihren Mitmenschen, dass Sie sie ernst nehmen und sich um sie bemühen. Sie können deshalb erwarten, dass andere Sie ebenfalls korrekt behandeln. Wenn das nicht der Fall ist, wirkt sich dies meistens negativ auf die Atmosphäre aus. Darum tun Sie sich keinen Gefallen, wenn Sie Ihre Versprechen brechen. Auch dann nicht, wenn Sie sich dadurch kurzfristig lästigen Verpflichtungen entziehen können. Dabei geht es grundsätzlich darum, zuverlässig und ein im positiven

Sinne berechenbarer Partner für andere zu sein. Dazu gehört mehr als nur das Einhalten von Versprechen. Vermeiden Sie undeutliche Äußerungen, die mehrere Interpretationen zulassen. Ihre Entscheidungen sollten für andere nachvollziehbar sein, zumindest soweit sie davon betroffen sind.

Stehen Sie zu Ihrer Meinung
Bleiben Sie Ihrer Überzeugung treu. Natürlich können Sie Ihre Meinung mal ändern. Sie machen schließlich neue Erfahrungen oder lernen neue Fakten, die Sie dazu bringen, Ihre bisherige Einstellung zu überdenken. Aber wer seine Meinung ständig wechselt und nie dazu steht, ist für andere nicht vertrauenswürdig. Dies hat vor allem in der Politik eine verheerende Wirkung, wie das folgende Beispiel zeigt:

Wortbruch zerstört Vertrauen

De Maizière: „Und wenn ein ehemaliger Bundeswirtschaftsminister, der den Atomausstieg mitgetragen hat, jetzt eine Anzeige schaltet und die Bundesregierung dringend auffordert, die Kernkraftwerke weiter laufen zu lassen, finde ich das daneben. Ich respektiere die Lebensleistung von Wolfgang Clement, aber ausgerechnet er hätte seine Unterschrift nicht unter diese Anzeige setzen dürfen. Solche Stilfragen sind in der Mitte der Gesellschaft zerstörerischer als manches, was sich rechts davon abspielt" (Quelle: Thomas de Maizière, zitiert nach: Ulrich und Wefing 2010, S. 3).

Achten Sie darauf, dass Sie andere dabei nicht vor den Kopf stoßen. Dabei hilft es, wenn Sie sich ins Gedächtnis rufen, dass jeder Mensch unterschiedliche Erfahrungen macht und Situationen unterschiedlich wahrnimmt. Jeder von uns schenkt anderen Aspekten seine Aufmerksamkeit. Die meiste Beachtung schenken wir Aspekten, die unserer eigenen Meinung und unserem eigenen Erfahrungshorizont entsprechen. Jeder von uns hat sein eigenes kognitives System, um Informationen zu filtern, zu speichern und unter veränderten Bedingungen anzupassen. Jeder nimmt die Dinge anders wahr. Dabei nehmen die eigenen Interessen einen unverhältnismäßig großen Raum ein. Tatsachen, die uns direkt betreffen, sind für uns wichtiger als ferne Ereignisse. Wenn Sie sich dies vor Augen halten, wird es Ihnen leichter fallen, andere Meinungen zu tolerieren.

Dadurch wird es für Sie leichter, zu Ihrer eigenen Meinung zu stehen: Sie verstehen besser die Prozesse, die Ihrer eigenen Meinung zugrunde liegen. Außerdem entwickeln Sie mehr Verständnis dafür, wie andere sich ihre Meinung bilden (vgl. Fisher und Brown 1989).

Strategem 33: Schmücken Sie sich nicht mit fremden Federn

» Von Pfauen und Krähen: „Eine aus eitlem Stolz aufgeblasene Krähe hob die Federn, welche einem Pfau heruntergefallen waren, auf und schmückte sich damit. Sie missachtete ihre Artgenossen und mischte sich unter die schöne Schar der Pfauen. Jene entrissen dem schamlosen Vogel jedoch die Federn und vertrieben ihn mit den Schnäbeln. Als die böse misshandelte Krähe betrübt zu ihren eigenen Artgenossen zurückging, wurde sie von diesen zurückgewiesen und heftig beschimpft. Eine von denen, die sie früher verachtet hatte, sagte zu ihr: ‚Wenn Du mit unseren Plätzen zufrieden gewesen wärst und ertragen hättest, was Dir die Natur gegeben hatte, hättest Du weder diese Schmach erfahren, noch hättest Du das Unglück der Zurückweisung erfahren'" (Quelle: Phaedrus: Fabulae 1,03, in: Schönberger und Rückert (Hrsg.) 2012, S. 9).

Die Redensart „Sich mit fremden Federn schmücken" geht auf eine Fabel des römischen Dichters Phaedrus zurück. Eine seiner Fabeln handelt von einer Krähe, die sich mit Pfauenfedern schmückt, um dafür Lob einzuheimsen. Die Fabel wurde im Laufe der Geschichte oft neu interpretiert. In der Versdichtung „Der Rabe mit den Pfauenfedern" von Gotthold Ephraim Lessing nehmen die Pfauen der Krähe nicht nur die Pfauenfeder weg, sondern entdecken darunter die glänzenden Schwungfedern der Krähe. Sie glauben nicht, dass diese Federn der Krähe gehören und hacken weiter auf den Vogel ein, um ihm auch die Schwungfedern zu entreißen.

Nehmen Sie sich die Fabel zu Herzen und denken Sie an die möglichen Konsequenzen, falls Sie mal versucht sind, anderen eine Idee zu klauen oder aus bestehenden Werken abzuschreiben. Denn wenn Sie einmal beim Betrug erwischt werden, wird Ihnen so schnell niemand mehr glauben. Außerdem ist es nicht ratsam, geistiges Gedankengut anderer für Ihren eigenen Erfolg zu nutzen. Wenn Sie Ihren Kollegen regelmäßig deren Ideen klauen, erreichen Sie nur, dass diese Ihnen nichts mehr anvertrauen und sich bei der Teamarbeit zurückziehen. Darunter leidet das ganze Team – auch Sie. Außerdem können Sie nur neue Entdeckungen machen und Ihre eigenen Schlüsse ziehen, wenn Sie Zusammenhänge mit Ihren eigenen Worten wiedergeben.

So können Sie das Strategem für Ihre Ziele nutzen

Wenn andere sich mit Ihren Federn schmücken

> **Über Plagiatoren und die Götter**
>
> „Bevor sich der griechische Dichter Diagoras zum überzeugten Atheisten wandelte, war er durchaus geneigt die Vorsehung zu preisen. So schrieb er einen flammenden Hymnus an den Gott Apoll. Das Gedicht war so eindrucksvoll, dass es ein anderer Dichter abschrieb und für sein eigenes Werk ausgab. Diagoras strengte einen Prozess gegen den Plagiator an. Doch der andere Dichter leugnete alles und schwor bei den Göttern, das Gedicht sei von ihm. Da wurde er freigesprochen. Diagoras war darüber sehr verärgert und zog daraus den Schluss, dass es die Götter nicht geben könne, wenn sie so etwas zuließen" (Quelle: Nöllke 2002, S. 123).

Die Geschichte des Dichters Diagoras kommt Ihnen bestimmt bekannt vor: Wochenlang haben Sie an der Lösung für ein Problem gearbeitet. Das Lob erhält jedoch Ihr Kollege, der Ihre Idee stolz dem Chef präsentiert. Sie werden dagegen mit keinem Wort erwähnt. Dies ist nicht nur unfair, sondern belastet auch das Vertrauen zwischen den Mitarbeitern. Doch Vertrauen ist die Grundlage für erfolgreiche Teamarbeit. Wer beim gemeinsamen Brainstorming die zündende Idee hatte, geht dabei aber leicht unter. Die Lorbeeren erntet nicht selten ein anderer. Klären Sie in solchen Fällen zunächst einmal, ob es tatsächlich eine bewusste Strategie des Kollegen war oder ihm einfach so passiert ist. Vielleicht nehmen Sie etwas nur als

Ideenklau wahr, dabei liegt eine Idee schon seit Wochen in der Luft, weil Sie sie einmal im Gespräch erwähnt haben. Dann kommt ein anderer Kollege und bringt sie an. Eventuell ist er oder sie sich dabei gar nicht bewusst, Ihre Idee aufgeschnappt zu haben, sondern denkt, dass es sich um seine eigene Idee handelt. Am besten sprechen Sie Ihren Kollegen einfach unter vier Augen darauf an.

Geben Sie fremde Verdienste nicht als Ihre eigenen aus
Bringen Sie umgekehrt aber auch nicht andere um Ihre wohlverdiente Anerkennung. Auch wenn diese nicht unmittelbar von diesem Vorfall erfahren, mag es sie verletzen, kein anerkennendes Wort für ihre Leistung zu erhalten. Schließlich wurde die Anerkennung zwar ausgesprochen, jedoch an den Falschen gerichtet. Wenn der Verantwortliche Sie lobt, wie ausgezeichnet sich zum Beispiel das neue System zur Evaluation der Unterlagen bewährt, das Sie zwar als erster eingesetzt, aber weder erdacht noch installiert haben, ist es ein leichtes, solch ein Lob dankend anzunehmen. Sie müssen für diese kleine Lüge aber in Kauf nehmen, dass Ihr Schwindel auffliegt oder in Erinnerung an Ihre vermeintlich außergewöhnliche Leistung eine ähnliche gefordert wird, die Sie nicht leisten können. Wenn Sie das falsche Lob klarstellen, machen Sie nicht nur Ihrem Kollegen eine Freude. Es ist eine Geste der Fairness und erlaubt Ihnen, in die Freude des anderen mit einzustimmen (vgl. Lorenzoni und Bernhard 2001, S. 156). Ein fälschlich erhaltenes Lob zurückzuweisen, zeugt somit nicht nur von Fairness gegenüber der Person, der das Lob tatsächlich gebührt, sondern beweist auch Größe.

Achten Sie auf Ihre Glaubwürdigkeit

Wer sich mit fremden Federn schmückt, der riskiert auf diese Weise nicht nur seine Glaubwürdigkeit. Auch die eigene Leistung wird Ihnen nicht mehr geglaubt oder zugetraut. Dadurch verlieren Sie die Grundlage für die weitere Zusammenarbeit. Denn es ist vor allem Ihre Glaubwürdigkeit, die Sie für mögliche Kooperationspartner interessant macht. Zudem verlieren Sie einen Teil Ihrer persönlichen Würde oder Größe, die Voraussetzung für erfolgreiche Führung ist. So hätte der ehemalige deutsche Verteidigungsminister Karl-Theodor zu Guttenberg eine Promotion für sein Amt nicht benötigt. Da er sich aber einen falschen Doktortitel angeeignet und alle anderen getäuscht hat, zählen seine eigenen Leistungen kaum noch.

Gönnen Sie anderen ihren Erfolg

> „Mer muss och jünne künne!" („Man muss auch gönnen können.") Rheinische Weisheit.

Ein Beweggrund, sich mit fremden Federn zu schmücken, ist Neid auf die Leistungen anderer. Neid entsteht, wenn wir uns mit anderen vergleichen und feststellen, dass diese etwas haben, das wir nicht besitzen, aber für erstrebenswert halten. Wir beneiden sie wegen ihrer Besitztümer, ihrer Intelligenz, ihres Aussehens, ihres Status oder ihres Ansehens. Dabei vergleichen wir uns meist mit dem Nächsthöheren und nicht mit irgendwelchen

Spitzensportlern oder Topmanagern. Wir müssen dem Beneideten in irgendeiner Hinsicht ähneln, um uns vergleichen zu können.

Neid und Missgunst belasten jedoch unser Gefühlsleben und unser Verhältnis zu unseren Mitmenschen:

- Neid und Missgunst veranlassen uns dazu, anderen nicht zu gönnen, worum wir sie beneiden. Deshalb versuchen wir, ihnen dies schlecht zu reden, wegzunehmen oder zu zerstören.
- Neid verstellt uns den Blick auf das, was wir selbst können und besitzen, und wofür wir dankbar sein sollten. Dadurch werden wir noch unzufriedener. Wir zweifeln an unseren eigenen Fähigkeiten, fühlen uns infrage gestellt und weniger wert.
- Außerdem beeinträchtigt Neid unsere Leistungsfähigkeit am Arbeitsplatz. Wer darauf fixiert ist, sich mit fremden Federn zu schmücken, dessen Energien fließen in eine unproduktive Richtung. Auf diese Weise verkümmern sein Sinn für Chancen und seine Bereitschaft, selbst etwas zu leisten.

Sonnen Sie sich nicht in fremden Erfolgen
Versuchen Sie nicht, sich selbst dadurch aufzuwerten, dass Sie sich der Bekanntschaft einer angesehenen Persönlichkeit rühmen (zum Beispiel „Stellen Sie sich vor! Beim Neujahrsempfang hat der Bürgermeister ausgerechnet mich gefragt, was ich von dem neuen Logo der Stadt halte."). Gelegentlich mag Ihnen dieses Verhalten helfen, damit andere Ihnen ihre Aufmerksamkeit schenken. Dafür sind die Risiken nicht zu übersehen: Sie laufen Gefahr, für

jemanden gehalten zu werden, der selbst nichts zu bieten hat. Sie eignen sich die Berühmtheit eines anderen wie einen Orden an, ohne dass Sie selbst etwas geleistet haben. Eine solche Bekanntschaft kann durchaus „auch auf den Qualitäten desjenigen, der so gerne darüber berichtet, beruhen, allerdings berechtigt es ihn nicht, davon Gebrauch zu machen, nur um sich selbst ein besseres Ansehen zu verschaffen" (Lorenzoni und Bernhard 2001, S. 156 f.).

Profilieren Sie sich mit eigenen Leistungen
Statt uns mit fremden Federn zu schmücken oder anderen ihren Erfolg zu neiden, sollten wir diesen lieber zum Anlass nehmen, anderen nachzueifern und selbst zu erreichen, was wir diesen nicht gönnen:

- Konzentrieren Sie sich darauf, was Sie haben: Welche besonderen Eigenschaften, Merkmale und Fertigkeiten besitzen Sie, die Sie auszeichnen? Was macht Sie einzigartig? Welche Eigenschaften und Fertigkeiten besitzen die Menschen, die Sie beneiden, nicht? Könnte es sein, dass andere Sie um diese Eigenschaften oder Talente beneiden? Führen Sie sich Ihre Qualitäten einmal schriftlich vor Augen.
- Rufen Sie sich in Erinnerung, dass Sie einzigartig sind: Wenn Sie sich mit einem anderen Menschen vergleichen, dann tun Sie so, als ob Sie am gleichen Startpunkt wie er begonnen und die gleichen Erfahrungen gemacht hätten. Es gibt Gründe, weshalb er etwas besitzt, was Sie nicht oder noch nicht haben. Und es gibt Gründe, weshalb Sie Dinge besitzen, die er nicht hat.

- Entscheiden Sie, in welche Richtung Sie gehen wollen: Welche Eigenschaften oder Merkmale, die Sie anderen neiden, finden Sie erstrebenswert? Welche konkreten Schritte sind notwendig, um das zu erreichen, worum Sie andere beneiden?
- Wandeln Sie Ihren Neid in Bewunderung um: In dem Augenblick, in dem Sie sich für Ihren ganz persönlichen Weg und Ihre Ziele entschieden haben, die zu Ihnen und Ihrer Lebensgeschichte passen, können Sie anderen auch das gönnen, für das Sie diese vorher beneidet haben. Definieren Sie sich über Ihre eigenen Ziele. Erkennen Sie die Chancen, die Ihnen Ihr persönlicher Lebensweg bietet.

Strategem 34: Bewahren Sie den Überblick

» Die Zeit überholt sich selbst: „Alles immer früher zu tun, ist das Credo unserer Zeit. Die kollektive Ungeduld ist groß. Viele Produkte in der Computerbranche werden nicht mehr bis zur Marktreife entwickelt, sondern den Anwendern unreif zugemutet. Wir wollen nicht warten, sondern bereits heute die Früchte einer Entwicklung genießen, die noch gar nicht stattgefunden hat oder vielleicht nie stattfinden wird. Sei es in unseren Beziehungen, unserem Beruf oder an der Börse" (Quelle: Romhardt 2004, S. 43).

Viele Menschen leiden unter Zeitdruck. Und je mehr wir versuchen, Zeit zu gewinnen, desto weniger Zeit haben wir am Ende. Dies hat gravierende Folgen für die Gesellschaft. Der tatsächliche oder vermeintliche Zeitmangel beeinflusst das Zusammenleben oft zum Schlechteren – für respektvollen Umgang bleibt scheinbar einfach keine Zeit mehr. Zum einen sind viele durch die Idealisierung der Schnelligkeit verunsichert. Sie befürchten, auf der Strecke zu bleiben. Diese Ängste wirken sich auf unser Verhalten gegenüber unseren Mitmenschen aus, zum Beispiel in Ungeduld gegenüber langsameren Mitmenschen, wenn diese das Tempo nicht mithalten können. Andererseits leidet darunter immer häufiger auch die Qualität unserer Arbeit, wie das obige Beispiel zeigt.

Ein weiteres Problem ist die Geschwindigkeit, mit der wir Urteile über andere fällen. Uns bleibt (scheinbar) nicht die Zeit, uns eingehend mit einer Person zu beschäftigen. Solche hastigen Urteile sind zwangsweise oberflächlich und selten zutreffend, was weitere Probleme nach sich ziehen kann (vgl. Romhardt 2004, S. 106).

Ebenfalls Ausdruck von Respektlosigkeit ist es, andere warten zu lassen oder jemanden nebenher abzuhandeln, während Sie mental oder physisch mit etwas ganz anderem beschäftigt sind. Dies führt dazu, dass Sie schon gedanklich einen Schritt weiter planen oder mehrere Aufgaben gleichzeitig erledigen. Sie sind nicht mehr aufmerksam und in der Gegenwart anwesend (vgl. Röthlein 2004, S. 132).

So können Sie das Strategem für Ihre Ziele nutzen

Schaffen Sie sich Freiräume

Wenn Sie sich diesem Trend entziehen wollen, ist es notwendig, Prioritäten zu setzen und sich Zeit freizuschaufeln. Überlegen Sie sich, ob es Dinge gibt, die Sie weglassen oder delegieren können. Außerdem spart sorgfältige Vorbereitung oft viel Zeit. Sie müssen zwar im Vorfeld etwas mehr Zeit investieren, aber das zahlt sich oft aus, da Sie weniger nachbessern müssen. Dadurch kommen Sie bei Gesprächen und Besprechungen schneller zum Ziel. In dem Buch „Anleitung zur Langsamkeit" gibt Brigitte Röthlein drei Tipps, mit deren Hilfe Sie Ihre Zeit effektiver einteilen und nutzen können:

- Nehmen Sie sich keine Dinge vor, die Sie nicht schaffen oder halten können. Das führt nur zu Frust. Es verdirbt Ihnen die Zeit, die Sie ansonsten anders hätten nutzen können.
- Genießen Sie Ihre Freizeit, wenn Sie sich nicht zur Arbeit aufraffen können, statt sich mit einem schlechten Gewissen herumzuplagen.

- Erledigen Sie dringende Arbeiten am besten sofort, dann sind sie vom Tisch und Sie haben einen Grund, zufrieden zu sein (vgl. Röthlein 2004, S. 96).

Setzen Sie Prioritäten
Manchmal können Sie sich Freiräume schaffen, indem Sie andere Schwerpunkte setzen, wie das folgende Beispiel der Porzellanmanufaktur in Meißen zeigt:

Der wirtschaftliche Wert der Langsamkeit

„So hat beispielsweise die Porzellanmanufaktur Meißen – ein Traditionsbetrieb, dessen Erfolg auf der Qualität seiner Produkte beruht – den Wert der Langsamkeit erkannt. Anfang 1999 stellte die Firma einen Teil ihrer Produktion von Akkord- auf Gruppenarbeit um. Früher richtete sich der Lohn der Mitarbeiter, die die Ton-Masse in Formen gießen, nach der Gesamtzahl der produzierten Stücke. Jetzt wird nach der Gesamtzahl der Stücke bezahlt, die fehlerfrei und deshalb auch zum Verkauf geeignet sind. Die Umstellung macht sich bezahlt: Die Mitarbeiter arbeiten nun langsamer und sorgfältiger. Es wird weniger Ausschuss produziert, die Löhne und die Zufriedenheit der Arbeiter stiegen" (Quelle: Röthlein 2004, S. 83).

Ganz besonders schwierig ist es, Ihre Zeit frei zu halten, wenn Sie bereits unter Zeitdruck stehen. Aber auch hier gibt es einige Strategien, wie Sie respektvoll mit Ihren Gesprächspartnern umgehen können, ohne zu viel Zeit zu opfern:

- „Sagen Sie gleich zu Beginn des Gespräches, wie viel Zeit Sie dafür haben. So kann sich Ihr Gegenüber darauf einstellen.
- Machen Sie mit Ihrer Sekretärin oder mit einem Kollegen aus, dass der- oder diejenige nach einer bestimmten Frist hereinkommt oder anruft und zum nächsten Termin drängt.
- Wenn es ganz schnell gehen soll, setzen Sie sich gar nicht erst hin, sondern sprechen Sie im Stehen. Nach ein paar Minuten können Sie sich dann allmählich auf die Tür zu bewegen und sie öffnen.
- Wollen Sie das Gespräch abschließen, stehen Sie auf und danken Sie Ihrem Gegenüber. (…)
- Wenn Sie den anderen gar nicht loswerden können, sagen Sie direkt, dass Sie das Gespräch jetzt beenden müssen, eventuell können Sie anbieten (oder vorschieben), das Gespräch zu einem anderen Zeitpunkt fortzusetzen" (Röthlein 2004, S. 164).

Nehmen Sie sich Zeit
Manchmal ist es sinnvoll, die eigene Einstellung zum Umgang mit Ihrer Zeit zu überprüfen. Oft haben wir die Botschaft „Du bist zu langsam" verinnerlicht. Überprüfen Sie, ob das überhaupt stimmt. Vielleicht werden Sie in Ihrem Umfeld als schneller oder effizienter wahrgenommen, als Sie glauben (vgl. Romhardt 2004, S. 106).

Sich Zeit frei zu halten und sich dem Diktat der Schnelligkeit zu entziehen, ist nicht einfach und auch nicht immer möglich. Aber dort, wo Sie es schaffen, wird es sich sicher lohnen. Langsamer und vor allem überlegter zu Werke zu gehen, bringt viele Vorteile mit sich.

Sie gewinnen größere Klarheit über Ihre Handlungen, Ihre Motive und die Konsequenzen Ihrer Handlungen. Dadurch können Sie langfristiger planen, was Ihnen Korrekturarbeiten erspart. Wenn doch einmal Fehler passieren, haben diese meistens geringe Konsequenzen, da Sie sie schneller bemerken und eher gegensteuern können. Vergleichen Sie es mit dem Autofahren: Dort wird auch der Bremsweg kürzer und der Energieverbrauch sinkt, wenn Sie aufmerksam fahren (vgl. Romhardt 2004, S. 144). Deshalb ist es wichtig, dass Sie anfangen, die Menschen in Ihrem Umfeld aufmerksamer wahrzunehmen und Beziehungen zu vertiefen (vgl. Romhardt 2004, S. 17, 39). Dies ist jedoch in einer Zeit, in der viele jobbedingt regelmäßig ihren Wohnort wechseln müssen, kaum noch möglich:

Das entwurzelte Lebensgefühl

„Es war von Anfang an klar, dass mein Arbeitseinsatz in Italien nur ein paar Jahre dauern würde. Danach sollte es zurück in die Schweiz oder in die USA gehen. Ich hätte mich gern im Elternrat der Schule meiner Kinder engagiert, doch in mir war dieses Gefühl, schon bald wieder weg zu sein. Statt mich tiefer mit meiner Lebensumgebung zu verbinden, habe ich länger gearbeitet. Doch dieses Gefühl ist unbefriedigend. Die nächste Station will ich anders wählen. Ich suche einen Ort, an dem ich mindestens für die nächsten zehn Jahre bleiben kann" (Quelle: Romhardt 2004, S. 188).

Lassen Sie sich nicht von der schlechten Laune anderer anstecken

Erlauben Sie es weder den Stimmungsschwankungen anderer noch Ihren eigenen, die Oberhand über Sie und Ihr Umfeld zu gewinnen. Auf diese Weise tragen Sie zu einer angenehmen und entspannten Atmosphäre bei. Auch wenn Sie Ihre Gedanken oder Gefühle nicht offen ausdrücken, beeinflussen diese doch die Atmosphäre, die Sie verbreiten. Optimistische Gefühle sorgen unbewusst für eine positivere Grundstimmung. Sie ermöglichen es Ihnen, anderen positiv zu begegnen, ihre Ambitionen zu unterstützen und andere mit Ihrer Begeisterung anzustecken (vgl. Lorenzoni und Bernhard 2001, S. 113). Wenn Sie Ihre eigene Mitte gefunden haben und mit sich selbst im Reinen sind, kommt die Gelassenheit wie von alleine:

Das Stehaufmännchen-Prinzip

Vielleicht kennen Sie es: „ein Plastikmännchen, meistens mit einem Clownsgesicht, das in seiner unteren Hälfte aus einer Halbkugel besteht und nie umfallen kann – was immer man auch versucht. Diese Stehaufmännchen funktionieren deshalb, weil sie ihren Schwerpunkt sehr tief in sich tragen. Man kann sie schubsen, treten, umwerfen – sie stehen einfach immer wieder auf. Genauso ist es auch mit den Optimisten. Da sie ihren Schwerpunkt in sich selbst setzen, wirft sie nichts wirklich um, jedenfalls nicht so sehr, dass sie nicht wieder aufstehen und weitermachen würden" (Quelle: Kluge1999, S. 226 f.).

Gelassenheit ist auch wichtig, wenn die Krise andere Menschen betrifft. Wie können Sie anderen helfen, wenn Sie selbst den Kopf verlieren (vgl. Kluge und Heidelore 1999,

S. 130)? Gelassenheit wirkt wie ein Puffer zwischen äußeren Einflüssen und emotionaler Reaktion, das bedeutet zum Beispiel, dass Sie nicht direkt jede Unfreundlichkeit persönlich nehmen oder aufgeben, sobald Sie auf Widerstand stoßen.

Achten Sie auf Ihre Gestik
Jeder Mensch macht hin und wieder Gesten, die keinen Grund haben und nur Nervosität vermitteln. Psychologen nennen dies Übersprunghandlungen. Ein bekanntes Beispiel ist das Anfassen des Gesichts, zum Beispiel an die Nase, oder das Kratzen am Handgelenk. Achten Sie mal bewusst darauf, was Ihre Übersprunghandlungen sind. Versuchen Sie diese zu minimieren: Besser zu wenig Gestik, als zu viel. Jemand der Ruhe ausstrahlt, vermittelt Sicherheit und Souveränität. Verzichten Sie darauf, sich ruckartig umzudrehen oder umzuschauen, sondern bleiben Sie ruhig und gelassen. Erlauben Sie Ihrem Körper, sich ruhig zu bewegen. Das hinterlässt nicht nur einen guten Eindruck bei Ihrem Gegenüber, sondern schont auch Ihre Gelenke.

Strategem 35: Wahren Sie den Respekt vor Ihren Freunden

》 „Wer einen Freund ohne Fehler sucht, bleibt ohne Freund" Türkisches Sprichwort.

Respekt und Achtung gehen in längeren beruflichen oder privaten Beziehungen manchmal verloren. Dabei ist es am Anfang einer Beziehung das Selbstverständlichste der Welt, den anderen respektvoll zu behandeln. Warum sollte sich dies mit der Zeit ändern, weil Sie den anderen mittlerweile besser kennen und die eine oder andere Schwäche an ihm entdeckt haben?

Mangelnder Respekt zeigt sich vor allen Dingen in der Art und Weise, wie Sie miteinander reden und umgehen. Achten Sie gerade bei einer langen Privat- oder Geschäftsbeziehung, in denen zwangsläufig auch kritische Momente überstanden werden müssen, genau darauf, wie Sie den anderen behandeln. Das bedeutet nicht, dass Sie sich im Streit nicht mal etwas an den Kopf werfen können, sofern Sie sich danach entschuldigen und zu einer respektvollen Art, miteinander umzugehen, zurückkehren. Respekt ist das Zauberwort für eine dauerhafte private oder berufliche Beziehung. Er ist der Grundstein, auf dem alles andere aufbaut.

So können Sie das Strategem für Ihre Ziele nutzen

Fordern Sie respektvollen Umgang ein

Wenn Sie sich nicht respektvoll und aufmerksam behandelt fühlen, sagen Sie es! Formulieren Sie am konkreten Beispiel, was Sie verletzt hat und was Sie sich stattdessen wünschen. Die besondere Herausforderung dabei ist, dies auf eine respektvolle Art und Weise zu tun. Sie können schlecht Respekt einfordern, wenn Sie selber respektlos sind. Dies ist keine einfache Übung, vor allem wenn der Respekt erst einmal verloren gegangen ist. Versuchen Sie, die Schärfe herauszunehmen, indem Sie Ihre Vorwürfe als Wünsche formulieren.

Respektieren Sie die Intimsphäre des anderen
Gerade enge Partnerschaften und Freundschaften verleiten dazu, in alle Lebensbereiche des anderen – so intim sie auch sein mögen – vorstoßen zu wollen, alles über den anderen wissen zu wollen, an allem teilhaben zu wollen. Machen Sie sich bewusst, dass Sie dazu kein Recht haben. Es gibt Tabuzonen, in denen Sie nichts zu suchen haben und die Sie Ihrerseits schützen möchten. Bei jedem verlaufen die Grenzen anders:

- Gibt es Themen, die unbesprochen bleiben sollen?
- Gibt es Angelegenheiten, in die Sie sich nicht einmischen sollten oder bei denen Sie die Einmischung des anderen nicht schätzen?
- Respektieren Sie und Ihr Gegenüber die jeweiligen Tabuzonen oder werden sie verletzt?

Keiner kann Ihre Gedanken lesen. Nur der direkte und offene Austausch über Ihre Gedanken und Emotionen ermöglicht Verständnis füreinander. Vielleicht kommen Sie im Gespräch zu ganz neuen Erkenntnissen und erfahren Dinge, die Sie selbst niemals für möglich gehalten hätten.

Wahren Sie den Respekt in langjährigen Beziehungen

Wenn Sie sich schon länger kennen, lässt der Respekt im Umgang miteinander manchmal nach. Am Anfang ist es in Partnerschaften wie in Freundschaften selbstverständlich, Ihrem Gegenüber zu zeigen, wie sehr Sie ihn schätzen, und verbal respektvoll und aufmerksam miteinander umzugehen. Doch wenn Sie sich schon länger kennen, haben sich vielleicht leere Floskeln, Befehlston, Nörgelei oder gar Beschimpfungen eingeschlichen. Versuchen Sie, Ihrem Gegenüber genau so freundlich – und damit respektvoll – zu begegnen wie zu Beginn Ihrer Beziehung.

Akzeptieren Sie, dass Sie andere nicht ändern können

Auch wenn einige Angewohnheiten Ihres Gegenübers im Verlauf einer Beziehung anstrengend werden können und Sie diese lieber heute als morgen ändern möchten – vergessen Sie es. Aus einem eher unordentlichen Menschen werden Sie keinen Ordnungsfanatiker machen. So hart es auch ist, Sie werden einen Menschen nicht ändern können und haben auch nicht das Recht dazu.

Aber Sie können in angemessener und respektvoller Art und Weise über Ihre Wünsche sprechen. Sie können dem anderen erläutern, was Sie vermissen, und ihm kleine Schritte vorschlagen, wie Sie sich aufeinander zubewegen können. So bleiben die Grenzen Ihres Gegenübers gewahrt, ohne ihn anzugreifen.

Strategem 36: Begegnen Sie Herausforderungen mit einem Lächeln

》 „Lächeln ist die eleganteste Art, seinen Gegnern die Zähne zu zeigen" (Quelle: Werner Finck, deutscher Kabarettist, Schauspieler und Schriftsteller 1902–1978).

Wir wollen Sie nicht dazu ermutigen, Ihren Angreifer auszulachen – das wäre weder besonders respektvoll noch produktiv. Stattdessen empfiehlt es sich, ein entwaffnendes Lächeln oder Humor einzusetzen. Humor kann Blockaden oder Spannungen lösen und Ängste reduzieren. Hierzu müssen wir uns vorübergehend von uns selbst distanzieren und den gewohnten Bezugsrahmen verlassen (vgl. Rost 1990, S. 257). Dadurch ermöglicht Humor es uns, unsere eigene Situation von einer höheren Warte aus zu sehen und kreatives Problemlösungspotenzial freizusetzen.

Trotz aller Vorteile ist beim Umgang mit Humor Vorsicht geboten. Humor kann leicht andere Menschen verletzen. Wenn der Humor nicht aufrichtig gemeint ist, sondern es sich um humorvoll verpackte Aggressionen handelt, kann Humor besonders verletzend sein. Dieser indirekte Angriff macht es dem Betroffenen schwer, sich zu wehren, ohne sich lächerlich zu machen. Wer Humor auf diese Weise einsetzt, hat den Vorteil, dass er nicht direkt Verantwortung übernehmen muss, sein Gegenüber kann sich aber nicht offen wehren (vgl. Rost 1990, S. 278). Deswegen ist es wichtig, ein feines Gespür dafür zu entwickeln, in welchen Situationen Humor angebracht ist und wann nicht. Wenn Humor nicht weiterhilft, kommen Sie oft mit Gelassenheit oder echter Freundlichkeit weiter.

So können Sie das Strategem für Ihre Ziele nutzen

Ein Lächeln versteht jeder

> „Wenn du jemanden ohne Lächeln siehst, schenk ihm Deins" (Burmesisches Sprichwort).

Es gibt eine Geste auf der Welt, die jeder versteht: ein Lächeln. Egal, ob als Smiley in Chats oder als richtiges Lächeln in Ihrem Gesicht, jeder freut sich darüber. Übertreiben Sie es jedoch nicht. Ein künstliches Dauergrinsen sowie eine Flut an Smileys in Emails wirken unnatürlich und nerven andere schnell. Andersherum sollten Sie Ihrem Gesprächspartner sagen, wenn Sie einen schlechten Tag haben und Ihnen nicht zum Lächeln zumute ist, damit er Ihre schlechte Laune nicht auf sich bezieht.

Bewahren Sie Ihren Humor

> „Dann sieh, dass Du Mensch bleibst: Mensch sein ist vor allem die Hauptsache. Und das heißt: fest und klar und heiter sein, ja heiter trotz alle dem und alle dem, denn das

> Heulen ist Geschäft der Schwäche" (Quelle: Rosa Luxemburg (1871–1919), Brief an Mathilde Wurm 28.12.1916, zitiert nach: Köhler 2005, S. 205).

Im Alltag passiert es immer wieder, dass Sie eine andere Person feindselig und persönlich angreift. Darum ist es wichtig, über Strategien zu verfügen, mit denen Sie solchen Angriffen begegnen können, ohne sich selbst auf das Niveau des Angreifers herabzulassen. Wer solchen Attacken freundlich, mit Humor und Gelassenheit begegnet, hat schon halb gewonnen:

Über den Fortschritt

„Auf der Computermesse Comdex hielt Microsoft-Chef Bill Gates eine Rede, in der er die Computerbranche mit der Autoindustrie verglich. „Wenn General Motors so rasche technologische Fortschritte gemacht hätte, wie die Computerindustrie, dann würden wir heute Autos herumfahren, die 25 Dollar kosten und mit einer Gallone Sprit (ca. 3,6 L) 1.000 Meilen weit fahren." Als Antwort auf den wenig schmeichelhaften Vergleich brachte General Motors eine Presseerklärung heraus, die diese Behauptung in vierzehn Punkten kommentierte: Wenn General Motors eine Technologie wie Microsoft entwickelt hätte, dann hätten die Autos, die wir heute fahren, folgende Eigenschaften:

- Ihr Auto würde ohne erkennbaren Grund zweimal am Tag einen Unfall haben.
- Jedes Mal, wenn die Linien auf der Straße neu gekennzeichnet werden, müssten sie ein neues Auto kaufen.
- Gelegentlich würde der Motor Ihres Autos auf der Autobahn ohne erkennbaren Grund von selbst ausgehen. Man würde das einfach akzeptieren, den Motor wieder anstellen und weiterfahren.

Sich selbst treu bleiben

- Bei einigen ziemlich gewöhnlichen Fahrmanövern – zum Beispiel bei einer Linkskurve – würde der Motor ausgehen und könnte nachher nicht wieder angestellt werden, ohne dass er neu montiert worden wäre.
- Wenn Ihr Motor beim Startversuch nicht anspringt, könnten Sie wählen, ob Sie „den Startversuch abbrechen", den „Startversuch wiederholen" oder den „Fehler ignorieren".
- Sie könnten nur alleine im Auto sitzen, es sei denn, Sie kaufen ein „Auto-95" oder ein „Auto-NT", aber dann müssen Sie jeden Sitz einzeln bezahlen.
- Macintosh würde Autos herstellen, die mit Sonnenenergie fahren, zuverlässig laufen, fünfmal so schnell und zweimal so leicht sind. Aber die laufen nur auf fünf Prozent der Straßen.
- Die Öl-Kontrollleuchte, die Warnlampe für Übertemperatur und die Batterie-Kontrollleuchte würden durch eine einzige „Genereller-Auto-Fehler-Lampe" ersetzt.
- Neue Sitze würden erfordern, dass alle Leute die gleiche Gesäßgröße haben.
- Das Airbag-System würde fragen: „Sind Sie sicher?" bevor es ausgelöst würde.
- Gelegentlich würde das Auto Sie ohne erkennbaren Grund aussperren. Der Trick, mit dem Sie es wieder aufsperren können, würde darin bestehen, dass Sie gleichzeitig den Türgriff ziehen, den Schlüssel drehen und die Radioantenne anfassen.
- General Motors würde Sie zwingen, zusammen mit dem Auto einen Kartensatz einer Tochterfirma zu erwerben, auch wenn Sie diese Karten gar nicht brauchen. Wenn Sie sich nicht darauf einlassen, fährt Ihr Auto um 50 % langsamer.
- Immer, wenn ein neues Auto von General Motors auf den Markt kommt, müssten alle Autofahrer das Fahren neu erlernen, weil kein Hebel mehr so funktionieren würde wie früher.
- Um den Motor abzustellen, müssten Sie einen Knopf mit der Aufschrift „Start" betätigen. Dann könnten Sie wählen, ob Sie „den Motor wirklich ganz abstellen",

> „den Motor neu starten", „nur mit dem Anlasser weiterfahren" oder „mit einem fremden Führerschein" weiterfahren wollen" (Quelle: ohne Quellenangabe, zitiert nach Nöllke 2002, S. 97).

Verteilen Sie Komplimente

> „Ein Dutzend verlogener Komplimente ist leichter zu ertragen als ein einziger aufrichtiger Tadel" (Quelle: Mark Twain (1835–1910)).

Den gezielten Einsatz von Komplimenten machte sich schon Mark Twain zunutze. Ziel der Technik ist es, Ihrem Gegenüber mit Komplimenten den Wind aus den Segeln zu nehmen. Je arroganter der Angreifer auftritt, desto ironischer darf Ihr Kompliment sein. Dabei begegnen Sie Angriffen schlicht, indem Sie den Vorwurf aufnehmen und dem Angreifer ein Kompliment für diesen Vorwurf aussprechen. Das gelingt am einfachsten mit Ironie. Sagen Sie einfach freundlich das Gegenteil dessen, was Sie meinen. Dabei dürfen Ihre Komplimente durchaus haarsträubend falsch sein. Auch das werden einige Menschen nicht durchschauen. Dosieren Sie darum Ironie bei Menschen, die Ihnen wichtig sind. Etwa bei Ihrem Chef, mit Rücksicht auf die Karriere, oder beim Partner, um ihn nicht zu verletzen (Beispiele: „Hätte ich unsere Ergebnisse beim Kunden präsentiert, wäre der Auftrag bestimmt an uns gegangen!" oder „Chef, Sie würden einem Eskimo noch einen Kühlschrank verkaufen."). Diese Vorgehensweise erfordert zudem gute Kenntnisse über sein Gegenüber, großes Feingefühl und ein wenig Übung.

Literatur

Covey, S. (2005). *Die 7 Wege zur Effektivität. Prinzipien für persönlichen und beruflichen Erfolg.* Offenbach: Gabal.

Dorn, T. (2. Oktober 2010). Tribunal der Gutmeinenden. *Die Zeit, 40,* 5.

Ebert, H. (2003). *Höflichkeit und Respekt in der Unternehmenskommunikation.* Neuwied: Wolters Kluwer.

Ebert, H. (2014). Organisationskultur und Verhaltensstile von Unternehmen: Einflussgrößen für die Kommunikationsstrategie. In A. Zerfaß & M. Piwinger (Hrsg.), *Handbuch Unternehmenskommunikation* (2. Aufl., S. 431–448). Wiesbaden: Springer Gabler.

Feldmann, R. (2012). *Lügner – die Wahrheit übers Lügen.* Berlin: Springer Spectrum.

Kluge, H. (1999). *Optimisten leben länger: Die große Macht des kleinen Lächelns.* München: Herbig.

Köhler, P. (2005). *Die schönsten Zitate der Politiker.* Baden-Baden: Humboldt.

Konfuzius – Kungfutse. (2005). *Gespräche – Lunyü, Deutsch von Richard Wilhelm* (2. Aufl.). Wiesbaden: marix.

Lienhart, A. (2011). *Strategien für eine andere Unternehmenskultur.* München: Kösel.

Lorenzoni, B., & Bernhard, W. (2001). *Professional Politeness. Die Anti-Ellbogen-Strategie für Ihren persönlichen Auftritt im Beruf und im Privatleben.* Düsseldorf.

Lützeler, H. (1978). *Persönlichkeiten.* Freiburg: Herder.

Nöllke, M. (2002). *Anekdoten, Geschichten, Metaphern für Führungskräfte.* Freiburg: Haufe.

Romhardt, K. (2004). *Slow down your life.* Berlin: Edition steinrich.

Rost, W. (1990). *Emotionen – Elixiere des Lebens.* Heidelberg: Springer.

Röthlein, B. (2004). *Anleitung zur Langsamkeit – Ruhiger und glücklicher leben.* München: Piper.
Schönberger, O., & Rückert, F. (Hrsg.). (2012). *Phaedrus. Liber Fabularum/ Fabelbuch.* Stuttgart: Reclam.
Ulrich, B., & Wefing, H. (2010). Das Bürgertum muss stolz sein. *Die Zeit, 38,* 3.

Schlusswort

» „Wenn die Gesellschaft die Mehrzahl der Menschen so behandelt [d. h. sie nicht respektiert], macht sie Respekt zu einem knappen Gut, als gäbe es nicht genug von diesem kostbaren Stoff. Wie viele Hungersnöte, so ist auch diese Knappheit von Menschen gemacht. Aber im Unterschied zu Nahrungsmitteln kostet Respekt nichts. Insofern stellt sich die Frage, warum auf diesem Gebiet Knappheit herrschen sollte" (Quelle: Sennett 2002, S. 15).

Wir hoffen, dass wir Ihnen in diesem Buch gute Anregungen mit auf den Weg geben konnten, die Ihnen helfen, diesen Mangel zu beseitigen und Ihre Ziele respektvoll zu erreichen. Denn egal, ob privat oder im Beruf, jeder von uns möchte gerne respektiert werden. Das zeigt auch eine Untersuchung der Forschungsgruppe RespectResearch-Group in Hamburg. Danach gehört Respekt zu den Dingen, die sich Arbeitnehmer im Job am meisten wünschen. Gleichzeitig geht aus dieser Studie hervor, dass auf diesem Gebiet noch viel Verbesserungspotenzial besteht und sich die Befragten vor allem von ihrem Vorgesetzten mehr Respekt wünschen (vgl. Zenker und Quaquebeke 2006). Nur wer sich respektiert fühlt, ist bereit, Informationen weiterzugeben, den Dialog zu suchen, sein Bestes zu geben und auch unangenehme Entscheidungen mitzutragen.

Was ist die Quintessenz dieses Buches? Der erste Schritt, um respektiert zu werden, besteht darin, anderen Respekt und Wertschätzung entgegenzubringen. Eine Garantie, dass alle anderen mit Ihnen ebenfalls sofort respektvoll umgehen, gibt es jedoch nicht. Es kann durchaus vorkommen, dass Sie Freunde, Kollegen oder Vorgesetzte respektvoll und wertschätzend behandeln und im Gegenzug abfällige Bemerkungen, Ablehnung oder sogar Anfeindungen erleben. Wenn Sie anderen mit Respekt und Wertschätzung beggenen, weil Sie Ihre Mitmenschen tatsächlich schätzen und an einer langfristigen Zusammenarbeit interessiert sind, sind solche Rückschläge zwar unangenehm, sie verschaffen Ihnen aber gleichzeitig auch Klarheit über die Absichten Ihres Gegenübers.

Wer respektiert werden will, muss den ersten Schritt tun, und andere aufrichtig respektieren. Die reine Inszenierung von Respekt als Mittel zum Zweck wird schnell durchschaut. Zum Abschluss haben wir für Sie deshalb zehn Grundregeln zusammengestellt, die Ihnen dabei helfen, respektvoll mit anderen zu kommunizieren und ihre Wertschätzung zum Ausdruck zu bringen.

Die zehn wichtigsten Grundregeln, die Sie beachten sollten

1. **Seien Sie aufmerksam.** Wenn Sie Ihrem Gegenüber Ihre volle Aufmerksamkeit schenken, werden Sie aufgrund Ihres Auftretens von anderen als ‚verstärkt präsent' empfunden. Jemand, der anderen seine Aufmerksamkeit signalisiert, erhält automatisch einen hohen Status zugesprochen, egal ob er andere dabei lobt oder tadelt.
2. **Hören Sie aufmerksam zu.** Aufmerksames Zuhören ist gerade in komplexen Situationen wichtig, vor allem, wenn persönliche Interessen und dementsprechend auch Emotionen mit im Spiel sind. Wenn Komplexität, Relevanz und Gefühl zusammenkommen, wird Kommunikation schnell störanfällig. Dann ist aufmerksames Zuhören umso wichtiger. Lassen Sie den anderen ausreden, und stellen Sie gegebenenfalls auch Verständnisfragen. Das ist nicht nur ein Zeichen von Respekt, sondern erhöht auch das Selbstwertgefühl des anderen.
3. **Kommunizieren Sie ehrlich.** Im Schnitt lügen Menschen pro Tag über 200 Mal. Es gibt Untersuchungen darüber, dass jedes Sozialsystem zusammenbrechen würde, wenn man den Menschen die kleinen Lügen des Alltags verbieten würde. Wahrscheinlich würden viele Ehen zerbrechen, wenn beide Partner von einem Tag

auf den anderen „offen und ehrlich" wären. Trotzdem gilt Ehrlichkeit als grundlegende Voraussetzung für respektvollen Umgang, denn Ehrlichkeit zeigt, dass Sie Ihr Gegenüber ernst nehmen.

4. **Seien Sie authentisch.** Wertschätzung muss vor allem authentisch sein, Ihre Körpersprache wird Sie verraten, wenn Sie es nicht sind. Ihre Mimik und Gestik wird Ihrem Gegenüber zeigen, was Sie wirklich denken. Nur wenn Sie echte Wertschätzung empfinden, werden Sie diese auch glaubhaft ausdrücken können.

5. **Stehen Sie zu Ihrem Wort.** Kaum etwas belastet eine Beziehung so sehr wie ein nicht gehaltenes Versprechen. Jedes Mal, wenn wir ein Versprechen brechen, setzen wir unsere Glaubwürdigkeit aufs Spiel. Überlegen Sie sich darum im Vorfeld gut, was Sie jemandem versprechen und halten Sie sich mit leichtfertigen Versprechungen zurück.

6. **Übernehmen Sie Verantwortung für Ihr Handeln.** Im Alltag lässt es sich nicht vermeiden, dass Sie mal einen Fehler machen oder andere vor den Kopf stoßen. Wer seine Mitmenschen mit Respekt behandelt, wird seine Fehler eingestehen und die Verantwortung dafür übernehmen. Vorgesetzte, die ihre Mitarbeiter in einer wichtigen Frage übergangen haben, müssen neu um das Vertrauen ihrer Mitarbeiter werben. Indem sie selbst die Verantwortung für ihre Fehler übernehmen und sich entschuldigen, lassen sie die anderen wissen, dass sie spüren, was sie ihnen zugefügt haben.

7. **Lassen Sie anderen ihren Freiraum.** Natürlich weiß jeder von uns, was für alle anderen das Beste ist. Deshalb würden wir den anderen gern sagen, was sie besser machen könnten – aber wir können es auch sein lassen.

Wenn wir anderen ihre Freiheit lassen, sie weder bevormunden noch beschämen, zeigen wir, dass wir sie achten. Wir wissen: Je mehr wir andere bedrängen, umso stärker wird ihr Widerstand sein.

8. **Zeigen Sie anderen Ihre Dankbarkeit.** Dank spielt eine wichtige Rolle für das Zusammenleben und Zusammenarbeiten von Menschen. Dank beweist und erneuert die Kooperationsbereitschaft der Betroffenen. Dank zu empfangen, hebt die Stimmung, denn Dank hat positive Auswirkungen auf die Psyche sowie auf das soziale Miteinander. Wer Dank empfängt, fühlt sich als Individuum ernst genommen. Er weiß, dass seine Leistung beziehungsweise sein Beitrag wahrgenommen und geschätzt wird.

9. **Achten Sie die Meinungen anderer und überlassen Sie Ihrem Gegenüber auch mal die Bühne.** Die Wertschätzung für eine andere Person bedroht manchmal auch unser eigenes Ego. Wer sich und sein eigenes Ego nicht ab und zu zurücknehmen kann, wird auch keine echte Wertschätzung zeigen können. Überlassen Sie daher eine gute Idee oder die Leitung eines Projekts auch mal anderen. Damit zeigen Sie diesen, dass Sie sie respektieren und ihnen zutrauen, wichtige Aufgaben zu übernehmen.

10. **Achten Sie sich selbst, wenn Sie wollen, dass andere Sie achten.** Die Hotelkette Ritz-Carlton hat dieses Prinzip einmal als revolutionäre Geschäftsstrategie eingeführt und zwar mit dem Motto: *„Ladies and Gentlemen serving Ladies and Gentlemen".* Das signalisiert gegenseitige Achtung. Denn wer sich selbst gegenüber nicht respektvoll auftritt, signalisiert den anderen, dass er nicht respektiert werden will.

Diese zehn Grundregeln verstärken sich gegenseitig und finden sich auch in den 36 Strategemen. Zusammen mit den Strategemen und den darin enthaltenen Handlungsempfehlungen bieten Sie Ihnen viele Anregungen für eine auf Wertschätzung und Respekt basierende, erfolgreiche Zusammenarbeit. Wir hoffen, dass Sie die Lektüre dieses Buches genossen haben und wünschen Ihnen viel Freude und Erfolg beim Anwenden der einzelnen Strategeme!

Literatur

Sennett, R. (2002). *Respekt im Zeitalter der Ungleichheit*. Berlin: Michael Bischoff.

Zenker, S., & Quaquebeke, N. (2006). *Ursachen von Arbeitszufriedenheit: die Interaktion von Wert-Erwartung und tatsächlicher Wert-Praxis im Betrieb*. Hamburg: RespectResearchGroup.

Abdruckgenehmigungen

Wir bedanken uns herzlich für die folgenden Abdruckgenehmigungen:

Der Abdruck der Zitate/des Zitats von Dale Carnegie aus der deutschen Version des Buches „Wie man Freunde gewinnt" erfolgt mit freundlicher Genehmigung des S. Fischer Verlags. (Dale Carnegie, Wie man Freunde gewinnt © 1936 by Dale Carnegie. Deutsch von Astrid Becker und Marion Kappel © Scherz Verlag, Bern, München, Wien 1986. Alle Rechte vorbehalten S. Fischer Verlag GmbH, Frankfurt am Main)

Der Abdruck der Zitate/des Zitats von Barbara Ehrenreich aus dem Buch „Smile or Die" erfolgt mit freundlicher Genehmigung des Antje Kunstmann Verlags. (Barbara Ehrenreich, Smile or Die © Verlag Antje Kunstmann GmbH, München 2010)

Abdruckgenehmigungen

Der Abdruck der Zitate/des Zitats von Lillian Glass aus der deutschen Version des Buches „Sprich doch einfach Klartext" erfolgt mit freundlicher Genehmigung des Oesch Verlags. (Lillian Glass, Sprich doch einfach Klartext (deutsch) © Oesch Verlag, Zürich 2005.)

Der Abdruck der Zitate/des Zitats von Daniel Goleman aus der deutschen Version des Buches „EQ2 – Der Erfolgsquotient" erfolgt mit freundlicher Genehmigung des Carl Hanser Verlags. (Daniel Goleman: EQ2–Der Erfolgsquotient (deutsch) © Carl Hanser Verlag GmbH & Co.KG, München 1999)

Der Abdruck der Zitate/des Zitats von Bernd LeMar aus dem Buch „Kommunikative Kompetenz. Der Weg zum innovativen Unternehmen" erfolgt mit freundlicher Genehmigung des Springer Verlags. (Bernd LeMar: Kommunikative Kompetenz. Der Weg zum innovativen Unternehmen © Springer-Verlag, Berlin/Heidelberg 1997)

Der Abdruck der Zitate/des Zitats von Matthias Nöllke aus dem Buch „Anekdoten, Geschichten, Metaphern für Führungskräfte" erfolgt mit freundlicher Genehmigung des Haufe Verlags. (Matthias Nöllke, Anekdoten, Geschichten, Metaphern für Führungskräfte © 2002, Haufe Verlag GmbH & Co. Kg, Planegg bei München)

Der Abdruck der Zitate/des Zitats von Brigitte Röthlein aus dem Buch „Anleitung zur Langsamkeit – Ruhiger und glücklicher leben" erfolgt mit freundlicher Genehmigung des Piper Verlags. (Brigitte Röthlein, Anleitung zur Langsamkeit – Ruhiger und glücklicher leben © Piper Verlag, München 2004)

Der Abdruck der Zitate/des Zitats von Richard Sennett aus dem Buch „Respekt im Zeitalter der Ungleichheit" erfolgt mit freundlicher Genehmigung des Berlin Verlags. (Richard Sennett, Respekt im Zeitalter der Ungleichheit © Berlin Verlag in der Piper Verlag GmbH, Berlin 2002)

Sollte es uns einmal nicht gelungen sein, den korrekten Rechteinhaber ausfindig zu machen, bitten wir diese, sich mit den Autoren unter respekt_strategeme@gmx.de in Verbindung zu setzen. Berechtigte Ansprüche werden selbstverständlich im Rahmen der üblichen Regelungen abgegolten.

MIX
Papier aus verantwortungsvollen Quellen
Paper from responsible sources
FSC® C105338

If you have any concerns about our products,
you can contact us on
ProductSafety@springernature.com

In case Publisher is established outside the EU,
the EU authorized representative is:
**Springer Nature Customer Service Center GmbH
Europaplatz 3, 69115 Heidelberg, Germany**

Printed by Libri Plureos GmbH
in Hamburg, Germany